Archwilio'r Cyfryngau

Testun, Diwydiant, Cynulleidfa

Archwilio'r Cyfryngau

Testun, Diwydiant, Cynulleidfa

Barbara Connell

Archwilio'r Cyfryngau

Addasiad Cymraeg o *Exploring the Media* a gyhoeddwyd gyntaf yn Saesneg yn 2008 gan Auteur,
The Old Surgery, 9 Pulford Road, Leighton Buzzard LU7 1AB
www.auteur.co.uk
© Hawlfraint Auteur 2008

Addasiad Cymraeg gan Tegwen Williams
© Hawlfraint testun yr addasiad Cymraeg CBAC 2009
Cyhoeddwyd gyntaf yn Gymraeg gan Auteur yn 2009

Noddwyd gan Lywodraeth Cynulliad Cymru
Cyhoeddwyd dan nawdd Cynllun Adnoddau Addysgu a Dysgu CBAC

Dylunio: Nikki Hamlett
Ymchwil lluniau llonydd a chymorth cynhyrchu: Tom Cabot [www.ketchup-productions.co.uk]
Prif lun y clawr: Tom Barrance
Gosodwyd gan AMP Ltd, Dunstable, Swydd Bedford
Argraffwyd a rhwymwyd yng Ngwlad Pwyl
www.polskabook.co.uk

Data Catalogio-wrth-Gyhoeddi y Llyfrgell Brydeinig
Mae cofnod catalogio'r llyfr hwn ar gael oddi wrth y Llyfrgell Brydeinig

ISBN 978-1-906733-39-1

Cynnwys

Rhagymadrodd 9

Ymdrin â'r Cyfryngau 13

    Genre a Naratif 14

    Naratif 25

    Cynrychioli 32

    Llunio a Chyfryngu 37

    Ymatebion y Gynulleidfa 52

Diwydiannau'r Cyfryngau 61

    Teledu 62

    Gemau Cyfrifiadur 81

    Ffilm 99

    Cylchgronau 116

    Hysbysebu 130

Ymchwilio, Creu a Gwerthuso Eich Cynnyrch Eich Hunan ar gyfer y Cyfryngau 145

Mynegai 166

Y Cyfranwyr

BARBARA CONNELL yw Arweinydd Pwnc Astudio'r Cyfryngau Coleg Glan Hafren, Caerdydd a hi yw Prif Arholwr Astudio'r Cyfryngau Safon Uwch, CBAC.

CHRISTINE BELL yw Pennaeth Astudio'r Cyfryngau Heaton Manor School, Newcastle-upon-Tyne ac mae'n Uwch Arholwr Astudio'r Cyfryngau Safon Uwch, CBAC.

Mae **VIVIENNE CLARK** yn athrawes Cyfryngau a Ffilm yn Langley Park School for Boys, Beckenham, ac roedd yn Uwch Arholwr Astudio'r Cyfryngau Safon Uwch/Uwch Gyfrannol i un o gyrff dyfarnu cenedlaethol y DU.

COLIN DEAR yw Pennaeth Astudio'r Cyfryngau, Royal Russell School, Croydon, ac mae'n Arweinydd Tîm, Astudio'r Cyfryngau Safon Uwch, CBAC.

MANDY ESSEEN yw'r Pennaeth Saesneg yn Ysgol Uwchradd Caerdydd, Caerdydd, ac mae'n Uwch Arholwr Astudio'r Cyfryngau Safon Uwch, CBAC.

Bu **WENDY HELSBY** yn athrawes y Cyfryngau a Ffilm yn Queen Mary's College, Basingstoke ac mae hefyd yn diwtor i'r Brifysgol Agored.

Mae **NAOMI HODKINSON** yn Ddarlithydd Astudio'r Cyfryngau, Coleg Glan Hafren, Caerdydd ac mae'n Arholwr Astudio'r Cyfryngau Safon Uwch, CBAC.

PIP JONES yw Pennaeth Astudio'r Cyfryngau Coleg Catholig Dewi Sant, Caerdydd ac mae'n Arholwr Astudio'r Cyfryngau Safon Uwch, CBAC.

SAM WILLIAMS yw Pennaeth Astudio'r Cyfryngau Ysgol Croesyceiliog, Cwmbrân ac mae'n Arholwr Astudio'r Cyfryngau Safon Uwch, CBAC.

Rhagymadrodd y Golygydd

Cafodd *Archwilio'r Cyfryngau* ei ysgrifennu gan grŵp o athrawon sy'n gweithio ym maes Astudio'r Cyfryngau ac mae'n adlewyrchu rhai o'r newidiadau a wnaed yn ddiweddar i Safon Uwch ac Uwch Gyfrannol ym Mhrydain. Seiliwyd y llyfr ar y cysyniadau hynny sy'n ganolog ym marn yr awduron wrth astudio'r cyfryngau: 'testunau' [term cyffredinol i ddisgrifio holl gynnyrch y cyfryngau], eu cynulleidfaoedd a'r diwydiannau sy'n eu cynhyrchu. Rydym yn credu bod y cysyniadau hyn yn sylfaenol bwysig i astudiaeth o'r cyfryngau. Ond credwn ei bod yn bwysig nid yn unig astudio cynnyrch y cyfryngau – a hynny'n gyffredinol drwy ofyn cwestiynau am eu *genre*, eu naratif a'r ystyriaethau cynrychioli y maent yn eu codi – ond gofyn cwestiynau hefyd am sut mae cynnyrch y cyfryngau yn cael ei lywio gan y cynulleidfaoedd y cynhyrchir ef ar eu cyfer a'r diwydiannau sy'n ei gynhyrchu. Dim ond drwy ystyried yr holl elfennau hynny y gallwn ddechrau deall y rhan y gall y cyfryngau ei chwarae wrth lywio'r ffordd yr ydym ni'n meddwl ac yn teimlo.

Fe sylweddolwch yn gynnar yn eich astudiaeth o'r cyfryngau nad dim ond darparu 'ffenestr ar realiti' y mae'r cyfryngau – maent yn darparu portreadau neu gynrychioliadau o'r byd yr ydym yn byw ynddo, fersiynau o'r 'realiti' hwnnw. Wrth archwilio'r cynrychioliadau hynny, byddwch yn dechrau gweld mai delweddau o 'realiti' ynghyd â safbwyntiau ynglŷn â'r delweddau hynny yw cynrychioliadau, ar eu lefel symlaf. Mae awduron y llyfr hwn yn cyfeirio atynt fel 'cynrychioliadau ideolegol' – cynrychioliadau sy'n ymgorffori agweddau, gwerthoedd a chredoau. Mae'r cynulleidfaoedd y maent yn apelio atynt a'r cyrff sy'n eu cynhyrchu hefyd yn dylanwadu ar y cynrychioliadau hyn. Felly, er enghraifft, bydd drama deledu fel *The Wire* yn rhoi golwg wahanol iawn ar droseddu, yr heddlu a throseddwyr i, er enghraifft, bennod o'r gyfres dditectif boblogaidd *Midsomer Murders*. Mae a wnelo hynny'n rhannol â'r ffaith fod *Midsomer Murders* yn cael ei chynhyrchu gan ITV1 ar gyfer cynulleidfa deledu brif ffrwd ond bod *The Wire* yn cael ei chynhyrchu'n wreiddiol gan HBO [Home Box Office, rhan o ymerodraeth enfawr Time Warner], sydd â thraddodiad o greu dramâu heriol ar gyfer cynulleidfa Americanaidd talu-am-wylio sy'n hoffi teledu mwy beiddgar.

Ymhelaethu ar y cysyniadau

Felly, mae meddwl am 'destunau'r cyfryngau mewn perthynas â'u cynulleidfaoedd a'u cynhyrchwyr yn bwysig. Fodd bynnag, mae cysyniadau ac ideolegau eu hunain yn newid wrth i'r cyfryngau symud yn gynyddol i'r un cyfeiriad. O ganlyniad, mae'n perthynas ni â'r cyfryngau yn newid ac rydym yn cyfuno bod yn gynulleidfa, yn yr ystyr traddodiadol, i rai cyfryngau – fel gwylio'r teledu neu fynd i weld ffilm – â bod yn ddefnyddwyr rhyngweithiol, a hynny'n aml yr un pryd! Er enghraifft, wrth ichi wylio rhaglen deledu ar eich cyfrifiadur efallai y byddwch hefyd yn agor nifer o ffenestri rhyngweithiol ac yn anfon e-bost at eich ffrind yr un pryd.

Mae i'r cydgyfeirio yn y cyfryngau a'r ffyrdd y mae cynulleidfaoedd yn eu defnyddio – a pherthynas cynulleidfaoedd â'r cyfryngau – nifer o oblygiadau o ran astudio 'testunau'. Gallem, er enghraifft, feddwl am y ffordd yr ydym yn archwilio testunau'r cyfryngau drwy ystyried eu *genre* – pa fath o destun ydynt, pam mae *genres* wedi datblygu a sut mae cynulleidfaoedd a diwydiannau yn eu 'defnyddio'. Gallech ddisgrifio rhaglen deledu fel *skins* fel 'drama i'r arddegau', gyda mwy na mymryn o sebon, ond gallech hefyd sôn amdani fel drama 'amlblatfform' gyda gwylwyr yn gwylio ar-lein neu'n mynd i rai o'r partïon a noddwyd ganddi. Neu efallai eich bod yn un o'r llu o bobl a gynhyrchodd eich golygfeydd eich hun ohoni neu a gododd ffôn-lediadau neu a ddileodd olygfeydd ar ffonau symudol neu'r we. Mae'r 'math' o raglen yr ydych yn ei hastudio wedi newid o fod yn rhaglen deledu syml sy'n creu disgwyliadau neilltuol mewn cynulleidfaoedd, gan ddilyn 'rheolau' neilltuol, i fod yn brofiad amlblatfform.

Yn yr un modd, ystyriwch fel y mae gemau cyfrifiadur yn trochi pawb ohonom mewn gwahanol fathau o naratif. Ar eu symlaf, mae dechrau, canol a diwedd yn llai pwysig yn naratif gemau ac maent yn canolbwyntio mwy ar fynd ar drywydd posibiliadau gwahanol. Yn aml, caiff y naratif 'llinol' ei ddisodli gan naratifau amlhaenog.

Strwythur y llyfr: testun, cynulleidfaoedd/defnyddwyr a diwydiant

Mae adran gyntaf y llyfr yn cyflwyno cysyniadau *genre*, naratif a chynrychioli fel y prif ffyrdd o archwilio'r cyfryngau a dadansoddi testunau. Mae'r adran hon yn pwysleisio materion cynrychioli ac yn dechrau gofyn cwestiynau am y ffordd y mae cynulleidfaoedd a defnyddwyr yn ymateb i'r cynrychioliadau hynny – ac o bosibl y ffordd y maent yn dylanwadu arnynt. Fe welwch gyfeiriadau at Stuart Hall sydd wedi ffurfioli'r ffordd y mae cynulleidfaoedd yn ymateb i'r cyfryngau o ran lleoli: mae'r cynrychioliadau y seilir testunau cyfryngol arnynt yn annog cynulleidfaoedd a defnyddwyr i arddel safbwyntiau penodol, 'lleoliadau' penodol. Ni fydd pob cynulleidfa, wrth gwrs, yn mabwysiadu'r safbwyntiau hynny a dim ond yn rhannol y bydd rhai yn cytuno â nhw [yr hyn yr oedd Hall yn ei alw'n 'ddarlleniadau' neu 'ddehongliadau' dewisol (sef y rhai sy'n cael eu ffafrio), rhai sy'n gwrthwynebu a rhai a drafodir]. Elfen bwysig a gyflwynwyd gan Hall [ymysg eraill] oedd y ffordd y gall y cyfryngau gael eu dehongli gan wahanol gynulleidfaoedd mewn ffyrdd gwahanol – mewn ffyrdd sy'n adlewyrchu eu cefndiroedd cymdeithasol a diwylliannol. Mae hyn yn ymddangos yn syniad pwysig iawn i ni – nad yw pawb yn dehongli'r cyfryngau yn yr un ffordd ac, felly, nad oes un ystyr unigol i unrhyw destun cyfryngol ond, yn hytrach, nifer o ffyrdd gwahanol y mae modd i destun gael ei ddehongli neu ei ddefnyddio gan gynulleidfaoedd.

Ar ôl canolbwyntio ar destunau'r cyfryngau a'r ffordd y mae cynulleidfaoedd a defnyddwyr yn eu dehongli, mae ail adran y llyfr yn ychwanegu'r cyd-destun diwydiant. Byddwch yn symud ymlaen felly o'r ffocws ar destunau a'u cynulleidfaoedd a'u defnyddwyr i ystyried rôl diwydiannau o ran yr effaith a gânt ar natur y testunau hynny. Mae'r awduron wedi canolbwyntio ar bum diwydiant: teledu, gemau cyfrifiadur, ffilm, cylchgronau a hysbysebu. Mae pob awdur wedi dechrau drwy edrych ar ystod gyferbyniol o destunau cyfryngol. Maent yn mynd ymlaen i holi beth mae'r testunau hynny'n ei awgrymu am y diwydiannau sy'n eu cynhyrchu ac yn eu dosbarthu, a beth maent yn ei awgrymu hefyd am eu cynulleidfaoedd. Yn amlwg, mae'n amhosibl ymdrin â phopeth mewn llyfr ac felly mae'r awduron wedi ceisio trafod y meysydd sy'n bwysig yn eu barn nhw, ac sy'n fan cychwyn da i chi eu datblygu eich hunain drwy waith ymchwil pellach. I hwyluso hynny, mae'r awduron wedi nodi mannau cyfeirio pellach, yn cynnwys cylchgronau pwysig, llyfrau a ffynonellau DVD perthnasol i'ch helpu.

Mae'r berthynas rhwng astudio a chreu cyfryngau yn un bwysig. Bydd creu eich cynnyrch eich hun yn amlwg yn atgyfnerthu eich astudiaethau, a bydd eich astudiaethau a'ch ymchwil yn llywio'r gwaith o greu cynnyrch. Mae gwaith creadigol yn rhan mor bwysig o ymdrin â'r cyfryngau mewn unrhyw ffordd ac, felly, mae trydedd adran y llyfr hwn yn canolbwyntio ar ymchwil ac ar greu a gwerthuso. Yma, mae'r awduron wedi ceisio rhoi cyngor ymarferol ar rai agweddau o gynllunio a chreu cynnyrch cyfryngol yn ogystal ag atgyfnerthu, eto mewn ffordd ymarferol, rai o'r dulliau ymchwil a allai'ch helpu i ddatblygu ffordd o ymdrin â'ch gwaith sy'n dibynnu mwy ar wybodaeth.

Efallai yr hoffech ymgymryd ag unrhyw waith creadigol mewn dau gam: yn y cam cyntaf byddwch yn ceisio meithrin sgiliau technegol yn y cyfrwng yr ydych wedi dewis gweithio ynddo a bydd angen ichi wneud rhywfaint o ymchwil i'r mathau o gynnyrch yr ydych yn ceisio'u cynhyrchu. Mae'r ail gam, a fydd yn arwain efallai at ddibynnu mwy ar wybodaeth wrth gynhyrchu rhywbeth ar gyfer y cyfryngau, yn golygu ymchwilio i agweddau o'r cyfryngau [testun, diwydiant a chynulleidfaoedd] a bydd hynny wedyn yn arwain at gynnyrch cyfryngol mwy pwrpasol.

Cysyniadau, syniadau, theorïau a damcaniaethau

Mae'r llyfr wedi'i seilio'n glir ar ddull cysyniadol o astudio'r cyfryngau ac mae llawer o'r pwyslais ynddo ar archwilio testunau cyfryngau Saesneg. Mae'r awduron i gyd yn cyfeirio at rai materion damcaniaethol a theorïau cyffredin sy'n sail i Astudio'r Cyfryngau ond mae'r rhan fwyaf o'r awduron yn awgrymu bod deall y materion sydd wrth wraidd safbwyntiau damcaniaethol yn bwysicach na dim ond eu hatgynhyrchu. Yn sicr, hoffem eich annog i ymdrin yn feirniadol â safbwyntiau damcaniaethol – gofyn pa mor ddilys ydynt, beth yw'r syniadau y tu ôl iddynt a sut mae modd eu gweld wrth astudio cyfryngau cyfoes – ond rydym hefyd yn ceisio osgoi nodi theori yn ddiangen, dim ond er mwyn gwneud hynny. Gobeithio y bydd y llyfr hwn yn eich annog i ddod yn gynulleidfaoedd ac yn ddefnyddwyr beirniadol ac annibynnol.

Oes angen rhagor arnoch?

Mae peth o'r wybodaeth yn *Archwilio'r Cyfryngau* i'w gweld hefyd yn Gymraeg ar wefan sy'n cael ei chynnal gan CBAC, sy'n cynnwys deunydd ychwanegol ar bynciau fel radio, papurau newydd a'r diwydiant cerddoriaeth. I weld y wybodaeth hon ewch i www.cbac.co.uk/gcmedia

Cydnabyddiaeth

Prin fod angen dweud y dylwn ddiolch i bawb sydd wedi cyfrannu at y llyfr hwn. Maent i gyd wedi bod yn hael iawn gyda'u hamser ac wedi ymdrin â phob agwedd o'r gwaith gyda hiwmor a rhadlonrwydd.

Hoffwn hefyd ddiolch i Jeremy Points am ei gefnogaeth a'i gyngor diddiwedd ac i John Atkinson yn Auteur am beidio ag amau o gwbl y gallem ddod i ben â'r dasg!

Barbara Connell

Gorffennaf 2008

YMDRIN Â'R CYFRYNGAU

Genre a Naratif

Christine Bell

Yn yr adran hon

- Beth yw ystyr *genre*?
- Defnyddio confensiynau generig i ddadansoddi testunau.
- Deall is-*genres* a thraws-*genres*.

TERMAU ALLWEDDOL

Genre – mae'r gair *genre* yn deillio o'r Ffrangeg ac mae'n golygu 'math'. Wrth astudio testunau'r cyfryngau caiff ei ddefnyddio i rannu testunau'n gategorïau hawdd eu hadnabod. Mae'n ffordd o ddosbarthu cynnyrch y cyfryngau yn ôl yr elfennau sy'n gyffredin iddynt.

Confensiynau *genre* – dyma'r *repertoire* o elfennau sy'n gyffredin i destunau sy'n perthyn i'r un *genre*. Dyma'r agweddau y mae cynulleidfa'n disgwyl eu gweld mewn testun cyfryngol penodol. Maent yn help i gynulleidfaoedd adnabod y *genre* ac maent wedi cael eu sefydlu dros gyfnod o amser ac felly'n hawdd eu hadnabod. Er enghraifft, mae cael cyflwynydd i gyfarch y gynulleidfa yn uniongyrchol yn gonfensiwn generig mewn darllediad newyddion.

Traws-*genres* / is-*genres* – testunau sy'n cyfuno neu sy'n gwyrdroi confensiynau *genre* i greu un newydd. Er enghraifft, mae *genre* teledu realiti yn cyfuno, mewn rhai achosion, agweddau o *genres* rhaglenni dogfen a sioeau gêm.

Cyflwyniad

Wrth ddadansoddi *genres* canolbwyntir yn aml ar feysydd y cyfryngau a'r teledu, ond mae modd categoreiddio holl destunau'r cyfryngau yn ôl eu nodweddion allweddol – gan gynnwys cylchgronau, gemau cyfrifiadur a rhaglenni radio. Fodd bynnag, nid term a grëwyd yn unswydd i helpu myfyrwyr sy'n astudio'r cyfryngau i ddadansoddi testunau yw *genre*; mae sefydlu *genre* testun yn hanfodol hefyd i ddiwydiant y cyfryngau ac i gynhyrchwyr testunau'r cyfryngau. Mae cyswllt anorfod hefyd rhwng *genre* a diwydiant a chynulleidfa, sy'n gysyniadau allweddol wrth astudio'r cyfryngau yn eu holl ffurfiau. Mae sefydlu *genre* testun cyfryngol yn glir yn caniatáu i gynhyrchwyr ddenu cynulleidfaoedd at gynnyrch. Mae cynulleidfaoedd yn adnabod nodweddion *genre* a chânt eu denu drwy adnabyddiaeth, drwy ailadrodd confensiynau ac, felly, am eu bod yn disgwyl yr hyn sydd i ddod. Mae cynulleidfaoedd yn teimlo'n gyffordddus pan fyddant yn gwybod beth i'w ddisgwyl ac maent yn dod yn ôl am 'ragor o'r un peth'. Enghraifft dda yw'r diwydiant ffilm lle mae ffilmiau'n tueddu i sefydlu'r *genre* yn glir er mwyn denu cynulleidfaoedd drwy gynefindra ac adnabyddiaeth. Caiff *genre* y ffilm ei wneud yn glir mewn deunydd marchnata, gan gynnwys posteri a rhaghysbysebion. Mae hefyd yn wir fod actorion yn dod i gael eu cysylltu â genres neilltuol, e.e. Harrison Ford â ffilmiau llawn mynd (*action*) neu Hugh Grant â chomedïau rhamantus. Bydd cynnwys enw'r actor yn y deunydd cyhoeddusrwydd ohono'i hun yn dangos i gynulleidfa beth i'w ddisgwyl gan y ffilm. Mae adnabod confensiynau allweddol *genre* neilltuol yn ychwanegu at fwynhad y gynulleidfa o destun, ac mae'n caniatáu iddi broffwydo canlyniadau naratif a rhagweld sut y bydd y cymeriadau'n ymateb ac yn ymddwyn mewn rhai sefyllfaoedd. Bydd cynulleidfaoedd yn derbyn bod cymeriad yn torri allan i ganu'n sydyn gan eu bod yn deall bod hynny'n gonfensiwn mewn sioeau cerdd. Mae hyn hefyd yn egluro dibyniaeth y diwydiannau teledu a ffilm ar ddilyniannau a sgil-gynhyrchion – mae'r rhain yn aml yn sicr o fod yn llwyddiant gan fod y cynhyrchwyr yn ailadrodd fformiwlâu llwyddiannus sy'n bodoli'n barod ac sydd eisoes yn cael eu cefnogi gan gynulleidfaoedd.

Mae *genres* yn dda i ddiwydiannau'r cyfryngau gan fod modd cyrchu'n hawdd at eu cynulleidfa debygol ac, yn sgil hynny, at eu helw tebygol. [Bell, A., Joyce, M., Rivers, D. (2005) *Advanced Level Media*].

Fodd bynnag, rhaid deall hefyd fod *genres* yn newid a'u bod yn ymaddasu i newidiadau mewn cymdeithas a chynulleidfaoedd. Mae cynhyrchwyr bob amser yn chwilio hefyd am fformiwlâu newydd ac yn addasu'r rhai presennol er mwyn parhau i ddenu cynulleidfaoedd ac ailddyfeisio eu hunain ar gyfer cenedlaethau newydd o wylwyr, darllenwyr a defnyddwyr. Ffrwyth hynny yw ymddangosiad traws-*genres* fel y fformatau sebon dogfennol a theledu realiti a sefydlu confensiynau ar gyfer cyfryngau newydd yn cynnwys gemau cyfrifiadur a thudalennau gwe dros y blynyddoedd diwethaf.

Ym maes teledu, mae amserlennu *genres* neilltuol hefyd yn bwysig iawn er mwyn denu a chadw cynulleidfaoedd.

TASG

Edrychwch ar amserlen raglenni'r teledu am wythnos. Edrychwch ar y disgrifiadau o'r rhaglenni – allwch chi ddweud beth yw *genre* y rhaglen o'r disgrifiad? Sut mae'r disgrifiad o'r rhaglen yn dweud wrth y gynulleidfa beth yw'r *genre*? Chwiliwch am enghreifftiau penodol.

- Beth allwch chi ei ddarganfod am amser amserlennu *genres* penodol? Er enghraifft, pa *genres* sy'n dueddol o ymddangos ar y teledu yn ystod y dydd?

- Pa *genres* sydd â 'slotiau' rheolaidd?

- Allwch chi lunio unrhyw gasgliadau am boblogrwydd rhai *genres* ar sianelau neilltuol neu ar ddiwrnodau neilltuol?

- Allwch chi ganfod tystiolaeth o gylchfaeo neu stribedu?

- Oes yna sianelau sy'n neilltuo amser darlledu i *genres* penodol?

Gallech ailadrodd y dasg hon gydag amserlen ffilmiau o bapur newydd neu gylchgrawn lle caiff *genre* y ffilm ei sefydlu'n glir drwy'r crynodeb byr o'r naratif, y disgrifiad o'r cymeriadau neu drwy enwi sêr penodol.

Cylchfaeo – gosod rhaglenni o'r un *genre* gyda'i gilydd i annog cynulleidfaoedd i ddal i wylio'r sianel honno, e.e. rhaglenni comedi ar Channel 4 ar nos Wener, neu ddramâu ditectif Channel 5 fel *NCIS, Law and Order: Special Victims Unit, Law and Order: Criminal Intent.*

Stribedu – gosod rhaglenni yr un amser bob nos fel bod cynulleidfaoedd yn dod i arfer â nhw fel rhan o'r arlwy fin nos, e.e. *Coronation Street* am 7.30pm ac *EastEnders* am 8.00pm.

Stereoteip
– delwedd
'nodweddiadol'
gyda nodweddion
wedi'u
gorbwysleisio
sy'n ymddangos
gynifer o weithiau
nes iddi ddod
yn gonfensiwn.
Mae portreadu
neu gynrychioli
cymeriadau fel
hyn yn gallu bod
yn gadarnhaol
ond yn aml
mae hefyd yn
gorsymleiddio ac
yn barnu.

Confensiynau *Genre*

Rydym eisoes wedi sefydlu mai'r hyn a olygir wrth gonfensiynau *genre* yw nodweddion cyffredin testunau cyfryngol sy'n eu gosod mewn *genre* neilltuol. Er ein bod wedi canolbwyntio ar destunau'n ymwneud â theledu a ffilm, caiff holl destunau'r cyfryngau eu llunio gan ddefnyddio confensiynau cyfarwydd.

TASG

Edrychwch ar gylchgrawn o unrhyw *genre*. Beth sydd yna y byddech chi, fel darllenydd y testun hwn, yn disgwyl ei weld? Er enghraifft, tudalen broblemau mewn cylchgrawn ar gyfer yr arddegau? Ydy'r confensiynau hyn yn gyffredin i enghreifftiau eraill o gylchgronau sy'n perthyn i'r *genre* hwn?

Gellir grwpio confensiynau *genre* gyda'i gilydd o dan y penawdau canlynol:

* Cymeriadau.

* Digwyddiadau naratif.

* Eiconograffiaeth.

* Lleoliad.

* Codau technegol a sain.

Cymeriadau

Daw rhai cymeriadau i gael eu cysylltu, drwy ailadrodd, â *genre* penodol. Maent yn symud y naratif ymlaen drwy ymddangos gan fod y gynulleidfa yn eu hadnabod a bod ganddi felly ddisgwyliadau ynglŷn â'u hymddygiad a'r naratifau y gallent fod yn rhan ohonynt. Gall rhai o'r cymeriadau hyn fod yn fathau neu'n 'stereoteipiau'. Caiff stereoteipiau eu sefydlu drwy ailadrodd ac maent yn gysylltiedig â'r ffordd y mae cynulleidfaoedd penodol yn ymateb iddynt. Fodd bynnag, mae hefyd yn wir fod rhai *genres* yn dibynnu ar ddefnyddio stereoteipiau fel ffordd gyflym o gyfleu gwybodaeth.

Beth fyddai cynulleidfa'n ei ddisgwyl gan y cymeriadau hyn?

TASG

Cwblhewch y tabl isod gan awgrymu cymeriadau eraill y byddech yn disgwyl eu gweld yn y *genre*. Ystyriwch eu swyddogaeth a sut y byddai cynulleidfaoedd yn ymateb iddynt efallai.

GENRE	CYMERIADAU	SWYDDOGAETH/YMATEB
Opera sebon	person ifanc gwrthryfelgar	ehangu'r gynulleidfa darged
Drama ysbyty	uwch ymgynghorydd mawreddog	creu gwrthdaro
Cylchgrawn ar gyfer yr arddegau	model berffaith	creu dyhead mewn cynulleidfa
Rhaglen gerddoriaeth ar y radio	fformat 'criw' mewn sw	awgrymu anffurfioldeb
Gemau cyfrifiadur	dihiryn	cael ei drechu/ei ddifa

Pa gasgliadau allwch chi eu llunio o'r tabl hwn?

- Oes rhai *genres* yn defnyddio mathau o gymeriadau yn fwy rheolaidd?
- Oes unrhyw enghreifftiau o stereoteipio cadarnhaol?
- Sut mae'r ffordd y mae'r *genre* yn portreadu neu'n cynrychioli'r cymeriad yn effeithio ar ymateb cynulleidfaoedd iddo?

TASG

Crëwch gymeriad newydd ar gyfer un o'r *genres* teledu isod sydd un ai'n herio neu'n cydymffurfio â'r portread ystrydebol, neu'r cynrychioliad stereoteip, o'r math hwnnw o gymeriad yn y *genre* hwnnw:

- Opera sebon.
- Cyfres heddlu.
- Drama ysbyty.

Ystyriwch:

- Ymddangosiad.
- Perthynas â chymeriadau eraill.
- Rôl a swyddogaeth y cymeriad yn y testun.
- Ymateb y gynulleidfa i'r cymeriad.

Digwyddiadau naratif

Sefyllfaoedd mewn plot yw'r rhain y bydd cynulleidfa yn disgwyl eu gweld mewn *genre* neilltuol. Eto, bydd y gynulleidfa'n gyfarwydd â fframwaith y plot a bydd yn rhagweld digwyddiadau a sefyllfaoedd a fydd yn digwydd yn y naratif drwyddo draw. Mae pob un o'r rhain yn dod yn gonfensiwn sy'n gysylltiedig â'r *genre* felly. Nid mewn testunau ffuglen yn unig y mae digwyddiadau naratif yn digwydd - mae'r adroddiad ar leoliad mewn darllediad newyddion yn gonfensiwn naratif yn y *genre* hwnnw, lle mae a wnelo'r naratif â threfn a dethol yn hytrach na phlot. Bydd cynulleidfa'n adnabod y confensiwn a bydd yn ymwybodol o'i bwrpas i roi gwybodaeth 'yn y fan a'r lle' am stori newyddion. Mae'r un peth yn wir am ailddangos y chwarae mewn gêm bêl-droed - mae'r gynulleidfa yn disgwyl cael y cyfle i weld yr hyn a ddigwyddodd o sawl safbwynt gwahanol.

Mewn testunau ffuglen mae gan *genres* penodol eu digwyddiadau naratif disgwyliedig eu hunain yn cynnwys: dod wyneb yn wyneb â'r troseddwr mewn drama heddlu; ffrae deuluol mewn opera sebon; a'r gamddealltwriaeth rhwng cariadon mewn comedi ramantaidd. Mae'r gynulleidfa'n teimlo rhyw foddhad o weld y digwyddiadau hyn, gan eu bod yn cadarnhau ei dealltwriaeth o'r *genre* a'i disgwyliadau ynglŷn â'r hyn a fydd yn digwydd.

Mae gan destunau fel cylchgronau a phapurau newydd fformiwla naratif sydd wedi'i seilio ar drefn a strwythur ac mae'r darllenwyr yn rhagweld beth fydd yn digwydd mewn rhannau neilltuol o'r testun - mae hyn hefyd yn ddigwyddiad naratif ac mae'r darllenwyr yn gyfforddus gan eu bod yn gwybod ymhle i ddod o hyd i rannau penodol [e.e. mewn papur newydd safonol, mae newyddion y byd yn tueddu i ddilyn newyddion cartref].

Eiconograffiaeth

Mae a wnelo'r confensiwn *genre* hwn â'r gwrthrychau, y gwisgoedd a'r cefndiroedd sy'n gysylltiedig â *genre* neilltuol. Gall y rhain helpu i ddiffinio'r *genre* a chodi disgwyliadau cynulleidfa. Mae eiconograffiaeth *genre* yn adlewyrchu newid cymdeithasegol wrth i gynulleidfaoedd ddisgwyl manylion mwy cywir a phenodol. Ystyriwch, er enghraifft, *genre* y ddrama ysbyty. Erbyn hyn, mewn rhaglenni fel *Casualty* ac *ER*, rydym yn gweld amrywiaeth o gyfarpar technegol ac rydym yn deall ei bwrpas a'i swyddogaeth. Rydym hefyd yn ei weld yn cael ei ddefnyddio ac mae cynulleidfaoedd yn cael gweld anafiadau a thriniaethau, lle dangosir gwaed a rhannau o'r corff a llawdriniaethau perthnasol, yn fanwl. Fel cynulleidfaoedd, cawn ein hamgylchynu ag eiconograffiaeth yr ystafell achosion brys ac rydym yn dod yn rhan o'r hyn sy'n digwydd. Mae *genres* cymharol newydd wedi sefydlu eu heiconograffiaeth eu hunain – er enghraifft, mae gan gylchgronau hapchwarae a chyfrifiaduron eiconograffiaeth sy'n cynnwys cynrychioliadau graffig a logos, cynlluniau a chefndiroedd hawdd eu hadnabod, sy'n gysylltiedig â gemau neilltuol. Mae'r eiconograffiaeth hon yn aml yn cau'r drws ar gynulleidfaoedd sy'n anghyfarwydd â'r *genre* ac yn sefydlu'r defnyddwyr fel grŵp neilltuol.

Mewn rhaglenni sydd wedi'u lleoli mewn cyfnod arall, caiff eiconograffiaeth ei defnyddio i sefydlu realaeth. Roedd y sylw manwl i fanylder yn y cefndiroedd a'r propiau yn *Life on Mars* [2006-7] ac *Ashes to Ashes* [2008] yn help i sefydlu'r naill raglen yn y 1970au a'r llall yn y 1980au. Roedd y realaeth hon yn dibynnu'n bennaf ar bropiau syml a'r ffaith y byddai'r gynulleidfa yn eu hadnabod, er enghraifft, ceir heddlu a setiau radio siarad-a-symud o'r cyfnod.

Mae gwisgoedd a dillad hefyd yn bwysig i sefydlu *genre* ac i helpu cynhyrchwyr testunau i gyfleu gwybodaeth yn gyflym ac effeithiol i gynulleidfaoedd, ac i symud y naratif ymlaen. Mewn drama ysbyty, mae gan gymeriad mewn cot wen sy'n gwisgo stethosgop swyddogaeth glir nad oes angen egluro fawr arni. Felly hefyd y gwahaniaethu hierarchaidd o weld ymgynghorydd mewn siwt. Mae cynulleidfaoedd yn rhagweld swyddogaeth ac ymddygiad cymeriadau yn ôl y dillad y maent yn eu gwisgo. Gall dillad gyfleu statws cymdeithasol, proffesiwn, incwm a gwerthoedd. Gall hefyd awgrymu gwrthdaro yn y naratif.

Gall propiau a gwrthrychau roi gwybodaeth am wahaniaethau diwylliannol – mae gynnau ac arfau eraill yn hynod o gyffredin mewn ffilmiau ditectif Americanaidd, yn wahanol iawn i'r rhai sydd wedi'u lleoli ym Mhrydain.

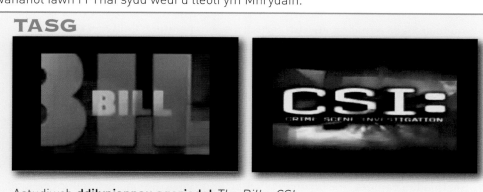

TASG

Astudiwch **ddilyniannau agoriadol** *The Bill* a *CSI*:

- Sut mae eiconograffiaeth yn cael ei defnyddio i sefydlu'r *genre*?

- Sut mae eiconograffiaeth yn cael ei defnyddio i amlygu'r gwahaniaethau diwylliannol yn y ddwy raglen?

Lleoliad

Mae hwn yn gonfensiwn generig arall sydd â chysylltiad agos â'r digwyddiadau naratif a'r cymeriadau, a gall fod yn benodol i *genre* a thestun. Fel confensiynau eraill, caiff y cysylltiad rhyngddo â *genre* ei sefydlu drwy ailadrodd, sy'n galluogi cynulleidfaoedd i adnabod lleoliadau a'u cysylltu â *genres* a rhaglenni penodol. Mae'r saethiad cledru drwy'r Everglades yn *CSI: Miami* yn nodwedd o'r glodrestr agoriadol ac mae'n paratoi'r gynulleidfa ar gyfer y rhaglen sy'n dilyn. Mewn operâu sebon, caiff cysylltiad anorfod ei sefydlu rhwng y cymeriadau a'r lleoliad ar ffurf rhannau o wlad neilltuol neu strydoedd a thai unigol. Mae tai'r cymeriadau'n cael eu hystyried yn rhan mor annatod o berthynas y gynulleidfa â'r rhaglenni fel bod cynhyrchwyr *Emmerdale*, *Brookside* gynt a *Phobl y Cwm* yn ffilmio mewn lleoliadau go iawn a adeiladwyd yn benodol ar gyfer y rhaglen. Tynnwch y cymeriadau o'r *mise-en-scène* a byddai cynulleidfaoedd yn dal i adnabod eu lleoliad domestig.

Mewn *genres* fel dramâu heddlu, mae cynulleidfaoedd yn disgwyl gweld lleoliadau trefol gydag eiconograffiaeth gysylltiedig, sy'n ychwanegu at y realaeth ddigyfaddawd a grëir gan gynhyrchwyr y testunau. Mae cyfarwyddwyr yn aml yn dychwelyd at saethiadau sefydlu lleoliad yn ystod y rhaglen i atgoffa'r gynulleidfa ymhle bydd yr olygfa nesaf yn digwydd – mae tu blaen tafarn y Queen Vic yn *EastEnders* yn enghraifft o hyn.

Mewn testunau ffeithiol fel rhaglenni newyddion, mae cynulleidfaoedd yn dod i arfer ag adroddiadau ar leoliad, lle mae'r lleoliad ffisegol yn cael ei sefydlu'n glir fel cefnlen. Mae Golygydd Gwleidyddol y BBC yn cael ei ffilmio fel arfer o flaen un ai'r Senedd neu Rif 10 Downing Street. Mae hyn yn rhoi'r argraff o fod yng nghanol yr hyn sy'n digwydd ac, felly, o gyfleu'r newyddion diweddaraf posibl.

Codau technegol

Mae'r ffordd y caiff testun, boed ddelwedd symudol neu brint, ei ffilmio / ei olygu a'i lunio yn cyfleu gwybodaeth i gynulleidfaoedd am y *genre*. Bydd cynhyrchwyr y testun hefyd yn dilyn rhai codau o ran dyluniad, cynllun a golygu sy'n caniatáu i gynulleidfaoedd adnabod ffurf ac arddull y *genre* neilltuol. Caiff hyn ei sefydlu drwy ailadrodd y fformat – mae cynulleidfaoedd yn dod yn gyfarwydd â hyn a bydd ganddynt ddisgwyliadau o ran y testun. Mae codau technegol testun hefyd yn awgrymu gwerthoedd cynhyrchu'r testun hwnnw. Gellir adnabod ffilm lawn mynd 'uchel-gysyniad' twy'r confensiynau ffilmio a golygu a ddefnyddir ynddi.

Beth a olygir gan y term codau technegol a sut maen nhw'n berthnasol wrth astudio *genre*?

Gall codau technegol gael eu rhannu i'r meysydd canlynol:

1. Saethiadau camera – yn cynnwys lluniau agos iawn, lluniau pell a lluniau lleoli.

Mae rhai saethiadau'n nodweddiadol o *genres* penodol. Er enghraifft, mewn ffilm ias a chyffro lawn tyndra, bydd lluniau agos yn cael eu defnyddio i gynyddu tensiwn ac i gynnwys y gynulleidfa. Ar adegau emosiynol mewn operâu drama, bydd lens y camera'n tynhau ar wyneb cymeriad er mwyn creu'r effaith fwyaf. Fodd bynnag,

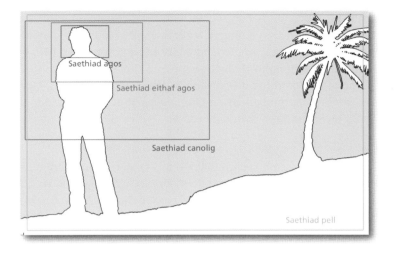

Saethiad cledru / saethiad cledru gwrthol – symud y camera gan ddefnyddio trol neu sadio-cam i ganiatáu iddo ddilyn cymeriad neu ddigwyddiad yn llyfn. Ar gledrau gwrthol mae'r camera'n symud tuag yn ôl ac mae'r cymeriad / yr hyn sy'n digwydd yn symud yn llyfn tuag at y gynulleidfa.

mewn rhaglenni byd natur, yn ogystal â lluniau agos rydym yn disgwyl gweld lluniau pell o'r lleoliad i roi mwy o wybodaeth am ble mae'r ffilmio'n digwydd. Caiff saethiadau safbwynt eu defnyddio mewn gemau cyfrifiadur lle mae'r saethiad safbwynt person cyntaf yn annog defnyddwyr i chwarae fel pe baent hwy eu hunain yn rhan o'r gêm. Drwy'r saethiad safbwynt, mae'r defnyddiwr yn parhau i reoli gweithredoedd y cymeriad wrth iddo symud drwy'r gêm. Y chwaraewr *yw'r* cymeriad. Yn y saethiad safbwynt trydydd person mewn gemau, mae'r chwaraewr yn rheoli cymeriad ond nid yw'n camu i'w esgidiau:

> 'mae safbwynt y trydydd person yn caniatáu llawer mwy o ryddid i adrodd stori fwy traddodiadol. Mae hyn am fod y cymeriad ar y sgrin yn endid ar wahân, wedi'i ddatgysylltu oddi wrth y chwaraewr. Mae hyn yn caniatáu i'r dylunydd roi ei bersonoliaeth ei hun i gymeriadau a rheoli'r ffordd y maent yn ymddwyn.'
> (Stewart et al., (2001) *Media & Meaning* BFI t. 126-127)

Saethiad safbwynt trydydd person

Saethiad safbwynt

Sain gynefin
– mae hyn yn cyfeirio at sain naturiol sy'n rhan o'r *mise-en-scène* neu 'sain y gallwch ei gweld'. Er enghraifft, y sain ffrwydrol wrth i wn gael ei danio neu sain amgylchynol clebran a cherddoriaeth mewn golygfa tŷ bwyta. Sain anghynefin yw sain sy'n cael ei harosod ar y *mise-en-scène* neu 'sain na allwch ei gweld'. Gallai hyn gynnwys defnyddio trosleisio a cherddoriaeth i sefydlu ymdeimlad o dyndra neu ramant.

2. Onglau camera – yn cynnwys ongl uchel, ongl isel a saethiadau o'r awyr. Mae'r saethiad o'r awyr o'r meddygon o amgylch y troli ysbyty wedi dod yn gonfensiwn ffilmio generig yn nrama ysbyty *ER*. Roedd ailadrodd y confensiwn hwn yn annog cynulleidfaoedd i atal eu hanghrediniaeth o gael eu rhoi yn y sefyllfa hon. Roedd hefyd yn caniatáu iddynt deimlo'n fwy o ran o'r hyn oedd yn digwydd. Mae'r un rhaglen yn defnyddio'r saethiad cledru a chledru gwrthol yn rheolaidd, eto i sefydlu bod y gynulleidfa'n rhan o'r hyn sy'n digwydd ac i gyflymu tempo'r digwyddiadau.

3. Golygu – mae'r ffordd y caiff testun ei lunio a'i roi at ei gilydd ynddo'i hun yn gallu dangos *genre* testun. Mae helfa geir gyflym mewn ffilm lawn mynd yn gonfensiwn generig sy'n cael ei lunio i gyfleu cyflymder a digwyddiadau dramatig. Mae'r golygu yn fformat print cylchgronau ar gyfer yr arddegau bob amser yn debyg ac mae iddo fformat cyfarwydd gyda chlawr a llinellau gwerthu wedi'u lleoli o amgylch delwedd ganolog, a honno fel arfer yn ddelwedd agos. Bydd goleuadau llachar a brwsh aer wedi cael eu defnyddio ar y ddelwedd i awgrymu harddwch a pherffeithrwydd. Bydd y clawr blaen yn llawn a lliwgar, a cheir cymysgedd o ffontiau a llythrennau bach a bras i ddenu llygad y cwsmer arfaethedig.

Codau sain

Rydym yn disgwyl i rai codau sain ymddangos mewn *genres* penodol:

- Effeithiau sain – mewn ffilmiau llawn mynd rydym yn disgwyl clywed ffrwydradau, gynnau'n tanio, sŵn teiars yn sgrechian. Gall bipian monitorau calon a seiniau amgylchynol eraill fod yn gonfensiynau mewn drama ysbyty.

- Gall sain anghynefin gynnwys trosleisio mewn rhaglen ddogfen a cherddoriaeth awyrgylch mewn ffilm ramantaidd. Mae chwerthin ar dâp yn gonfensiwn generig mewn comedi sefyllfa a'i ddiben yw cyfeirio'r gynulleidfa tuag at yr hiwmor yn y naratif.

- Gall sain gynefin gyfeirio at arddull y ddeialog y bydd cynulleidfa'n disgwyl ei chlywed mewn *genre* neilltuol. Er enghraifft, bydd sgwrs mewn ffilm ladrata fel *Ocean's Thirteen* [2007] yn cynnwys iaith benodol sy'n gysylltiedig â chynllunio'r drosedd. Mewn drama ysbyty, mae cynulleidfaoedd yn dod yn gyfarwydd ag iaith dechnegol sy'n ymdrin â thriniaethau ysbyty. Mae defnyddio iaith benodol fel hyn yn help i sefydlu realaeth.

Mae cerddoriaeth yn ffordd effeithiol o ddangos *genre*. Mae'r gerddoriaeth sy'n gyfeiliant i glodrestr agoriadol *Match of the Day* neu *EastEnders* wedi dod yn gyfarwydd i gynulleidfaoedd drwy ei hailadrodd ac i lawer o bobl mae'r naill yn 'dweud' pêl-droed a'r llall opera sebon. Gall cerddoriaeth fod yn gliw i'r hyn sydd ar fin digwydd. Mae amryw o gynulleidfaoedd ar draws y cenedlaethau yn adnabod cod sain *Jaws* [1975]. Mae cerddoriaeth wrthbwyntiol yn awgrymu bod rhywbeth ar fin digwydd cyn i unrhyw gliwiau eraill ymddangos ar y sgrin ac mae'n paratoi'r gynulleidfa ar gyfer yr hyn sydd i ddod.

TASG

- Gwrandewch ar ddilyniant agoriadol ffilm heb edrych ar y sgrin.

- Ysgrifennwch yr hyn rydych chi'n ei gredu sy'n digwydd gan ddefnyddio'r codau sain yr ydych wedi'u clywed, er enghraifft, effeithiau sain, deialog, cerddoriaeth ac ati.

- Gwyliwch y ffilm a gwrandewch ar y trac sain.

- Gwyliwch ddilyniant agoriadol ffilm arall heb wrando ar y sain.

- Awgrymwch gerddoriaeth bosibl, effeithiau sain, deialog ac ati.

Pa mor bwysig yw'r codau sain er mwyn deall y ffilm?

Problemau gyda *Genre* – traws-*genres* ac is-*genres*

Rydym wedi siarad llawer iawn am *genres* a'r ffordd y cânt eu categoreiddio a'u hadnabod drwy ailadrodd *repertoire* o elfennau a rennir. Fodd bynnag, mae hefyd yn wir dweud bod rhai testunau'n fwy cymhleth ac anodd eu categoreiddio gan eu bod yn ymgorffori confensiynau mwy nag un *genre*. Wrth ystyried y cysyniad o *genre* o safbwynt y diwydiant a chynhyrchwyr, mae'n bwysig cofio nad arf dadansoddi yw *genre* iddyn nhw – mae cynhyrchwyr testunau cyfryngol yn chwilio'n barhaus am fformatau newydd neu'n ceisio addasu fformatau presennol er mwyn cynnal a denu cynulleidfaoedd. Mae cysylltiad agos rhwng yr addasiadau hyn a'r ffordd y mae cynulleidfaoedd yn ymateb i *genres* penodol a'r ffordd y mae eu disgwyliadau'n newid yn sgil newid cymdeithasol a diwylliannol. Ystyriwch, er enghraifft, fel y mae *genre* y ddrama heddlu wedi esblygu o ddyddiau cynnar *Dixon of Dock Green* [1957 – 1976], *The Sweeney* [1975-1978], hyd at arddull opera sebon *The Bill* [1984-] ac yna at draws-fformat ffantasi *Life on Mars* [2006-2007] ac *Ashes to Ashes* [2008-].

Yn *genre* y rhaglen ddogfen, cafwyd symudiad oddi wrth raglenni dogfen addysgiadol traddodiadol tuag at raglenni dogfen sy'n ymdrin â phynciau mwy 'poblogaidd', ac at raglenni sy'n manteisio ar y fformat drwy ohebu ymchwiliol fel a geir yn *MacIntyre Investigates* [2002] a dyfodiad traws-*genre* y 'sebon-ddogfennol'. Mae i hyn wedyn gysylltiadau â *genre* cymharol newydd teledu realiti, sy'n cyfuno confensiynau rhaglen ddogfen a sioe gêm gan honni ei bod yn cynrychioli 'realiti':

> 'Fe'i cyflwynwyd yn y fath ffordd fel mai'r golygyddion oedd yn gwneud y sioe. Roedd ganddynt y gallu i wneud i unrhyw un edrych yn dda iawn neu'n ddrwg iawn drwy droi switsh. Un o'r problemau gyda'r sioe oedd bod y cyhoedd yn credu ei bod yn real. Roeddent wedi anghofio mai sioe gêm ydoedd a daeth yn rhywbeth personol iawn i bawb a oedd yn gwylio.' [Nick Bateman, yr ymgeisydd 'Nasty Nick' yn nhŷ cyntaf *Big Brother* ym Mhrydain yn siarad ar *Panorama* 'Life on TV', BBC1, 12 Tachwedd 2000]

TASG

- Gwyliwch ddarn o raglen teledu realiti, fel *Big Brother*, a darn o raglen ddogfen fwy confensiynol.

- Ystyriwch sut mae 'gwirionedd' a 'realiti' yn cael eu creu drwy gonfensiynau generig – er enghraifft, cymeriadau, eiconograffiaeth, digwyddiadau naratif ac ati.

Pa gonfensiynau o *genres* eraill y gallwch chi eu hadnabod yn y testunau hyn?

Mae'n aml yn ddiddorol ystyried testunau sy'n barodi o *genres* sy'n bodoli'n barod. I greu parodi llwyddiannus, rhaid i gonfensiynau sylfaenol y testun fod yn glir ac yn ddealledig er mwyn iddynt gael eu gwyrdroi.

TASG

Astudiwch destun sy'n barodi o *genre* sy'n bodoli'n barod, e.e. *The Office* [2001-2003] neu *Phoenix Nights* [2001-2002] neu enghreifftiau tebyg mewn ffilm, e.e. *Scary Movie* [2000]. Pa rai o gonfensiynau'r fformat a oedd yn bodoli'n barod sy'n cael eu defnyddio i barodïo yn y testun newydd?

TASG GRYNHOI

Gwyliwch ddilyniannau agoriadol testunau o dri *genre* gwahanol yn cynnwys traws-*genre*. Defnyddiwch y penawdau isod i ddadansoddi sut mae'r agoriad yn sefydlu'r *genre*:

- Cymeriadau.
- Eiconograffiaeth.
- Digwyddiadau naratif.
- Lleoliad.
- Codau technegol a sain.

Naratif

Yn yr adran hon

- Beth yw ystyr naratif?
- Sut caiff naratif ei lunio?

Mae naratif yn gysyniad allweddol sy'n cael ei ddefnyddio i ddadansoddi ystod o destunau cyfryngol – print a delweddau symudol, ffuglen a ffeithiol. Fodd bynnag, mae'r hyn y mae naratif yn ei olygu inni yn mynd drwy broses o newid wrth i fformatau testunol ac ymatebion cynulleidfaoedd newid. Erbyn hyn mae llawer o destunau yn cynnwys y gynulleidfa yn y naratif – mewn gemau cyfrifiadur, y chwaraewr sy'n rheoli ac yn penderfynu i ble bydd y naratif yn mynd. Mewn rhaglenni chwaraeon ar y teledu, drwy ddefnyddio nodweddion rhyngweithiol fel y Botwm Coch, gall y gwyliwr ddethol y naratif y mae am ei gael, a fydd yn arwain at ganlyniad gwahanol i ddewis rhywun arall sy'n gwylio'r un testun.

Mae naratif i bob testun cyfryngol – mewn testunau ffuglen ceir stori ynghyd â chyfres o ddigwyddiadau plot, a gellir dadansoddi'r naratif mewn testunau ffeithiol yn nhermau trefn, lluniad neu adeiladwaith a chonfensiynau *genre*.

TASG

Lluniwch stori-fwrdd o ddilyniant 6-8 saethiad y byddech yn ei ddefnyddio i greu ffilm fer o'ch diwrnod hyd yma. Wedyn ystyriwch:

- Beth yr ydych wedi'i ddewis a pham.
- Beth yr ydych wedi'i hepgor.
- A yw'ch 'stori' yn un linol ynteu a yw'n symud o gwmpas mewn amser.
- Pa saethiadau camera yr ydych wedi'u defnyddio a pham.

Yr hyn sy'n hanfodol yw dealltwriaeth o sut mae naratif yn cael ei 'adrodd wrth' neu ei 'ddangos i' gynulleidfa – mae'r hyn sy'n cael ei hepgor yr un mor bwysig â'r hyn sy'n cael ei gynnwys. Mae i destunau ffeithiol hefyd strwythur naratif – caiff rhaglen newyddion ei llunio yn ôl fformat clir a chyfarwydd gan ddechrau gyda'r penawdau a gorffen gyda'r tywydd. Mae'r un peth yn wir am bapur newydd – mae cynulleidfaoedd yn gwybod beth i'w ddisgwyl ym mhob rhan o'r testun ac ar y tudalennau blaen ac ôl.

Damcaniaethwr o Fwlgaria oedd **Tzvetan Todorov** a gyhoeddodd waith a oedd yn berthnasol i astudio testunau cyfryngol. Awgrymodd mai prif swyddogaeth y naratif oedd datrys problem a bod cymeriadau'n mynd drwy gyfres o gamau mewn naratif llinol lle mae digwyddiadau'n dilyn drefn gronolegol.

Strwythurau naratif

Mae'n bwysig ystyried a chymhwyso theorïau traddodiadol cyn ystyried sut mae'r rhain wedi esblygu efallai a newid. Mae theori draddodiadol fel y'i hawgrymwyd gan Tzvetan Todorov [gweler y bar ochr, t. 25] yn awgrymu bod dau strwythur naratif i'w canfod mewn testunau: llinol a chylchol. Mae'r theorïau hyn yn bwysig gan eu bod yn darparu fframwaith ar gyfer dadansoddi testunau a deall sut mae naratif yn cael ei gyfleu i gynulleidfaoedd. Mae Todorov yn caniatáu inni ystyried strwythur y naratif a sut mae'n symud ymlaen drwy gyfres o ddigwyddiadau o'r dechrau i'r diwedd, tra mae Vladimir Propp [gweler y bar ochr, t. 29] yn ystyried perthnasedd cymeriadau a'u gweithredoedd o fewn y naratif. Mae Roland Barthes [gweler y bar ochr] yn rhoi inni, drwy dde%lltwriaeth o semioteg, yr iaith benodol i'n galluogi i astudio pob agwedd o'r testun yn fanwl. Fodd bynnag, nid yw'n bosibl cymhwyso pob theori yn fuddiol i bob testun ac mae'n bwysig defnyddio'r theori fwyaf perthnasol i'r testun yr ydym am ei ddadansoddi.

Dywedodd Todorov fod naratif yn cael ei arwain gan ddigwyddiadau mewn patrwm achos ac effaith ac awgrymodd y strwythur canlynol:

Mae'r naratif yn dechrau gyda chydbwysedd.

↓

Mae gweithred / cymeriad yn tarfu ar y cydbwysedd.

↓

Ceir ymdrech wedyn i adfer y cydbwysedd.

↓

Mae'r naratif yn symud tuag at wrthdaro / uchafbwynt.

↓

Caiff yr anhawster ei ddatrys / y cydbwysedd ei adfer.

Mae hwn yn strwythur syml y bydd rhai testunau'n ffitio'n hawdd iddo. Fodd bynnag, dylem eisoes fod yn ystyried y broblem a achosir gan y syniad o 'adfer cydbwysedd' neu 'ddatrys anhawster'. Mae rhai testunau sy'n ceisio herio cynulleidfaoedd yn cynnig naratif penagored gan adael i'r gynulleidfa ddehongli'r hyn y mae'n ei ddeall o'r diweddglo. Mae datrysiadau eraill ymhell o 'adfer cydbwysedd', er enghraifft, diweddglo'r ffilm dditectif *Se7en* [1995] sy'n llwm ac anial. Yn y testun hwn mae'r gynulleidfa'n sylweddoli maes o law mai datrysiad trasig yw'r unig ganlyniad posib ac na fydd 'adfer cydbwysedd' i'r prif gymeriadau.

TASG

Dewiswch ffilm neu raglen deledu [nid oes rhaid i'r testun fod yn ffuglen] sy'n ffitio i ffrâm Todorov ar gyfer naratif llinol. Dadelfennwch y naratif yn ôl y strwythur sy'n cael ei awgrymu uchod.

Pa brofiadau mae naratif llinol yn ei gynnig i gynulleidfaoedd?

Awgrymwch amlinelliad o blot llinol ar gyfer ffilm / rhaglen deledu newydd gan ddefnyddio'r camau hyn.

Fodd bynnag, nid yw pob testun yn cydymffurfio â strwythur llinol. Un agwedd allweddol o naratif yw ei allu i amrywio amser a gofod ac i gynnwys y gynulleidfa ar lefel sy'n rhyngweithio â'r testun. Mae strwythur llawer o naratifau yn gylchol ac maent yn symud o gwmpas o fewn ffrâm amser. Mewn ffilmiau fel *Memento* [2000], *Pulp Fiction* [1994] ac *Eternal Sunshine of the Spotless Mind* [2004], mae'r naratif yn gymhleth a chaiff y gynulleidfa ei herio, oherwydd y strwythur naratif. Mewn drama dditectif, gallai'r naratif ddechrau yn y canol, gweithio'n ôl at y drosedd ac yna ymlaen at y datrysiad. Caiff naratif sgrin hollt ei ddefnyddio lle mae'r sgrin yn cael ei rhannu'n ddau neu dri o banelau gyda naratif gwahanol yn mynd rhagddo ym mhob un – mae'r gynulleidfa'n cael mwy o her wrth wylio gan fod gofyn iddynt ddehongli'r hyn y maent yn ei weld ar lefel fwy cymhleth drwy naratifau cyfochrog. O ran testunau ffeithiol, mewn rhaglenni chwaraeon rydym yn gwbl barod i dderbyn ailddangosiadau a gweld yr un digwyddiad o nifer o onglau camera gwahanol, sydd efallai yn denu ymatebion gwahanol gan y gynulleidfa.

Mae astudio naratif gemau cyfrifiadur yn codi cwestiynau diddorol. Mae rhai naratifau'n syml iawn gan fod y byd a'r lleoliad yn bwysicach na'r plot. Mae rhai gemau'n cydymffurfio â'r strwythur tair rhan: cydbwysedd – tarfu – adfer cydbwysedd; mae gemau eraill yn arbrofi â fframweithiau naratif mwy cymhleth, lle ceir cyfres o lefelau gyda'r chwaraewr yn pennu'r symud drwy'r lefelau. Efallai na cheir datrysiad byth oni chaiff camau naratif penodol eu cwblhau. Efallai y bydd dewisiadau i'w gwneud sy'n mynd â'r naratif i wahanol gyfeiriadau ac felly na fydd llif y naratif yn gyson gan ei fod yn dibynnu ar allu'r chwaraewr i ddatrys y posau. Gall chwaraewr fynd yn ôl droeon hefyd at yr un digwyddiad naratif a gwneud dewisiadau gwahanol sy'n arwain at ddilyniant gwahanol drwy'r gêm. Mae'r natur ryngweithiol hon mewn naratif yn gysyniad cymharol newydd i'w ddadansoddi:

Gallai'r ffordd y mae Lara Croft yn gweithredu pan fydd un person yn ei chwarae fod yn wahanol iawn i'r ffyrdd y mae hi'n symud neu'n gweithredu pan fydd person arall yn rheoli. Dyna pam nad yw theorïau sy'n deillio o gyfryngau hŷn (ffilm neu lenyddiaeth, er enghraifft) yn gallu disgrifio gemau digidol yn llawn. Mae gemau hefyd yn cymhlethu hen syniadau ynglŷn â'r berthynas rhwng awduron a darllenwyr, oherwydd y chwaraewyr sy'n penderfynu sut mae'r 'arwr' yn ymddwyn. [Burn et al., 2003, t. 110]

Technegau naratif

Fel yr awgrymwyd yn gynharach, mae gwaith Barthes yn dal i fod yn ddefnyddiol i'r rhai sy'n astudio'r cyfryngau pan fyddant yn dadansoddi naratif. Mae'n rhoi set glir o godau sy'n ein galluogi i ddeall sut mae testunau cyfryngol yn cael eu cyfleu i gynulleidfaoedd a'u dehongli ganddynt.

Awgrymodd Barthes fod naratif yn cael ei gyfleu mewn testunau drwy godau allweddol sy'n cynnwys:

- Codau enigma - caiff y rhain eu defnyddio gan amryw o gyfryngau, yn rhai ffuglen a ffeithiol. Mae'r codau hyn yn rheoli faint o wybodaeth sy'n cael ei ryddhau i'r gynulleidfa er mwyn ennyn ei chywreinrwydd a'i gwneud yn awyddus i gael rhagor o'r testun. Yn aml, ni fydd gwybodaeth yn cael ei datgelu tan yn ddiweddarach yn y testun. Bydd 'cliwiau' na chânt eu hegluro, ar ffurf enigmâu, yn cael eu rhoi'n gynnar yn y naratif - ffigur dirgel yn y dilyniant agoriadol efallai, neu bennawd adroddiad newyddion neu linellau clawr ar gylchgrawn. Mae rhaghysbysebion ffilmiau a rhaglenni teledu newydd yn ddyfais sefydliadol sy'n defnyddio enigmâu ac maent wedi'u bwriadu i bryfocio'r gynulleidfa ac yna i godi disgwyliadau.

- Codau gweithredu - math o law-fer i symud y naratif ymlaen yw'r codau hyn. Maent yn arwydd i'r gynulleidfa y bydd digwyddiad naratif yn digwydd, er enghraifft, bwclo gwregys gwn mewn ffilm gowbois neu bacio cês dillad.

Lleoli'r gynulleidfa mewn naratif

Lleoliad y gwyliwr breintiedig

Yma, mae'r camera'n gosod y gynulleidfa mewn man uwchraddol yn y naratif. Bydd elfennau nad yw'r cymeriadau yn y *mise-en-scène* yn gallu eu gweld yn cael eu dangos iddi. Er enghraifft, bydd saethiad agos yn dangos un cymeriad yn tynnu gwn o'i bag, ond dim ond y gynulleidfa sy'n gallu gweld hyn. Mewn rhaglenni chwaraeon, mae hwn yn gonfensiwn naratif cyffredin, lle mae'r gwyliwr yn gweld y naratif fwy nag unwaith o sawl safbwynt, drwy i'r hyn a ddigwyddodd gael ei ailddangos. Diben hyn yw gwneud i'r gynulleidfa deimlo ei bod mewn lleoliad mwy grymus yn y naratif fel ei bod wedyn yn gallu trafod yr hyn sydd wedi digwydd â mwy o wybodaeth ac efallai ragweld beth sydd i ddilyn.

Lleoliadau sy'n ymddangos yn amhosibl

Yma, mae'r camera'n gadael i'r gynulleidfa weld y naratif o leoliad anarferol, er enghraifft, o'r awyr neu o'r tu cefn i wal. Mae'r gynulleidfa'n atal ei hanghrediniaeth os yw'r lleoliad yn ei gwneud yn fwy o ran o'r olygfa. Yng 'ngolygfa'r gawod' yn y ffilm *Psycho* [1960], mae'r gynulleidfa'n gweld yr hyn sy'n digwydd i bob diben o'r *tu ôl* i wal y gawod. Mae hyn yn effeithiol oherwydd mae'n caniatáu i'r gynulleidfa weld y dioddefwr ac mae'n creu tyndra wrth i ffigur rhithiol ymddangos yr ochr arall i len y gawod... Yn yr un modd, gellir gwylio helfa geir drwy saethiad cledru o'r awyr, sy'n caniatáu i gynulleidfaoedd weld yr hyn sy'n digwydd o leoliad amhosibl.

Ymchwiliodd **Vladimir Propp** [1895-1970] i rolau cymeriadau mewn llên gwerin a straeon tylwyth teg. Ysgrifennodd lyfr dylanwadol *The Morphology of the Folktale* [1928] sy'n nodi ei gasgliadau. Mae'r rhain wedi cael eu cymhwyso i destunau cyfryngol i drafod swyddogaeth bwysig cymeriadau mewn naratif.

The Shining

Psycho

Saethiadau safbwynt

Yma, mae'r gynulleidfa'n gweld yr hyn sy'n digwydd o wahanol safbwyntiau a fydd yn newid ei dirnadaeth o'r olygfa a'i rhan hi yn yr olygfa. Efallai y bydd y camera'n dangos safbwynt y llofrudd neu'r dioddefwr neu'n symud rhwng y ddau ohonynt. Yn amlwg, bydd hyn yn newid lleoliad y gynulleidfa a'i hymateb. Yn aml, bydd y gynulleidfa'n cael ei rhoi mewn lleoliad anghyfforddus gan y camera, neu mewn lleoliad sy'n arddel safbwynt gwryw neu fenyw. Mae saethiadau safbwynt hefyd yn effeithio ar berthynas y gynulleidfa â'r cymeriadau. Gellir sefydlu safbwynt hefyd drwy drosleisio, lle mae'r hyn sy'n mynd drwy feddwl cymeriad yn cael ei gyfleu i'r gynulleidfa; a thrwy gyfarch y camera'n uniongyrchol mewn, er enghraifft, fwletin newyddion neu raglen ddogfen.

Ôl-fflach

Yma, rhoddir gwybodaeth ychwanegol i'r gynulleidfa am y naratif, sy'n hybu ei ddealltwriaeth. Bydd testunau cyfryngol hŷn yn defnyddio technegau mwy annaturiol i awgrymu camu'n ôl mewn amser, er enghraifft, bysedd cloc yn symud am yn ôl, tudalennau calendr yn troi neu ffilmio drwy niwl. Tybir bod cynulleidfaoedd heddiw yn fwy soffistigedig a'u bod yn gallu datgodio arwyddion o ran gwisgoedd ac eiconograffiaeth arall. Yn y ffilm *Atonement* [2007], mae'r naratif yn symud o gwmpas mewn amser ac yn herio dirnadaeth y gynulleidfa heb fawr iawn o gliwiau i'r hyn sy'n digwydd.

Y cymeriadau mewn naratif

Roedd gan Vladimir Propp, beirniad llenyddol o Rwsia a oedd hefyd yn arbenigo mewn llên gwerin, ddiddordeb yn y berthynas rhwng naratif a chymeriadau. Drwy ei ymchwil, dadleuodd mai cymeriadau sy'n gyrru straeon a bod plotiau'n datblygu o amgylch gweithredoedd cymeriadau. Edrychodd ar gymeriadau a'u swyddogaeth yn y stori. Dywedodd ei bod yn bosibl grwpio cymeriadau a gweithredoedd yn rolau a swyddogaethau sy'n symud y stori ymlaen. Awgrymodd fod yna yn ei hanfod wyth rôl cymeriad a 31 o swyddogaethau. Er bod modd cymhwyso theori Propp mewn ffordd berthnasol i rai testunau cyfryngol, yn enwedig y rheini sydd â naratif tebyg i straeon gwerin - fel ffuglen wyddonol, ffilmiau Disney a ffantasi - nid yw'n bosibl ei chymhwyso'n effeithiol yn ei chyfanrwydd i bob testun. Fodd bynnag, mae'n bwysig bod yn ymwybodol o'i waith a'i gymhwysiad, ac mae ei syniadau ef am swyddogaeth cymeriadau yn dal yn hynod o berthnasol. Ymysg ei fathau o gymeriadau mae:

- Yr arwr – sydd â chenhadaeth i'w chyflawni neu sy'n ceisio rhywbeth. Mae'n cario'r digwyddiadau drwy'r stori. Fodd bynnag, mewn naratif modern, gall yr arwr fod yn fenyw.

- Y dihiryn – mae'n cael ei yrru gan gymhellion drwg ac mae'n ceisio atal yr arwr rhag cyflawni ei genhadaeth.

- Y rhoddwr – sy'n cynorthwyo'r arwr drwy roi help iddo, er enghraifft, ar ffurf gwrthrych hud.

- Yr anfonwr – sy'n anfon yr arwr ar gyrch.

- Yr arwr ffug – sy'n ymddangos yn dda ac yn ceisio twyllo'r arwr drwy roi cyngor gwael.

- Y cynorthwywr – rhyw fath o bartner sy'n helpu'r arwr.

- Y dywysoges – cymeriad benyw stereoteipiol sydd mewn cyfyngder. Mae hefyd, ar adegau, yn cael ei gweld fel gwobr i'r arwr.

- Ei thad – mae'n gwobrwyo'r arwr, yn aml drwy roi ei ferch iddo yn 'wobr'.

> ## TASG
>
> Meddyliwch am naratif y gellir cymhwyso swyddogaethau cymeriadau Propp iddo a rhowch enghreifftiau o'r mathau uchod o gymeriadau.

Mae'r swyddogaethau hyn i'w gweld hefyd mewn testunau ffeithiol – mae papurau tabloid yn aml yn creu dihirod o arweinwyr gwleidyddol, yn enwedig mewn naratifau yn ymwneud â rhyfel.

Pa un a yw Propp yn berthnasol ai peidio, mae'n fuddiol canolbwyntio ar swyddogaeth cymeriadau mewn naratif wrth ei ddadansoddi. Mae gan rai testunau gymeriadau ynddynt y byddem yn disgwyl eu gweld. Mae hyn yn helpu'r naratif ac yn cyfleu gwybodaeth gan fod y gynulleidfa yn deall eu swyddogaeth ac yn gallu rhagweld sut y byddant yn ymddwyn a hyd yn oed pa fath o ddigwyddiadau naratif y maent yn debygol o fod yn rhan ohonynt.

Codau technegol mewn naratif

Mae'r camera'n 'dangos' y naratif i'r gynulleidfa drwy gyfres o saethiadau camera, symudiadau ac onglau sydd wedi cael eu golygu'n ddilyniant. Yn ystod y broses olygu, gwneir penderfyniadau pwysig, a fydd yn effeithio ar ymateb y gynulleidfa, am sut y caiff cymeriadau eu cynrychioli a digwyddiadau eu hadrodd. Ystyriwch fel y mae'r ffilmio 24 awr ar raglen deledu realiti fel *Big Brother* yn cael ei olygu yn rhaglen o awr [gyda thoriadau hysbysebu – felly dim ond tua 45 munud ydyw mewn gwirionedd] bob nos a'r cyfle sydd gan y cynhyrchwyr i chwarae gyda'r 'cymeriadau' a rhediad y stori.

Yn yr un ffordd, mae'r trac sain yn ddyfais naratif sy'n cyfleu negeseuon am y plot a'r hyn sydd i ddod. Mae cerddoriaeth lawn tyndra [anghytgordiol yn aml ac anghyfforddus i wrando arni] yn arwydd o naratif neilltuol, fel y mae cerddoriaeth 'lawn mynd' yn dynodi cyflymdra a drama yn y stori.

TASG

Gwyliwch ddilyniant agoriadol *Thelma and Louise* [1991] ac yna ystyriwch sut mae'r naratif yn cael ei gyfleu drwy ddefnyddio codau technegol, codau cymeriad a chodau sain.

TASG

Astudiwch ddarnau o dri thestun gwahanol – er enghraifft, rhaglen newyddion, tudalen we a gêm gyfrifiadur. Dadansoddwch y lluniad naratif gan ddefnyddio'r penawdau canlynol:

- Strwythur.
- Technegau.
- Cymeriadau.
- Codau technegol a sain.
- Ymateb y gynulleidfa.

TASG

Lluniwch stori-fwrdd o ddilyniant agoriadol drama deledu neu ffilm gan ddefnyddio'r amlinelliadau plot isod ynghyd ag amryw o ddyfeisiau naratif:

- Llofruddiaeth.
- Sefydlu lleoliad.
- Sefydlu teimladau cymeriad.
- Creu awyrgylch.
- Creu ymdeimlad o fod ar bigau'r drain.

Cynrychioli

Christine Bell

Yn yr adran hon

- Beth yw ystyr cynrychioli?
- Rôl dethol, llunio ac angori wrth greu cynrychioliadau..
- Sut mae'r cyfryngau'n defnyddio cynrychioliadau.
- Y safbwyntiau, y negeseuon a'r gwerthoedd sydd wrth wraidd y cynrychioliadau hynny.

TERMAU ALLWEDDOL

Cynrychioli – y ffordd y mae'r cyfryngau'n llunio agweddau o 'fywyd go iawn', yn cynnwys pobl, lleoedd, digwyddiadau, diwylliant, ethnigrwydd a materion llosg.

Cyfryngu – y broses o olygu a llunio y mae testun ar gyfer y cyfryngau wedi bod drwyddi cyn cael ei gyflwyno i'r gynulleidfa.

Angori – y testun, y penawdau neu'r trosleisio sy'n cyd-fynd â thestun ac sy'n 'angori' ei ystyr.

Pan gaiff cynrychioli ei gymhwyso i astudiaeth o'r cyfryngau, mae'n gysyniad cymhleth. Trwyddo, rydym yn ceisio deall sut mae cyfryngau yn llunio eu negeseuon a sut mae cynulleidfaoedd yn ymateb i'r llunio hwnnw. Y cwestiwn arwyddocaol, fel yr ymdriniodd Wendy Helsby [2005] ag ef, yw a yw'r cyfryngau yn **llunio** ynteu'n **adlewyrchu** agweddau o gymdeithas. A yw'r cyfryngau mor rymus fel eu bod yn llunio sefyllfaoedd, barn a chredoau y mae cynulleidfaoedd yn eu derbyn fel 'realiti', ynteu a ydynt yn adlewyrchu'r safbwyntiau a'r credoau cynhenid sy'n bodoli'n barod?

Gweithgareddau Rhagarweiniol – Deall Cynrychioli

Cyn ichi ddechrau astudio'r cysyniad o gynrychioli'n fanwl, mae'n bwysig ystyried sut yr ydym yn edrych ar bethau o'n cwmpas a sut yr ydym yn dehongli'r hyn a welwn ar sail ein profiadau a'r disgwyliadau sydd gennym ymlaen llaw.

TASG

Ysgrifennwch ddisgrifiad 50 gair ohonoch eich hun.

Gofynnwch i'ch ffrind ysgrifennu disgrifiad 50 gair ohonoch.

Sut maen nhw'n wahanol?

Dyma ddau bortread, neu gynrychioliad, gwahanol o un person. Pe baech wedi gofyn i'ch cariad neu'ch mam neu'ch tad-cu/taid wneud yr un peth, byddai yna wahaniaethau oherwydd eu lleoliad a'u perthynas â'r testun – yn yr achos hwn, chi.

TASG

Tynnwch ffotograff ohonoch eich hun wedi'ch amgylchynu â phethau sy'n golygu rhywbeth i chi. Er enghraifft, dillad yr ydych yn hoffi eu gwisgo, CD o'ch hoff fand, tegan anwes, eich iPod. Gofynnwch i rywun anodi'r llun i ddatgodio'r negeseuon yr ydych wedi'u hamgodio.

Oedd unrhyw beth yn eich synnu? Wnaethon nhw ddehongli'r codau'n wahanol i'r ystyr yr oeddech chi wedi'i fwriadu?

Mae amryw o ffactorau'n effeithio ar y ffordd y caiff cynrychioliadau eu deall a'u dehongli, yn cynnwys perthynas â phobl, cyd-destun a phrofiad diwylliannol.

TASG
PORTREADAU BRAS

Bydd rhywun o'r dosbarth yn sefyll yn y tu blaen. Tynnwch lun mor gywir â phosibl o'r person. Ar ôl gwneud hynny, anodwch eich llun gan feddwl am y codau gweledol a ganlyn: dillad, ystum a'r olwg ar wyneb y person.

Rydych newydd lunio **cynrychioliad** o'r person. Os gwnaiff pawb yn yr ystafell ddal eu llun i fyny, fe welwch gynifer o gynrychioliadau o'r person hwnnw sydd wedi cael eu llunio mewn amser byr iawn.

Cymharwch yr anodiadau – sut maen nhw'n wahanol? Byddant yn newid yn ôl profiad y sawl sy'n llunio'r ddelwedd. Efallai y bydd pa mor dda maen nhw'n adnabod y 'model' yn effeithio arnynt, pa un a ydynt yn adnabod y brand ffasiwn y mae'r person yn ei wisgo, a ydynt yn hoffi / adnabod y band ar ei grys T, ac ati.

Cyn ystyried enghreifftiau penodol o gynrychioli yn y cyfryngau, mae'n bwysig ystyried beth yr ydym yn chwilio amdano a pha gwestiynau y mae angen inni eu gofyn am y cynrychioliadau sy'n cael eu cyflwyno inni mewn testunau amrywiol ar y cyfryngau. [addaswyd o *Representation – an Introduction*, Stafford, BFI, 2001]

TASG

Sut mae cynrychioliadau'n gweithio yn y cyfryngau?

Edrychwch ar y *collage* o ddelweddau isod. Maent i gyd yn 'gynrychioliadau' o'r ddau ryw y byddech yn eu gweld yn y cyfryngau:

- Pwy neu beth sy'n cael ei gynrychioli yn y delweddau?
- Ymhle byddech chi'n disgwyl gweld y delweddau hyn?
- Ydy'r delweddau wedi cael eu llunio mewn unrhyw ffordd?
- Oes rhai o'r delweddau'n cynnwys neges? Er enghraifft, beth ydym ni i fod i'w feddwl am y bobl hyn?
- Dewiswch ddwy o'r delweddau – pa gwestiynau fyddech chi'n eu gofyn am y testunau?

Meddyliwch am y ffordd yr ydych wedi dehongli'r delweddau. Byddwch wedi edrych ar y delweddau'n gyntaf a'u disgrifio – caiff hyn ei alw'n DDYNODI. Wedyn, byddwch wedi ceisio deall y delweddau a'r negeseuon sydd ynddynt – dyma GYSYLLTIADAU'r ddelwedd.

Byddwch hefyd wedi dadlunio'r ddelwedd gan ddefnyddio CODAU GWELEDOL. Y codau gweledol mwyaf cyffredin a ddefnyddiwn i ddeall yr hyn yr ydym yn ei weld yw:

- Dillad – mae'r dillad sy'n cael eu gwisgo yn dweud rhywbeth wrthym am y person, er enghraifft, iwnifform, crys pêl-droed, y ffasiwn ddiweddaraf.
- Ystum – mae iaith y corff yn cyfleu negeseuon i eraill, er enghraifft, codi llaw, saliwtio.
- Yr olwg ar wyneb person – mae'r olwg ar wyneb pobl yn cyfleu gwybodaeth yn gyflym, er enghraifft, gwên, gwg.
- Techneg – mae'r ffordd y caiff y ddelwedd ei chyflwyno yn cario ystyr, er enghraifft, du a gwyn, ffocws meddal.

Cwestiynau allweddol i'w hystyried:

1. Pa fath o fyd sy'n cael ei *lunio* gan y testun cyfryngol?

Yr hyn y mae angen ichi ei wybod:

- Mae'r byd sy'n cael ei gyflwyno *yn* cael ei lunio.
- Mae'r realiti sy'n cael ei gyflwyno gan y testun wedi cael ei lunio.
- Mae cynulleidfaoedd yn dadlunio testunau yn ôl eu gwybodaeth nhw o'r byd sy'n cael ei gyflwyno iddynt a'u profiad nhw.
- Caiff cymeriadau, lleoliadau a materion eu cyflwyno mewn ffyrdd gwahanol.

2. Sut mae *stereoteipiau* yn cael eu defnyddio fel llaw-fer i gynrychioli grwpiau penodol o bobl?

Yr hyn y mae angen ichi ei wybod:

- Mae gwneuthurwyr testunau cyfryngol yn defnyddio adnabyddiaeth cynulleidfaoedd o fathau o gymeriadau i gyfleu negeseuon yn gyflym. Dim ond amser byr sydd gan y rhan fwyaf o destunau cyfryngol, yn cynnwys ffilmiau, erthyglau mewn cylchgronau a rhaglenni teledu, i sefydlu cymeriadau ac, o'r herwydd, maent yn cynnig cynrychioliadau cyfyngedig. Mae hyn yn arbennig o wir am hysbysebion [gweler Adran 1 am gymeriadau].
- Mae cynulleidfaoedd yn aml yn teimlo'n hapusach pan fydd cymeriad yn cadw o fewn terfynau'r stereoteip gan eu bod yn teimlo eu bod 'wedi'i deall hi'. Maent yn teimlo'n gyfforddus o'r herwydd a gallant ragweld ymddygiad y cymeriad a'i swyddogaeth naratif.

3. Pwy sy'n rheoli'r testun? Syniadau a gwerthoedd pwy sy'n cael eu mynegi drwy'r cynrychioliadau?

Yr hyn y mae angen ichi ei wybod:

- Caiff testunau eu **llunio** a'u **trin** gan gynhyrchwyr y testun.
- Mae proses gyfryngu'n digwydd wrth lunio testun cyfryngol, er enghraifft, adroddiad newyddion.

4. Sut bydd cynulleidfaoedd yn dehongli / datgodio'r cynrychioliad yn y testun? At bwy y mae'r testun yn cael ei anelu?

Yr hyn y mae angen ichi ei wybod:

- Mae cysylltiad rhwng y cynrychioli a phrofiadau diwylliannol y gynulleidfa. Bydd y cymhwysedd diwylliannol yn wahanol i wahanol gynulleidfaoedd.
- Bydd a wnelo'r gallu i ddatgodio hefyd â sefyllfa / hil / rhyw / oedran.
- Mae perthynas y gynulleidfa â'r seren / digwyddiad / amgylchedd unigol hefyd yn effeithio ar y datgodio.

5. Pa ideoleg / neges sy'n gynwysedig yn y cynrychioliad?

Yr hyn y mae angen ichi ei wybod:

- Mae angen ichi adnabod a bod yn ymwybodol o'r farn sy'n cael ei chyflwyno drwy'r testun.

- Efallai y bydd buddiannau penodol / barn benodol am y byd yn cael eu herio neu'u hyrwyddo.

- Gall testunau hyrwyddo, herio neu farnu'r rolau rhyw, ethnigrwydd neu oedran.

Llunio a Chyfryngu

Erbyn hyn, byddwch wedi dysgu bod y 'realiti' yr ydym yn ei weld ar y sgrin deledu ac yn ei ddarllen mewn papurau newydd yn cael ei lunio. Bob tro yr ydym yn gwylio neu'n darllen testun cyfryngol, nid gweld 'realiti' yr ydym ond fersiwn rhywun arall ohono. Rydym yn dibynnu ar gael gwybodaeth am ddigwyddiadau amrywiol o ffynonellau gwahanol, oherwydd ni allwn fod yno i weld drosom ein hunain beth sy'n digwydd. Fodd bynnag, mae'r hyn a welwn yn y pen draw wedi bod drwy broses o **gyfryngu**.

TERMAU ALLWEDDOL

Dethol – beth bynnag sy'n ymddangos ar y sgrin neu mewn print yn y diwedd, bydd llawer rhagor wedi cael ei hepgor. Bydd rhywun wedi penderfynu beth sydd i gael ei gynnwys a beth i'w hepgor. Ystyriwch sut y gallai hyn effeithio ar y ffordd y mae'r gynulleidfa'n teimlo am yr hyn y mae'n ei weld.

Llunio – bydd yr elfennau sy'n creu'r testun terfynol wedi cael eu llunio, ac nid yw bywyd go iawn yn cael ei lunio fel hyn. Pan welwn ddamwain mewn bywyd go iawn, nid ydym yn ei gweld o dair ongl camera wahanol, gyda'r lluniau wedi cael eu harafu, ond fel hynny yr ydym yn gweld digwyddiad yn aml mewn drama ysbyty. Pan fydd pobl yn dadlau mewn bywyd go iawn, ni allwn ddibynnu ar saethiadau agos i ddangos emosiwn – cânt eu defnyddio'n rheolaidd mewn ffilmiau ac ar y teledu i ddwysáu'r profiad i'r gynulleidfa. Yr hyn a welwn wrth wylio *Big Brother* yw lluniad o'r oriau a ffilmiwyd ac mae hwnnw'n aml wedi cael ei olygu i ddangos safbwynt neilltuol [safbwynt pwy?] am rediad stori neu gymeriad.

Ffocws – mae cyfryngu'n annog y gynulleidfa i ganolbwyntio ar agwedd neilltuol o'r testun, er mwyn ein gwthio i wneud tybiaethau a llunio casgliadau. Mewn drama, efallai y bydd y camera'n canolbwyntio ar gymeriad neilltuol. Yn yr un modd, caiff ein llygaid eu tynnu at y penawdau mewn papurau newydd a chylchgronau..

Pwynt Dysgu: Nid 'ffenestri ar y byd' yw testunau cyfryngol. Cyflwyno fersiwn o realiti a wnânt.

Angori

Mae delweddau heb eiriau yn destunau agored – gadewir cysylltiadau'r ddelwedd i'r gynulleidfa eu llunio fel y mae'n dymuno. Gellir dweud bod y testunau dieiriau hyn yn amlystyr gan fod modd i gynulleidfaoedd gwahanol eu dehongli'n wahanol. Unwaith y caiff geiriau eu cynnwys ar ffurf pennawd, teitl neu ddisgrifiad, mae'r testun yn mynd yn 'gaeedig' ac mae'n dweud yr ystyr wrth y gynulleidfa. Mae'r penderfyniad o ran dehongli wedi cael ei wneud dros y gwylwyr/darllenwyr ac maent, felly, yn llai tebygol o herio neu ystyried yr hyn y maent yn ei weld. Mae'r angori – y geiriau sy'n cyd-fynd â'r ddelwedd – yn effeithio ar y cynrychioli a'r ffordd y mae'r gynulleidfa'n ymateb iddo.

TASG

Dewiswch enghraifft o stori newyddion gyfredol, er enghraifft, gwrthdaro mewn gwlad arall. Rhestrwch y prosesau cyfryngu cyn i'r stori gyrraedd y sgrin deledu. Gallech ddechrau gyda'r ffaith fod y person camera yn penderfynu beth i'w ffilmio. Beth yw'r camau cyfryngu nesaf?

Nawr, ystyriwch y cwestiynau isod:

- Pwy sy'n rheoli'r testun?
- Syniadau a gwerthoedd pwy sy'n cael eu mynegi drwy'r cynrychioliad o'r digwyddiad?
- Mewn achos fel yr un sy'n cael ei ddisgrifio uchod, pa mor hawdd fyddai hi i safbwynt neilltuol gael ei fynegi? Sut mae disgwyl i'r gynulleidfa ymateb?

TASG

Edrychwch ar y ddelwedd o ysgol isod.

Ysgrifennwch ddau bennawd, teitl a pharagraff agoriadol gwahanol ar gyfer adroddiad newyddion a fydd yn newid y ffordd y mae cynulleidfa'n edrych ar y ddelwedd. Sut gallai cynulleidfaoedd gwahanol ddehongli'r ddelwedd hon yn wahanol oherwydd yr angori?

TASG

Gwyliwch adroddiad newyddion heb y sain. Ysgrifennwch ddau droslais cyferbyniol i angori'r darn a newid ffocws yr adroddiad.

Sut ydych chi wedi newid ystyr y delweddau drwy'r angori?

Pa effaith a gaiff y cynrychioliadau gwahanol yr ydych wedi'u llunio ar gynulleidfaoedd?

Ideoleg Drech

Safbwynt pwy sy'n cael ei gyflwyno drwy'r testun? Mae hyn yn canlyn ymlaen o gyfryngu ac mae'n ystyried y syniad fod y rhai sydd mewn sefyllfa o rym yn defnyddio'r sefyllfa honno i gyfleu eu barn a'r hyn y maent yn credu ynddo. Fel arfer caiff y bobl hyn eu galw'n bobl sy'n 'arwain barn' ac, at ddibenion yr astudiaeth hon, gallem gynnwys gwleidyddion fel y cânt eu portreadu ar y cyfryngau, perchenogion a golygyddion papurau newydd a chynhyrchwyr teledu. Maent yn cyflwyno safbwynt neilltuol ac yna'n ei ailadrodd dro ar ôl tro nes iddo ddod yn 'norm' i rai elfennau o'r gynulleidfa. Enghraifft dda yw barn y *Daily Express* a'r *Daily Mail* am geiswyr lloches gyda phenawdau fel:

Mehefin 2006 *Daily Express*, 'Foreign Villains Roam Our Streets', Awst 2001 'Asylum: We're Being Invaded – Leaked Memo Shows We Are Losing Battle on Immigrants', neu Fehefin 2005 *Daily Mail*, 'Bombers Come to UK as Sons of Asylum Seekers'.

Mae'r penawdau hyn yn annog y gynulleidfa i lunio cyswllt rhwng ceiswyr lloches a therfysgwyr neu droseddwyr ac maent yn cynnig portread neu gynrychioliad negyddol iawn o'r grŵp hwn o bobl. Caiff iaith ei gweld felly fel arf pwerus iawn i gyfleu ideoleg a, chan mai ychydig iawn o brofiad neu wybodaeth sydd gan lawer o bobl eu hunain o geiswyr lloches, efallai y byddant yn derbyn y farn a roddir iddynt gan y papur newydd y maent yn dewis ei ddarllen.

Po fwyaf y mae'r syniadau a'r credoau hyn yn ymddangos mewn gwahanol ffurfiau yn y cyfryngau, y mwyaf y cânt eu derbyn ac y maent, felly, yn dod yn rhan o'r ideoleg drech. Un ideoleg a chynrychioliad sy'n cael ei gyflwyno gan gylchgronau ein cyfnod ni yw'r syniad fod 'tenau' yn cyfateb i 'hardd'. Mae'r cylchgronau poblogaidd yn dal i ddefnyddio modelau esgyrnog fel delfryd o'r ffordd y dylai merched edrych, er bod hyn ymhell o'r 'realiti' i lawer o ferched. Mae cylchgronau eraill, fel *Closer* a *Heat*, yn cynhyrchu lluniau *paparazzi* o ferched 'enwog' mwy na maint 10 sydd â seliwleit neu sy'n edrych yn ddrwg mewn bicini! Maent hefyd yn cystwyo enwogion tenau un wythnos ac yna'n dangos eu 'corff haf' fel delfryd yr wythnos wedyn, sy'n cynnig negeseuon cymysg i'w cynulleidfaoedd.

Mae'r rhai sydd â grym ac sy'n rheoli'r negeseuon a gaiff cynulleidfaoedd drwy'r cyfryngau hefyd felly yn rheoli sut caiff rhai grwpiau mewn cymdeithas eu cynrychioli ac, yn wir, pa un a yw grwpiau eraill yn cael eu cynrychioli o gwbl.

Fodd bynnag, mae ideolegau'n newid wrth i gymdeithas newid felly mae gobaith y gwelwn ni dranc y 'cwlt' sy'n hybu bod yn denau. Ym mis Medi 2006, gwaharddodd wythnos Ffasiwn Madrid fodelau sydd â mynegai màs y corff (BMI) o lai na 18 mewn ymgais i fynd i'r afael â'r negeseuon sy'n cael eu rhoi i bobl ifanc ynglŷn â sut y dylent edrych. Dywedodd Tessa Jowell, yr Ysgrifennydd Diwylliant a'r gweinidog a oedd y tu ôl i uwchgynhadledd 'delwedd y corff' yn 2000, a sefydlwyd i edrych ar yr effaith a gaiff y diwydiant ffasiwn ar fenywod ifanc:

> 'Mae, fodd bynnag, yn fater sy'n peri pryder mawr i ferched ifanc sy'n teimlo eu bod nhw'n israddol o'u cymharu â'r menywod ifanc main fel polyn ar y llwyfannau modelu. Maent i gyd am edrych mor hardd â hynny ac maent yn gweld harddwch yn y termau hynny...ni ddylem am eiliad ddiystyru grym ffasiwn a'i allu i lywio agwedd merched ifanc a'u teimladau amdanynt eu hunain.' (*Media Guardian*, 2000)

Mae Helsby'n rhoi enghraifft berthnasol arall wrth drafod y newid yn yr ymateb i arfau niwclear. Yn y 1980au, bu menywod o Brydain yn protestio yn erbyn taflegrau Cruise yr Unol Daleithiau ar Orsaf Awyrennau Comin Greenham. Roedd y wasg yn portreadu'r menywod hyn yn gyson fel ffeministiaid adain chwith milwriaethus a oedd wedi gadael eu teuluoedd er mwyn ymgyrchu dros yr achos:

> **'Cawsant eu labelu'n ffeministiaid, gyda'r holl gysylltiadau ynghlwm â hynny sy'n awgrymu eu bod yn wrth-awdurdod ac felly yn wrth-ddynion. Caent eu gweld fel enghreifftiau o'r fenyw hysterig, yr oedd y Fictoriaid mor hoff ohoni.'**
> (Helsby, 2005, t. 10)

Yn ddiddorol, fodd bynnag, yr ideoleg drech heddiw yw na ddylai fod gan wledydd daflegrau niwclear ac mae 'gwahardd y bom' yn cael ei ystyried yn gyffredinol yn ffordd synhwyrol o weithredu. Caewyd Gorsaf Awyrennau Comin Greenham ym 1992.

Pwynt Dysgu: Gall testunau cyfryngol gynnwys safbwynt y mae'r rhai sy'n creu'r testun am i gynulleidfaoedd ei dderbyn.

Cynrychioli'r Ddau Ryw mewn Gemau Cyfrifiadur

TASG

Mewn grwpiau, ystyriwch ddwy gêm gyfrifiadur o safbwynt:

- Cynrychioli neu bortreadu'r ddau ryw.

- Thema.

- Naratif, yn cynnwys amcanion, ac ati.

- Cynnwys y defnyddiwr.

- Agweddau technegol, er enghraifft, safbwynt person cyntaf / trydydd person, effeithiau arbennig.

Un o'r prif resymau dros feirniadu gemau cyfrifiadur yw, er eu bod yn fformat cymharol newydd ymysg y cyfryngau, eu bod yn dal i atgyfnerthu rolau rhyw traddodiadol lle caiff dynion eu gweld fel y rhai cryf sy'n rheoli pethau a bod y menywod yno i gael eu hachub, neu cânt eu gweld fel gwobr neu fel gwrthrych rhyw. Mae themâu llawer o'r gemau hefyd yn amlwg yn cael eu targedu at ddynion – ceir rasio, cynllunio ymgyrchoedd milwrol neu ddod o hyd i darged mewn amgylchedd bygythiol, heb lawer o olau. Mae'r 'naratifau' hyn [yn aml, nid oes lluniad naratif penodol] fel arfer yn dibynnu ar drais neu arfau i ryw raddau hyd yn oed os oes angen rhyngweithio a meddwl hefyd.

TASG

Edrychwch ar Ddeg Gêm Fideo Uchaf YouTube i Fenywod a gwrandewch ar y trosleisio sy'n egluro sut y cawsant eu dewis [www.youtube.com/watch?v=cbuaOyZYais]:

'The ladies had to be hot and empowering – there are no bimbos here.' [www.youtube.com/watch?v=cbuaOyZYais]

Pa gynrychioliadau o fenywod sy'n cael eu hawgrymu yma?

O leiaf mae bechgyn yn cael gweld rhywfaint o fynd gyda lefel uchel o ryngweithio cyffrous. Mae'r gemau hynny sydd wedi eu targedu'n benodol at ferched yn tueddu i ganolbwyntio ar weithgareddau seiliedig ar ddiddordebau neu maent yn ymdrin â dylunio ffasiwn a gweddnewid. Mae'r gemau hyn yn atgyfnerthu cynrychioliadau sy'n cyfleu mai'r unig beth sy'n bwysig i ferched yw edrych yn hardd a bod yn boblogaidd. Mae fersiynau animeiddiedig y gemau hyn, sy'n cynnwys Barbie a thywysogesau Disney, yn cynnig portreadau afreal yn orfforol o fenywod mewn rolau goddefol. Y prif bethau sy'n eu poeni yw eu hymddangosiad a'u hangen i gael gafael ar ddyn o ryw fath; boed hwnnw'r Tywysog Swynol neu Ken! Digwydd iddyn nhw y mae pethau yn y gemau ac anaml iawn y byddant yn rhagweithiol eu hunain.

Fodd bynnag, gellid dadlau i'r un graddau fod unrhyw gemau sy'n annog merched i ymdrin â chyfrifiaduron yn dderbyniol a bod gan rai gemau seiliedig ar ddiddordebau naratif cymhleth, eu bod yn galw am sgiliau fel penderfynu a'u bod yn portreadu merched fel unigolion dyfeisgar a gweithgar:

'Mae'r rhai sydd o blaid gemau wedi'u cynllunio ar gyfer merched yn credu bod unrhyw weithgaredd sy'n annog merch i ddefnyddio cyfrifiadur yn beth da, hyd yn oed os yw'n atgyfnerthu rolau stereoteipiol. Gall diddordeb mewn gemau cyfrifiadur arwain at lefel uwch o hyfedredd gyda chyfrifiaduron, diddordeb mewn gyrfaoedd technegol sy'n talu'n dda a chynnydd cyffredinol yn y defnydd a wneir o gyfryngau digidol gan fenywod.' (Stewart, et al, 2001)

Yng ngemau *Pippa Funnell* a seiliwyd ar thema cynnal a rheoli stabl, mae'r naratif yn glir – rydych wedi etifeddu bridfa sydd wedi dirywio a rhaid ichi weithio i'w gwneud yn llwyddiannus eto. Dim ond ar ôl i dasgau penodol gael eu cwblhau'n llwyddiannus y mae'r chwaraewr yn symud o un cam i'r nesaf. Mae'r gwobrau'n golygu dewis rhwng opsiynau: caffael rhagor o dir, ymgeisio mewn cystadleuaeth neu gael ceffyl newydd. Mae'r dull cyfarch yn uniongyrchol ac ar adegau mae Pippa Funnell [person real sy'n cystadlu ym myd neidio ceffylau] yn ymyrryd i roi cyngor ac awgrymu symudiadau. Caiff elfennau o enigma a bod ar bigau'r drain eu cyflwyno i rediad y stori ac mae llywio'ch ffordd o amgylch y pentref yn gymhleth.

Y cwestiwn pwysig i'w ystyried i'r rhai sy'n astudio'r cyfryngau yw nid dim ond sut y caiff menywod eu portreadu/cynrychioli mewn gemau cyfrifiadur ond hefyd sut y caiff dynion, lleiafrifoedd ethnig a thrais eu cynrychioli. Y prif gynrychioliad o ddynion mewn gemau cyfrifiadur yw'r arwr llawn mynd. Mae'r rhith ddelweddau hyn, fel y rhai o fenywod, yn afreal yn orfforol – maent yn olygus, yn gyhyrog ac yn wyn. Gallant ymladd dreigiau, gyrru ceir cyflym a hedfan awyrennau, cynllunio ymgyrch filwrol a pheidio byth â methu'r targed. Mae'r rhai sy'n creu'r cynrychioliadau hyn hefyd yn gwneud tybiaethau, nad ydynt o reidrwydd yn gywir, ynglŷn â'r hyn y mae dynion am ei weld mewn gemau cyfrifiadur – arwyr llawn mynd a menywod hanner noeth. Rhaid herio'r tybiaethau hyn a pheidio â disgyn i'r fagl o gytuno â'r cynrychioliadau sy'n cael eu cynnig.

Mae'r cynrychioliad o drais a geir yn y fformat gemau weithiau'n peri pryder am fod y chwaraewr yn cymryd rhan yn uniongyrchol ac am fod y cyfan yn digwydd mewn rhith amgylchedd. Y chwaraewr sy'n rheoli'r trais ac, mewn rhai gemau, mae'n eithafol ac afrealistig. Pan fydd y chwaraewr yn ffrwydro rhywle neu'n dinistrio targed, nid oes rhaid iddo fod yn atebol am yr hyn a wnaeth. Nid oes edifeirwch a'r hyn sy'n peri mwy fyth o bryder yw y gall arwain at ymdeimlad o lwyddiant. Mewn rhai gemau, caiff ymddygiad treisgar ei wobrwyo a dyna'r unig ffordd y gall y chwaraewr symud ymlaen i'r lefel nesaf a chwblhau'r gêm. Mae hyn yn arbennig o wir am gemau sydd â naratif llai cymhleth, lle mai trais a symud ar garlam yw'r brif thema.

Yr Amwysedd a ymgorfforir yn Lara Croft

Wrth ystyried materion cynrychioli mewn gemau cyfrifiadur, mae'n bwysig sylweddoli fod pob gêm wedi tarddu o dechnoleg a gâi ei defnyddio i greu prosiectau yr oedd y lluoedd arfog yn eu hariannu, a bod llawer o'r bobl sy'n dyfeisio gemau cyfrifiadur yn arfer gweithio mewn swyddi a oedd yn ymwneud â rhyfela. Mae hyn yn egluro'n rhannol pam mae themâu yn ymwneud â rhyfel a thrais mor gyffredin mewn gemau cyfrifiadur a pham mae sefyllfaoedd plot sy'n cynnwys erlid a dod o hyd i elynion a thargedau, a'u saethu, mor gyffredin.

Roedd creu Lara Croft yn ddigwyddiad o bwys o safbwynt cynrychioli menywod yn y *genre* hwn ond gellir edrych arni fel delfryd ymddwyn sy'n gadarnhaol a negyddol. Mae'n gynrychioliad arddulliedig o fenyw rymus sy'n byw mewn rhith fyd a arferai gael ei weld fel byd sy'n perthyn i ddynion. Mae'n fenyw ôl-fodern sy'n ymddwyn fel dyn ond, o ran ymddangosiad, menyw yw yn ddiamheuol. Mae'n cario arfau ac yn symud ac ymddwyn fel milwr ond mae hefyd yn cael ei hecsbloetio'n gwbl agored fel symbol rhyw. Mae'n amlwg yn rhywiol ac mae ei mesuriadau'n gwbl afreal er mai 'rhith' fenyw yw. Gellid dweud i Lara Croft gael ei chreu gan ddynion i blesio dynion; ond yr eironi yw ei bod yn cael ei hybu fel eicon sy'n symboleiddio rhoi grym i fenywod a gallu'r fenyw i ffynnu a chipio rheolaeth mewn byd treisgar, sy'n perthyn i ddynion.

> 'Cafodd y ddelwedd o Lara ei defnyddio i hyrwyddo rhoi grym i fenywod. Gan mai ffrwyth ffantasi gwryw yw hi a'i bod hi mor amlwg yn boddio chwantau dynion, mae'n eironig ei bod hefyd wedi datblygu'n ddelwedd ar gyfer math newydd o ffeministiaeth, sy'n cael ei adnabod dan y penawdau "seiberffeministiaeth", "seibergenod" [*cybergirlzz*] a "grymgenod" [*girrrlpower*]. Mae menywod i fod i anwybyddu'r ffaith na chafodd y ddelwedd ei chreu ganddyn nhw nac ar eu cyfer.'
> [Herbst in, *Action Chicks*, gol. Sherrie A. Inness, Pennod 1, 2004]

Erbyn hyn mae Lara'n adnabyddus yn rhyngwladol a chafodd ei throsi'n ffilm lle chwaraewyd y rhan gan symbol rhyw 'real' ar ffurf Angelina Jolie.

Yn y gêm gyfrifiadur, caiff Lara Croft ei gweld fel cymeriad sy'n tra-arglwyddiaethu. Yn aml, caiff ei ffilmio oddi isod sy'n awgrymu ei grym dros y chwaraewr. Mae'r ffordd y mae'n sefyll yn ymosodol, yn gwisgo'i gwn ar ei chlun ac mae'r olwg ar ei hwyneb yn benderfynol a heriol. Mae ei chod dillad yn rhywiol ac yn dangos llawer o gnawd, sy'n cyferbynnu â'i rôl, ei hymddygiad a'r trais amlwg y mae'n rhan ohono. Mae ei pherthynas â'r chwaraewr hefyd yn ddiddorol. Er ei bod yn cael ei gweld fel delfryd ymddwyn gref i ferched, yn y gêm caiff ei gweld yn y trydydd person ac, felly, caiff ei rheoli gan y chwaraewr, gyda'r dybiaeth mai gwryw yw hwnnw. Mae'r chwaraewr yn ei dilyn ond mae'n rheoli'r hyn a wna wrth iddi redeg, neidio, cyrraedd pen llwybrau pengaead, saethu at dargedau, ac ati. Nid oes ganddi hi unrhyw reolaeth mewn gwirionedd dros ei rôl yn y naratif ac mae'n cael ei rheoli'n llwyr gan y chwaraewr. Mae hynny'n golygu bod ei throi hi'n arwres ddyfeisgar, lawn mynd, y ffilm yn drosiad diddorol. I'r chwaraewr gwryw, mae'r portread ohoni yn un delfrydol – mae'n rhywiol, yn hanner noeth, yn rymus, yn cario gwn, yn hyper-real ac yn berffaith. Nid oes rhaid iddo ddelio â'i diffygion fel y byddai rhaid iddo gyda menyw 'real' – a gall ei rheoli heb gael ei herio!

Pwynt Dysgu: Mae cynrychioliadau mewn testunau cyfryngol yn aml yn cynnwys negeseuon amlystyr a fydd yn cael eu dehongli'n wahanol gan gynulleidfaoedd gwahanol:

> 'Unwaith y mae'r chwaraewr yn blino ac mae'r gêm drosodd, mae'r gêm a'r fenyw fel ei gilydd yn diflannu'n hwylus i anwedd electronig. Mae Lara yn cynnig hunaniaeth rywiol heb fynnu dim a heb unrhyw amodau.' [Herbst, Inness, Pennod 1, 2004]

Mae'r cynrychioliad cymharol newydd hwn o fenywod sy'n dreisgar ac nad ydynt yn ôl pob golwg yn malio ynglŷn â thrais hefyd yn cael ei weld fel un afrealistig, sy'n peri pryder.

'Mewn byd sy'n cael ei drefnu gan anghydbwysedd rhywiol, mae'r pleser o edrych wedi cael ei hollti rhwng y gweithredol/gwryw a'r goddefol/benyw. Mae trem lywodraethol y gwryw yn taflunio ei ffantasi ar y ffigur benyw, sy'n cael ei arddullio yn unol â hynny.' [Laura Mulvey, 'Visual Pleasure and Narrative Cinema', *Screen*, 1975]

TASG

Astudiwch gloriau gemau *Lara Croft: Tomb Raider* a *Pippa Funnell*. Ystyriwch y cynrychioliadau rhyw sy'n cael eu creu gan y cloriau hyn gan gyfeirio at:

- Y defnydd o ddelweddau.
- Iaith.
- Dillad / ystum ac eiconograffiaeth.
- Cynllun a dylunio.

TASG

Crëwch gymeriad benyw newydd ar gyfer gêm gyfrifiadur sydd wedi'i hanelu at ferched / fenywod. Defnyddiwch y penawdau canlynol i lunio'ch syniadau:

- Disgrifio'i hymddangosiad.
- Nodweddion cymeriad.
- *Genre* y gêm.
- Rôl yn y naratif.
- Ymateb / ymwneud / rhyngweithio'r gynulleidfa.
- Ysgrifennwch adroddiad byr yn cymharu'ch cymeriad â'r cynrychioliadau o gymeriad benyw mewn gêm sy'n bodoli'n barod.

Cyfres *Sims2*

Mae rhai gemau diddorol sy'n cynnig cynrychioliadau rhyw mwy cadarnhaol drwy greu gêm sy'n gallu apelio at fechgyn a merched. Yng nghyfres *Sims2*, nid oes naratif cymhleth – yr amcan yw creu teulu, dewis cartref a 'byw gyda nhw'.

Mater i'r chwaraewr yw pa ryw a 'hil', neu ethnigrwydd, a gynrychiolir, ac nid yw hynny'n cael ei orfodi arno. Y cam cyntaf yw creu eich teulu o ystod o opsiynau sy'n cynnwys enwau, lliw croen a siâp corff. Gallwch ddewis dillad y cymeriadau – dillad nad ydynt i gyd yn dod o sioe ffasiwn, a gallwch ddewis eu dyheadau. Mae yna rai cyfyngiadau sydd, yn wahanol i lawer o gemau cyfrifiadur, yn ceisio cadw'r gêm hon o fewn terfynau realiti – rhaid ichi gael oedolyn gyda'r teulu [ni allwch greu teulu o blant yn unig], ond nid oes rhaid i'r teulu fod yn un 'niwclear' stereoteipiol. Y cam nesaf yw dewis lle i fyw sy'n addas i anghenion y teulu. Gall y dewis fod yn seiliedig ar ddyhead neu ar realiti. Rhoddir swm penodol o arian ichi ac os nad ydych yn gallu ei fforddio, ni allwch ei gael! Gallwch ennill rhagor o arian, fel yn y byd real, drwy chwilio am waith. Gallwch chwilio am swydd yn y papur newydd sy'n cael ei ddanfon i'ch tŷ. Mae cod moesol yn cael ei gyfleu hefyd – rhaid i'ch plant fynd i'r ysgol neu mae'r gweithiwr cymdeithasol yn dod i weld y teulu. Dewisiadau bywyd yw'r dewisiadau yn y gêm hon felly ac maent wedi'u seilio mewn 'rhith realiti'. Mae'r profiad gwylio a chwarae yn y trydydd person a gallwch ddewis dilyn ac ymwneud â gwahanol aelodau o'r teulu yr ydych wedi'i greu. Mae gemau eraill yn y gyfres yn caniatáu i'r chwaraewr fynd i'r brifysgol a sefydlu ei fusnes ei hun. Mae'r gêm yn rhyngweithiol heb fod yn dreisgar; mae'n ceisio sefydlu 'byd real' gyda dewisiadau real a chynrychioliadau o'r ddau ryw nad ydynt yn stereoteipiol ac, o'r herwydd, mae'n boblogaidd gyda'r naill ryw a'r llall.

TASG

Dyfeisiwch syniadau ar gyfer gêm gyfrifiadur newydd gyda'r ddau ryw yn gynulleidfa darged. Ystyriwch:

- Y cymeriadau.

- Lleoliad.

- Thema.

- Naratif.

- Materion cynrychioli.

- Ymateb / ymwneud y gynulleidfa.

Cynhyrchwch y deunydd cyhoeddusrwydd ar gyfer y gêm.

Y Rhywiau mewn Hysbysebion – gwerthu harddwch

Mae'r ffordd y caiff y ddau ryw eu portreadu mewn hysbysebion wedi newid yn fawr ac i'r fath raddau, fel yr awgryma David Gauntlett, nes bod dynion a menywod mewn hysbysebion yn cael eu trin yn gydradd. Prin yw'r stereoteipiau amlwg rywiaethol a ddefnyddir gan gynhyrchwyr hysbysebion:

'...sydd mae'n debyg yn golygu bod hysbysebwyr heddiw yn cymryd eu rôl gymdeithasol yn gymharol ddifrifol, neu, i fod yn fwy manwl, maent wedi dysgu nad yw tramgwyddo unrhyw gwsmeriaid gyda stereoteipiau rhywiaethol yn fusnes da.' (Gauntlett, 2002, t. 75)

Nid ydym erbyn hyn yn disgwyl gweld stereoteipiau'r hysbysebion cynnar lle'r oedd y ddynes yn cael ei phortreadu fel arfer fel gwraig tŷ ac yn cael ei barnu ar sail pa mor wyn oedd crysau ei gŵr wrth iddi godi llaw arno ac yntau ar ei ffordd i'r swyddfa.

Roedd dynion, ar y llaw arall, yn aml yn cael eu rhoi yn rôl yr arbenigwr neu'n 'llais Duw', yn rhoi gwybodaeth i fenywod am newid eu powdr golchi neu am gael eu lloriau'n lân. Y portread arall oedd fel dynion *macho* gyda ffrindiau cydnerth mewn hysbysebion cwrw a sigaréts. Ond, er gwaethaf y gwelliannau cadarnhaol gan mwyaf yn y ffordd y caiff y ddau ryw eu portreadu, canfuwyd yn ddiweddar:

'Roedd menywod ddwywaith yn fwy tebygol na dynion o fod mewn hysbysebion am gynnyrch domestig ac roedd dynion ddwywaith yn fwy tebyg na menywod o fod mewn hysbysebion am gynnyrch ar wahân i bethau domestig.' (Gauntlett, 2002, t. 76)

Mae'r portread ôl-fodern o'r fenyw y mae cynulleidfaoedd yn disgwyl ei weld yn fwy tebygol o fod yn fenyw hyderus, lwyddiannus sy'n berchen ar ei char ei hun ac sy'n gallu dal ei thir yn gyffordus yn erbyn y dyn cyffredin. Meddyliwch am yr hysbyseb 'Ask before you borrow it' am gar Nissan Micra lle caiff y dyn ei gosb haeddiannol am feiddio â benthyca car y fenyw. Neu hysbyseb cosmetigau Boots 17, 'It's not make-up. It's ammunition', lle'r oedd menywod yn cael eu gweld fel y rhai sy'n tra-arglwyddiaethu a rheoli.

Yn ddiddorol, mae'r syniad o 'gydraddoldeb' mewn hysbysebion yn ymestyn erbyn hyn i'r ffaith fod dynion yn ogystal â menywod yn defnyddio'u cyrff a'u pryd a'u gwedd i werthu cynnyrch i'w rhyw eu hunain ac i'r rhyw arall. Fodd bynnag, mae yna wahaniaeth. Mae'r dynion yn dal i edrych yn naturiol ac maent yn hysbysebu persawr, lleithyddion a chynnyrch atal crychau. Ond mae'n ymddangos bod gofyn i fenywod wneud mwy. Maen nhw'n gwerthu cynnyrch i'w newid eu hunain – pethau fel colur y mae rhaid ei ddefnyddio i wella a newid eu hymddangosiad. Nid yw'n ddigon bod yn naturiol, rhaid iddynt edrych yn DDA hefyd:

> **'Byddai modd cwyno mai'r neges i fenywod yw nad yw eu harddwch naturiol yn ddigon, a bod angen colur: mae honno'n neges anghyfartal, gan nad oes disgwyl i ddynion fynd i gymaint o drafferth.'** (ibid.)

Mae hysbysebion yn creu portread wedi'i ddelfrydu o harddwch a pherffeithrwydd, y mae disgwyl i fenywod a dynion hefyd erbyn hyn ei efelychu a'i wireddu. Caiff dynion eu dangos fel bodau perffaith – yn gyhyrog, â lliw haul ac yn olygus – ac mae gan fenywod wynebau sydd wedi'u coluro'n berffaith a chyrff main.

Caiff y ddelwedd hon ei chwyddo ymhellach drwy ddefnyddio cymeradwyaeth rhywun enwog, sydd eisoes yn hardd ac eiconig, i hyrwyddo'r cynnyrch. Onid oedd Scarlett Johanssen eisoes yn hardd cyn iddi ddefnyddio *L'Oréal*?

I lawer o fenywod, mae defnyddio pobl enwog i werthu cynnyrch harddwch yn golygu bod cyrraedd y ddelfryd yn mynd yn ddyhead mwy amhosibl fyth. Cawn ein perswadio i brynu'r cynnyrch am ein bod yn credu'r cynrychioliad o berffeithrwydd a welwn ac rydym yn atal ein hanghrediniaeth o weld yr wyneb y cafodd brwsh aer ei ddefnyddio arno hyd yn oed pan ddywedir wrthym mai rhai ffug yw blew amrant anhygoel Penelope Cruz:

> '...mae hysbysebion y diwydiant harddwch yn mynd i lawer iawn o ymdrech i berswadio menywod fod gwir angen yr hufenau croen, gwallt, ewinedd a choesau diweddaraf arnynt [a'r cynhwysion diweddaraf ynddynt sydd ag enwau cymhleth, sy'n swnio'n wyddonol]. Ac mae hysbysebion yn aml yn atgyfnerthu mor ddymunol yw rhai mathau arbennig o olwg gorfforol.' (Gaunt, 2002, t. 81)

Pwynt Dysgu: Er bod y cynrychioli ym myd hysbysebu wedi datblygu ers y dyddiau cynnar, mae'n dal yn wir fod delweddau o berffeithrwydd yn cael eu defnyddio i werthu cynnyrch i ddynion a menywod.

Maybe she was born with it?

TASG

Edrychwch ar amryw o hysbysebion am gosmetigau *Maybelline*. Gallwch chwilio'n hawdd am hysbysebion teledu yn ôl cynnyrch a brand ar www. visit4info.com.

Ystyriwch y canlynol:

- Mae hwn yn frand sydd wedi bodoli'n hir. Mae'r brand ei hun wedi cael ei weddnewid a'i ailddyfeisio er mwyn iddo apelio at gynulleidfa newydd. Sut?

Mae'r slogan 'Maybe she was born with it. Maybe it's *Maybelline*' yn ailadrodd enw'r brand, mae'n defnyddio cyflythreniad ac mae'n afaelgar. Mae hefyd yn enigmatig ac yn awgrymu'r hyn y gallai *Maybelline* ei wneud i chi gan esgus mai creu harddwch naturiol a wna.

Fel arfer, mae'r hysbyseb yn cynnwys saethiad agos o wyneb. Mae wedi cael ei drin yn dechnegol i ddangos perffeithrwydd. Mae cysylltiad uniongyrchol rhwng y portread hwn o berffeithrwydd a'r cynnyrch.

Mae'r dull cyfarch yn uniongyrchol a heriol ac mewn rhai hysbysebion mae hefyd yn bryfoclyd ac, felly, mae'n apelio at y ddau ryw mewn ffyrdd gwahanol. I fenywod mae'n cynnig grym ac, i ddynion, mae'n awgrymu argaeledd.

Ceir bob amser Nodwedd Werthu Unigryw – rhywbeth nad oes gan unrhyw gynnyrch arall [medden nhw] a fydd yn gwneud eich blew amrant yn hirach neu'ch gwefusau yn fwy sgleiniog. Mae'r sawl sy'n cymeradwyo'r cynnyrch yn dangos yr effaith a gaiff ac mae'r sylw a roddir i rannau allweddol fel y gwefusau, y llygaid a'r ewinedd yn cael ei chwyddo.

Ceir portread eiconig bob amser – mae'r cynnyrch wastad i'w weld yn glir ac yn aml mae'n fwy nag ydyw mewn gwirionedd er mwyn i'r prynwr ei adnabod.

Maen nhw'n ei haeddu hefyd!

Mae'r cysyniad o farchnata cosmetigau i ddynion yn gymharol newydd. Yn y gorffennol, y prif gynnyrch a gâi ei werthu oedd persawr eillio ac roedd y portreadau wastad yn dangos delfrydau ymddwyn gwrywaidd iawn [fel y bocsiwr Henry Cooper gyda phersawr eillio Brut]. Nid oedd y gair 'persawr' yn cael ei grybwyll o gwbl. Erbyn hyn mae gennym ddelweddau mwy androgynaidd ac mae i'r portreadau briodweddau tebyg i'r rhai a ddefnyddir wrth hysbysebu i fenywod – harddwch, atyniad rhywiol a chorff da. Caiff y priodweddau hyn eu gwthio i'r eithaf yn hysbysebion *Dolce & Gabbana*, lle mae rhyw yn cael ei ddefnyddio'n reit amlwg i werthu ac mae'r modelau mewn ystumiau pryfoclyd pan gaiff eu lluniau eu tynnu. Delweddau cyfaredd a moethusrwydd sydd yma, ynghyd â dull cyfarch uniongyrchol.

Yr elfen ddiddorol yn y math hwn o hysbysebu yw mai cynnyrch i ddynion sydd dan sylw ond mae llawer o'r hysbysebion yn cael eu targedu at fenywod yn ogystal â dynion a gall yr ymateb fod yn wahanol yn ôl rhyw. Edrychwch, er enghraifft, ar yr hysbyseb am leithydd gwrth-ludded *Hydra Energetic L'Oréal*.

Y slogan yw 'He thinks he looks damn good. You think he looks damn tired'. Yn amlwg, y 'chi' yn y slogan yw'r fenyw sy'n gweld yr hysbyseb hon a oedd mewn cylchgrawn i ferched. Mae'r model yn ddeniadol mewn ffordd stereoteipiol a byddai'r dyn cyffredin yn ddigon hapus i edrych fel hyn. Fodd bynnag, mae'r hysbyseb yn awgrymu y byddai ymateb menyw yn wahanol ac mae'r hysbyseb yn ymbil arni hi i'w helpu, sy'n dangos mai ati hi y mae'r hysbyseb yn cael ei thargedu. Fodd bynnag, mae cliwiau fod cynhyrchwyr yr hysbyseb hefyd yn targedu cynulleidfa wryw; mae'r manylion am y cynnyrch yn cynnwys gwybodaeth – 'non-greasy texture, non-sticky' – i dawelu meddwl y darllenydd gwryw; mae 'apply in the morning and /or evening over the whole face' yn wybodaeth yr ydym yn tybio na fyddai ar fenyw ei hangen; ac mae 'use after shaving – to help sooth razor burn' yn cael ei gyfeirio'n uniongyrchol at y gwryw.

Mae'r logo'n ddiddorol hefyd. Caiff effeithiau honedig yr hufen eu portreadu fel batri wedi'i ailwefru – mae'r gyfatebiaeth, y graffigwaith a'r ffontiau yn rhai gwrywaidd. Yn yr un modd, mae siâp y botel yn sgwâr ac anfygythiol; felly hefyd y pecynnu a'r ffaith fod *L'Oréal* yn rhoi'r teitl 'men expert' iddo'i hun. Mae'r hysbyseb hon yn dangos yn effeithiol fel y mae modd amgodio un hysbyseb i apelio at fwy nag un gynulleidfa.

TASG

Edrychwch ar amryw o hysbysebion am gosmetigau a phersawrau i ddynion:

- Pa bortreadau o ddynion sy'n cael eu defnyddio i werthu'r cynnyrch?
- Pwy yw'r gynulleidfa darged a sut mae hi'n cael ei denu at y cynnyrch?
- A ydy'r hysbyseb yn cyfarch ail gynulleidfa?

Ymgyrch Dove dros Harddwch Real

Cafodd yr ymgyrch hon ei lansio gan wneuthurwyr cosmetigau *Dove* mewn ymgais i godi ymwybyddiaeth o'r hyn a dderbyniwn erbyn hyn fel delweddau normal o ddynion a menywod sy'n cael eu defnyddio gan y diwydiant cosmetigau. Cynhaliodd *Dove* arolwg a chafodd ganlyniadau trawiadol er nad oeddent yn gwbl annisgwyl:

> 'Mae 97% o ferched 15-17 oed trwy'r byd yn credu y byddai newid rhyw agweddau arnynt eu hunain yn gwneud iddynt deimlo'n well.' (www.dove.co.uk)

Yn ei ymgyrch, mae *Dove* wedi ceisio 'mynd y tu hwnt i stereoteipiau' a chynhyrchu hysbysebion gan ddefnyddio menywod cyffredin sy'n normal o ran eu siâp a'u hymddangosiad, a menywod o wahanol oed. Roedd y portreadau 'normal' hyn yn cynnwys menywod â gwallt wedi britho, â brychni haul ac â chyrff llawnach.

> 'Y peth diddorol yma yw'r risg y mae *Dove* yn ei chymryd. Mae marchnata cynnyrch harddwch wedi canolbwyntio erioed bron ar ddyheadau: *Fe hoffwn i allu edrych run fath â hi... efallai os pryna i'r sglein gwefusau hwn, y gwna i!* Ond mae *Dove* yn gweithredu'n gwbl groes: *mae'r ferch yn yr hysbyseb rywbeth yn debyg i fi, ond mae hi'n edrych yn hollol hapus a hyderus... efallai os pryna i'r hufen Dove yma, na fydda i'n casáu fy hun wedyn!*' (www.slate.com, 'When Tush Comes to *Dove* – Real women. Real curves. Really smart ad campaign by Seth Stevenson')

TASG

□ ugly spots?
□ beauty spots?

campaignforrealbeauty.ca 🕊 | *Dove*

Ewch i wefan *Dove* ac edrychwch yn fanylach ar ei ymgyrch hysbysebu a'i ddefnydd o ddelweddau:

- Sut mae cynrychioliadau *Dove* yn wahanol i rai cwmnïau cosmetigau eraill?

- Sut mae *Dove* yn defnyddio cynrychioli i werthu ei gynnyrch?

- Pa negeseuon a gwerthoedd y mae ymgyrch *Dove* yn eu herio a'u hatgyfnerthu?

- Sut gallai gwahanol gynulleidfaoedd ymateb i'r ymgyrch hon?

TASG

Crëwch ymgyrch hysbysebu ar gyfer cynnyrch newydd, gan ddefnyddio portreadau sy'n herio'r delweddau mwy stereoteipiol o harddwch a geir mewn hysbysebion heddiw. Ystyriwch y canlynol:

- Enw'ch cynnyrch.

- Y slogan.

- Delweddau i'w defnyddio.

Gwnewch frasfodel o ddyluniad a chynllun eich hysbyseb brint.

Lluniwch stori-fwrdd o hysbyseb deledu.

Ysgrifennwch adroddiad byr yn cyfiawnhau'ch penderfyniadau

Ymateb y Gynulleidfa

Christine Bell

Yn yr adran hon

- Y ffyrdd o ddisgrifio cynulleidfaoedd.

- Sut caiff cynulleidfaoedd eu llunio gan gynhyrchwyr testunau cyfryngol.

- Sut caiff cynulleidfaoedd eu lleoli.

- Y ffyrdd y mae gwahanol gynulleidfaoedd yn ymateb i destunau, yn eu defnyddio ac yn eu dehongli.

Y prif faes y byddwn yn canolbwyntio arno yw'r berthynas rhwng y testun a'r gynulleidfa. Mae'r berthynas hon yn un gyfnewidiol. Yn y byd ôl-fodern hwn sy'n orlawn o gyfryngau, nid yw mwyach yn dderbyniol awgrymu nad oes ond un ffordd o ddehongli testun a dim ond un ymateb yn bosibl o du'r gynulleidfa. Nid màs yw cynulleidfaoedd. Maent yn gymhleth a soffistigedig yn eu hymateb. Mae hefyd yn bwysig ystyried y profiadau cymdeithasol a diwylliannol sy'n effeithio ar ymateb cynulleidfaoedd i ystod o destunau. Yn yr adran hon, byddwn yn edrych i ddechrau ar yr ystod o ymatebion posibl ac nid o reidrwydd ar theorïau am gynulleidfaoedd. Fodd bynnag, gallai'r dadansoddiad o'r ymateb arwain at archwilio theorïau perthnasol ynglŷn ag ymateb cynulleidfaoedd.

Mae'n bwysig symud oddi wrth y syniad fod yr ystyr mewn testunau eisoes wedi cael ei sefydlu a'i fod yn ddigyfnewid a bod pob cynulleidfa'n ymateb i negeseuon yn yr un ffordd. Unigolion sy'n ffurfio cynulleidfaoedd, ac maent yn dod â'u profiadau cymdeithasol a diwylliannol i'w canlyn wrth ddehongli unrhyw destun, a gall y profiadau hynny newid y negeseuon a gânt o'r testun. Nid defnyddwyr sy'n derbyn yn ddi-gwestiwn yw cynulleidfaoedd, fel yr oedd theorïau'r gorffennol yn ei awgrymu:

> 'Ymhell o gael eu troi'n "sombïaid", mae wedi dod yn gynyddol amlwg fod cynulleidfaoedd yn wir yn gallu penderfynu trostynt eu hunain i raddau helaeth iawn o ran natur eu hymateb i'r cynnyrch sy'n cael ei gynnig iddynt.' (Stewart et al., 2001, t.25)

Lleoli'r Gynulleidfa

Awgrymodd Stuart Hall yn ei ymchwil (1973) fod testunau'n cael eu 'hamgodio' gan eu cynhyrchwyr i gynnwys ystyron penodol yn gysylltiedig â chefndir cymdeithasol a diwylliannol y sawl sy'n creu'r testun. Fodd bynnag, unwaith yr oedd darllenwr y testun yn 'datgodio'r' testun hwnnw, gallai'r ystyron a fwriadwyd gan y cynhyrchydd newid.

Aeth Hall ymlaen i awgrymu tri phrif safbwynt yn y ffordd y mae cynulleidfa'n ymateb i destun neilltuol. Mae hyn yn golygu sut y caiff y gynulleidfa ei lleoli gan y testun, a'i hymateb yn sgil hynny.

1. Darlleniadau dewisol neu ddarlleniadau trech – yma, mae'r gynulleidfa'n dehongli'r testun yn agos at y ffordd yr oedd cynhyrchydd y testun wedi'i bwriadu. Os yw profiad cymdeithasol a diwylliannol darllenydd y testun yn agos at brofiad y cynhyrchydd, nid oes fawr i'r gynulleidfa ei herio. Pe baech chi'n nyrs, efallai y byddech yn cytuno â'r sefyllfaoedd a'r naratifau yr ymdrinir â nhw yn *Casualty* gan eu bod o fewn eich profiad chi.

2. Darlleniadau a drafodir – yma, mae'r gynulleidfa'n mynd drwy ryw fath o drafodaeth â hi ei hun i ganiatáu iddi dderbyn y ffordd y caiff y testun ei gyflwyno. Efallai y byddwch yn cytuno â rhai elfennau o'r testun ac yn anghytuno ag eraill. Gallai hyn olygu'r ffordd yr ydych yn cael eich lleoli mewn ffilm lle gofynnir ichi gydymdeimlo â chymeriad nad ydych yn ei hoffi, er eich bod yn mwynhau'r ffilm yn gyffredinol. Efallai y bydd angen ichi addasu'ch safbwynt er mwyn cael y mwyaf o'ch gwylio.

3. Darlleniadau sy'n gwrthwynebu – yma, mae defnyddiwr y testun yn ei gael ei hun mewn gwrthdaro â'r testun oherwydd ei gredoau neu ei brofiadau. Er enghraifft, bydd naratif mewn opera sebon sy'n edrych gyda chydymdeimlad ar fenyw sy'n cael carwriaeth slei yn annog darlleniad sy'n gwrthwynebu mewn person y mae ei ddiwylliant yn gwrthwynebu godineb.

Pwynt Dysgu: Mae gwahanol gynulleidfaoedd yn ymateb i destunau cyfryngol mewn ffyrdd gwahanol am resymau gwahanol.

TASG

Ystyriwch rai enghreifftiau eraill o sut y gallai cynulleidfaoedd ddarllen testunau cyfryngol yn y ffordd ddewisol, drwy drafodaeth neu drwy wrthwynebu. Er enghraifft, naratif teledu neu ffilm, rhaglen ddogfen ddiweddar ac adroddiad papur newydd.

Mae'r safbwyntiau hyn yn caniatáu ichi ddechrau deall na all un testun fod ag ystyr digyfnewid sy'n cael ei gyfleu yn yr un ffordd i gynulleidfa dorfol. Dylai'r cysyniad hwn ganiatáu hefyd inni herio'r theorïau "effaith" sy'n awgrymu mai dyma sy'n digwydd, gan gynnwys yr ymateb 'nodwydd hypodermig' – y syniad fod cynnwys testun penodol, a'r negeseuon ynddo, yn effeithio mewn ffordd arbennig ar gynulleidfaoedd torfol.

Beth sy'n effeithio ar y ffordd y mae cynulleidfa'n ymateb i destun?

Bydd cynulleidfaoedd gwahanol yn ymateb i'r un testun yn wahanol yn ôl:

- Rhyw – mae'r berthynas rhwng y gynulleidfa a'r testun yn ôl rhyw yn gymhleth. Bydd dynion a menywod yn ymateb i rai testunau cyfryngol mewn ffyrdd gwahanol. Mae ymchwil wedi dangos bod yn well gan fenywod raglenni teledu fel operâu sebon sydd â naratif sy'n ymdrin â pherthynas rhwng pobl ac sydd â chymeriadau benyw cryf. Mae'n well gan ddynion, ar y llaw arall, raglenni mwy ffeithiol mae'n debyg, sy'n ymdrin mwy â newyddion a materion cyfoes. Fodd bynnag, mae yna broblemau amlwg gydag ymchwil o'r fath gan ei fod yn cyffredinoli ac y gallai'r dynion / menywod a holir ymateb yn y ffordd y credant

Effaith nodwydd hypodermig – dyma enghraifft o theori effeithiau'r cyfryngau. Yr awgrym yw bod testun cyfryngol yn "chwistrellu" syniadau a barn i'r gynulleidfa. Cawn ein harwain i gredu bod y gynulleidfa'n oddefol ac nad yw'n cwestiynu. Un enghraifft o'r theori hon fyddai'r syniad fod testunau cyfryngol treisgar o reidrwydd yn gwneud i gynulleidfaoedd ymddwyn yn dreisgar.

y mae'r holwr yn ei disgwyl. Derbynnir yn gyffredinol fod dynion hefyd yn gwylio operâu sebon, yn enwedig rhai fel *The Bill*. Mae hefyd yn hawdd dyfalu na fyddai menywod yn cymeradwyo 'cylchgronau hogiau' fel *Nuts* a *Zoo*. Ond sut wedyn mae rhoi cyfrif am y menywod hynny sy'n anfon eu ffotograffau i gael eu cyhoeddi yn y cylchgronau hyn neu ar y wefan?

TASG

Astudiwch gloriau blaen dau gylchgrawn neu wefannau dau gylchgrawn. Sut byddai dynion a menywod yn ymateb i'r naill a'r llall o'r testunau? Ystyriwch y canlynol:

- Dyluniad a chynllun.

- Y dull cyfarch.

- 'Trem' y ddelwedd ganolog.

- Y clawr a'r llinellau gwerthu.

- Y cynrychioliad o'r ddau ryw.

- Diwylliant lleoledig – mae a wnelo hyn â sut mae ein sefyllfa – ein bywydau bob dydd, ein patrymau byw a'n perthynas â phobl – yn gallu effeithio ar y ffordd yr ydym yn ymateb i destunau cyfryngol. Mae'r lle yr ydym ynddo a chyda phwy yr ydym yn effeithio ar y cyfryngau yr ydym yn manteisio arnynt. Bydd gwylio ffilm yng nghanol ffrindiau neu deulu yn brofiad gwylio gwahanol iawn i'r profiad o wylio ffilm ar eich pen eich hun. Bydd yr ymateb hwn yn newid eto os byddwch yn gwylio'r ffilm gartref neu yn y sinema.

- Profiad diwylliannol – dyma sut mae ein diwylliant – ein magwraeth, ein profiadau a'n credoau – yn effeithio ar ein hymateb i destun. Mae a wnelo hefyd â sut mae ein dealltwriaeth a'n darlun o'r byd yn cael ei lywio gan ein profiad o'r cyfryngau. Efallai nad ydym erioed wedi ymweld ag Efrog Newydd ond, gan ein bod yn defnyddio'r cyfryngau, mae ffilmiau a rhaglenni teledu wedi creu darlun inni. Efallai nad ydym erioed wedi bod yn yr ysbyty ond rydym yn teimlo'n wybodus am nifer o driniaethau meddygol am fod *Holby City* neu *ER* yn rhan o'n harferion gwylio.

Sut mae testunau'n llunio ac yn lleoli cynulleidfaoedd

Yma, mae angen inni ymdrin mewn ffordd fwy cymhleth â thestunau sy'n mynd y tu hwnt i ddadansoddi cynnwys sylfaenol. Gellir dweud bod testunau'n llunio syniad o'u gwyliwr / darllenwr. Mae modd cymhwyso hyn wrth ddadansoddi cylchgronau, lle mae'r cylchgrawn yn llunio syniad o ddyn *Men's Health* neu fenyw *Glamour*. Yma, gallwn fynd yn ôl at y gwaith a wnaethom ar gynrychioli ac ystyried y cynrychioliadau y mae'r cylchgronau'n eu llunio a'r darlun o'r byd a'r negeseuon cysylltiol y maent yn eu cyfleu i ddarllenwyr. Mae cylchgronau'n cynnig trafodaeth.

Mae trafodaethau cylchgronau'n gwneud i'w pynciau a'u cynnwys ymddangos yn normal ac maent yn gwneud tybiaeth am ffordd o fyw a diddordebau eu darllenwyr – dyna'r llunio. Mae McDougall [McDougall, J., 2006, *The Media Teacher's Book*] yn awgrymu bod y trafodaethau a geir yn nhudalennau *Men's Health* yn cynnwys:

- Datrys problemau'n gyflym.
- Sensitifrwydd newydd mewn dynion.
- Rhagoriaeth / natur ystrywgar dynion.
- Sut mae cael 'pecyn chwech' mewn chwe wythnos.
- Hunan-serch gwryw a chymdeithas.
- Sut mae edrych yn dda.
- Sut mae deall anghenion dy gariad.
- Os wyt ti'n deall ei hanghenion hi fe gei di'r hyn rwyt ti'n ei ddymuno.

Gallwch weld tystiolaeth bellach o'r ffaith fod cylchgronau'n llunio cynulleidfaoedd drwy edrych ar becynnau cylchgronau ar gyfer y wasg, lle rhoddir proffil o'r darllenwyr. Dywed y wybodaeth am y darllenwyr a geir ar wefan *Men's Health*:

'Pwy yw darllenwyr *Men's Health*?

1. 20'au hwyr i'r 30'au canol, ABC1 gan mwyaf, rhywun llwyddiannus sy'n perfformio'n dda, hunanhyderus, agored ei feddwl ac anturus.

2. Wedi gwneud yn dda yn ei yrfa; mae ffrwyth llwyddiant wedi troi'n rym gwario.

3. Hŷn a mwy cyfoethog na darllenwyr prif gylchgronau ffordd o fyw eraill y DU i ddynion, yn gwerthfawrogi ansawdd a phethau cain.'

Trafodaeth

– 'ffordd o siarad am bethau o fewn grŵp, diwylliant neu gymdeithas neilltuol: neu set o syniadau o fewn diwylliant sy'n llywio'r ffordd yr ydym yn dirnad y byd. Felly, pan fyddaf yn sôn am "y drafodaeth mewn cylchgronau menywod", er enghraifft, rwyf yn cyfeirio at y ffordd y mae cylchgronau menywod yn siarad am fenywod a dynion a bywyd cymdeithasol gan amlaf, a'r tybiaethau y maent yn eu harddel yn gyffredin.' [Gauntlett, 2002, t.16]

Drwy hyn, fe welwch fod cynhyrchwyr y cylchgrawn yn llunio syniad o'u cynulleidfa a bydd yr erthyglau yn eu cyhoeddiad yn adlewyrchu ac yn denu'r 'dyn delfrydol' hwn.

TASG

Mewn grwpiau bach, edrychwch ar ddau neu dri rhifyn o'r un cylchgrawn mewn print neu ar y rhyngrwyd:

- Beth yw trafodaethau eich cylchgrawn?

- Pa erthyglau / eitemau nodwedd allwch chi eu rhoi fel enghreifftiau o'r trafodaethau hynny?

- Sut gallai gwahanol gynulleidfaoedd ymateb i'r cylchgrawn yn wahanol?

TASG

Edrych ar ddynion mewn cylchgronau

Mewn grwpiau bach, edrychwch ar ddau neu dri rhifyn o gylchgrawn i ddynion. Rydych yn ceisio canfod y cynrychioliad o'r ddau ryw sy'n cael ei lunio gan greawdwyr y cylchgrawn ac ystyried ymateb cynulleidfaoedd i'r greadigaeth hon.

Ystyriwch y cwestiynau canlynol:

- O edrych ar y clawr blaen, pa bethau dybiwch chi sydd o ddiddordeb i'r dynion sy'n darllen y cylchgrawn hwn?

- Edrychwch ar gloriau blaen y cylchgronau – sut mae cynulleidfaoedd wedi cael eu lleoli gan y dull cyfarch, lliw, defnydd o ddelweddau?

- Edrychwch ar y delweddau o ddynion yn y cylchgrawn – sut gallech chi eu disgrifio?

- Sut mae'r cylchgrawn yn cynrychioli dynion i ddynion?

- Sut mae menywod yn cael eu cynrychioli yn y cylchgrawn drwy erthyglau a delweddau? Sut mae hyn yn ychwanegu at drafodaeth y cylchgrawn?

- Sut byddai menywod yn ymateb i'r cynrychioliadau yn y cylchgrawn efallai?

- Pa fath o fyd y mae'r cylchgrawn yn ei greu?

- Edrychwch ar y pecyn gwybodaeth ar gyfer y wasg am y cylchgrawn. Sut mae hwn yn perthnasu i'r erthyglau a'r cynnwys yn y cylchgrawn? A yw'n atgyfnerthu'r cynrychioliad sydd wedi cael ei lunio?

- Ydy lluniad y cylchgrawn yn adlewyrchu realiti?

- Pwy fyddai'r **gwahanol** gynulleidfaoedd i'r cylchgrawn hwn?

TASG

Y Gadair Boeth

Erbyn hyn, dylech adnabod eich cylchgrawn yn dda iawn. Byddwch yn barod i ymgymryd â rôl darllenydd y cylchgrawn ac i ateb cwestiynau amdanoch eich hun. Bydd gweddill y grŵp yn gofyn cwestiynau ichi am eich diddordebau, eich hobïau a'ch ffordd o fyw a rhaid i chi ateb yn eich cymeriad fel defnyddiwr y cylchgrawn yr ydych wedi bod yn ei ddadansoddi. Cewch eich rhoi yn y 'gadair boeth' a bydd rhaid ichi ateb y cwestiynau yn eich rôl gan ddefnyddio'ch ymchwil i'r cylchgrawn i'ch helpu.

TASG ESTYN

- Cynhyrchwch driniaeth ar gyfer cylchgrawn newydd wedi'i anelu at ddynion.
- Cynlluniwch frasfodel o glawr blaen y cylchgrawn.
- Cynhyrchwch syniadau ar gyfer tudalen we am broffil darllenwyr y cylchgrawn.
- Ysgrifennwch adroddiad byr i ddangos sut mae canfyddiadau eich ymchwil wedi rhoi sylfaen ichi ar gyfer y gwaith o greu eich cylchgrawn, sut yr ydych wedi denu eich cynulleidfa darged a sut yr ydych yn gwerthuso'r hyn yr ydych wedi'i gynhyrchu.

Cynulleidfaoedd Newydd – y defnyddwyr rhyngweithiol

Rydym wedi canolbwyntio hyd yma ar sut mae gwahanol gynulleidfaoedd yn ymateb i destunau a beth sy'n effeithio ar yr ymateb hwnnw. Mae'n amlwg fod cynulleidfaoedd yn gymhleth a'u bod yn newid. Gyda dyfodiad technolegau a fformatau newydd, yn cynnwys gemau cyfrifiadur a gwefannau, daw cynulleidfaoedd yn ddefnyddwyr rhyngweithiol sy'n rheoli'r cyfryngau ac yn dewis yn weithredol. Mewn gêm fideo / gyfrifiadur, gall y defnyddiwr weld yr hyn sy'n digwydd o safbwynt person cyntaf neu drydydd person a gall wneud dewisiadau ynglŷn â'r naratif a gweithredoedd y cymeriadau. Mae gemau cyfrifiadur - byd dynion yn aml, fel y trafodwyd yn gynharach yn yr adran hon - yn rhoi rheolaeth amwys i'r gwryw dros gymeriadau benyw a grëwyd er mwyn iddo ef allu eu defnyddio:

> 'Mae byd gemau cyfrifiadur wedi datblygu'n fan lle ceir rhyw sioe erotig; yma, mae'r rhith arwres, fel y disgrifiodd Mulvey, am blesio'r gwryw, mae'n edrych i'w lygaid, ac mae'n gyfan gwbl o dan ei reolaeth.' (*Action Chicks*, gol. Sherrie A. Inness, 2004)

Dywed rhai dadansoddwyr fod gemau'n rhyngweithio â'r defnyddiwr ar nifer o lefelau gan ei fod yn cael ei drochi yn y byd artiffisial a grëwyd. O'r herwydd, mae'r negeseuon a amgodiwyd yn y gêm yn fwy pwerus ac maent yn ysgogi ymateb dyfnach nag a geir mewn fformatau eraill sy'n rhoi llais i'r gynulleidfa. Ac felly mae'r profiad a geir wrth chwarae'r gemau yn fwy dwys.

Datblygwyd **Theori Defnyddiau a Boddhad** ym 1975 gan Blumler a Katz ac roedd yn astudiaeth bwysig i'r ffordd y mae cynulleidfaoedd yn rhyngweithio â thestunau.

Gellir cymhwyso'r syniadau ynglŷn ag ymreolaeth a rheolaeth i ddefnyddwyr gwefannau ar y rhyngrwyd hefyd. Yma, mae cyfoeth o wybodaeth a phrofiadau ar gael i unrhyw un. Ond bydd pawb yn defnyddio'r rhyngrwyd mewn ffordd wahanol.

Pwynt Dysgu: Mae'r ffyrdd o gynnig cyfleoedd i gynulleidfaoedd ddefnyddio testunau a bod yn weithredol yn newid *sut* yr ydym yn dadansoddi ymatebion cynulleidfaoedd.

TASG

Mewn grwpiau, trafodwch sut yr ydych yn defnyddio'r rhyngrwyd. Ystyriwch y canlynol:

- Pa wefannau ydych chi'n eu defnyddio'n rheolaidd?

- Pa wybodaeth / wasanaethau a gewch o'r gwefannau hyn?

- Faint o amser ydych chi'n ei dreulio ar-lein?

- Y gwahanol ffyrdd yr ydych chi ac aelodau eraill o'ch teulu yn defnyddio'r rhyngrwyd.

- Beth mae hyn yn ei ddweud wrthych am y rhyngrwyd a chynulleidfaoedd?

Mae'r rhyngrwyd a thudalennau gwe yn cynnig enghreifftiau da o syniad David Gauntlett o'r gynulleidfa 'dewis a didol'. Yma, mae'r gynulleidfa'n defnyddio testunau – mae'n anwybyddu rhai agweddau ohonynt ac yn dewis yr agweddau sy'n gweddu iddi ar y pryd. Y tro nesaf y bydd pobl yn chwarae neu'n chwilio, efallai y byddant yn 'dewis a didol' dewislen wahanol – mae'r hyblygrwydd yno i alluogi defnyddwyr y fformatau hyn i wneud hynny.

A ninnau wedi derbyn y cysyniad o ddefnyddio'r cyfryngau i ddiwallu anghenion y gynulleidfa ar yr adeg honno, efallai ei bod yn bryd ystyried theori sy'n edrych ar yr effaith ar gynulleidfaoedd, sef theori 'Defnyddiau a Boddhad'. Mae hon yn un o'r theorïau mwyaf defnyddiol gan ei bod yn tybio bod y gynulleidfa'n un weithredol [yn hytrach na goddefol] ac mae'n pwysleisio'r hyn y mae cynulleidfaoedd testunau cyfryngol yn ei *wneud â nhw* yn hytrach na'r hyn y mae'r cyfryngau yn ei *wneud i'r* gynulleidfa. Fodd bynnag, rhaid defnyddio'r theori â gofal gan nad oes gan bob cynulleidfa yr anghenion a awgrymir ac nad ydynt i gyd yn defnyddio'r cyfryngau yn y ffordd hon. Roedd Blumler a Katz [1975] yn anghytuno â theorïau cynharach a ystyriai'r gynulleidfa fel màs goddefol yr oedd modd dylanwadu arno ac a fyddai'n gweithredu yn ôl negeseuon a gâi eu cyfleu gan y cyfryngau. Mae theori Defnyddiau a Boddhad yn awgrymu bod unigolion a grwpiau cymdeithasol yn defnyddio testunau mewn ffyrdd gwahanol ac nid yw'r gynulleidfa mwyach yn cael ei gweld fel derbyniwr goddefol.

Cafodd anghenion y gynulleidfa eu mireinio'n ddiweddarach fel:

- Adloniant – ffordd o ddianc rhag pwysau bywyd bob dydd.

- Perthynas rhwng pobl / rhyngweithio cymdeithasol – uniaethu â chymeriadau a gallu trafod testunau cyfryngol gyda phobl eraill.

- Hunaniaeth bersonol – gallu cymharu eich bywyd chi â bywyd cymeriadau a sefyllfaoedd sy'n cael eu cyflwyno mewn testunau cyfryngol.

- Gwybodaeth / addysg – dysgu a chael gwybod am yr hyn sy'n digwydd yn y byd.

TASG

Dewiswch un ai ffilm neu gêm gyfrifiadur ac eglurwch pa 'foddhad' y byddai gwahanol gynulleidfaoedd yn ei gael ohoni efallai.

Fodd bynnag, rhaid ichi ystyried bod modd edrych ar y theori hon erbyn hyn fel ffordd rhy syml o ymdrin â chynulleidfaoedd sydd wedi dod yn fwy amrywiol a chymhleth wrth i fformatau'r cyfryngau eu hunain ddatblygu'n fwy hyblyg a chyfnewidiol. Mae'r theori hon yn tybio bod y cyfrwng ei hun wedi dynodi ac wedi darparu ar gyfer anghenion y gynulleidfa ond efallai mai'r gwir yw bod cynulleidfaoedd yn ymateb i'r testunau sy'n cael eu cynnig yn y ffordd hon gan nad oes dewis arall ar gael. Efallai fod gan gynulleidfaoedd anghenion nad yw'r testunau cyfryngol sydd ar gael ar hyn o bryd yn rhoi sylw iddynt:

'Yn wir, gellir gweld bod llawer o'n "defnyddiau" a'n "boddhad" yn "gwneud y gorau" o'r hyn sydd ar gael ac yn ei gymhwyso i'n defnydd ni [y gynulleidfa], sydd efallai yn wahanol i'r defnydd a fwriadwyd gan y cynhyrchydd.' [Rayner et al, *AS Media Studies: The Essential Introduction*, 2003, t. 139]

TASG GRYNHOI

Astudiwch unrhyw ddau destun cyfryngol – er enghraifft, dwy dudalen we, dau gylchgrawn, dwy raghysbyseb ffilm neu ddwy gêm gyfrifiadur:

1. Dadansoddwch nhw, gan ymdrin â'r

- Codau gweledol.

- Codau technegol.

- Iaith a'r dull cyfarch.

2. Pa gynrychioliadau sy'n amlwg yn y testunau?

3. Awgrymwch sut, efallai, y byddai gwahanol gynulleidfaoedd yn ymateb i'r testunau.

LLYFRYDDIAETH

Llyfrau

Rayner. P, Wall. P, Kruger. S (2001), *Media Studies: The Essential Introduction*, Routledge: Llundain

MacDougall, J. (2006), *The Media Teacher's Book*, Hodder Arnold: Llundain

Gauntlett, D. (2002), *Media, Gender and Identity*, Routledge: Llundain

Helsby, W. (2005), *Understanding Representation*, BFI Publishing: Llundain

Inness, S. (2004), *Action Chicks: New I mages of Tough Women In Popular Culture*, Palgrave Macmillan: Llundain

Stewart, C., Lavelle M. Kowaltzke A. (2001), *Media and Meaning, An Introduction*, BFI Publishing: Llundain

Stafford, R., *Representation, An Introduction*, BFI Publishing/In the Picture: Llundain/ Bradford

Gwefannau:

www.frey.co.nz

www.slate.co.uk

www.dove.co.uk

www.menshealth.co.uk

DIWYDIANNAU'R CYFRYNGAU

Teledu

Colin Dear

Er mwyn deall testun cyfryngol yn llawn dylech ystyried sut y cafodd ei gynhyrchu, at bwy y mae wedi'i dargedu a sut bydd y gynulleidfa hon yn ymateb iddo.

Mae'r ffordd y caiff testun ei olygu a'i strwythuro yn adlewyrchu gofynion y gynulleidfa darged; bydd hyn yn cael ei gynrychioli wedyn wrth farchnata'r cynnyrch. Er enghraifft, caiff Simon Cowell ei bortreadu fel dihiryn yn *X Factor* gan fod cynulleidfaoedd yn gweld y gwrthdaro rhwng cystadleuwyr a'r beirniad yn rhywbeth difyr. Caiff ei bersona ei ddefnyddio wedyn mewn papurau tabloid i greu cyhoeddusrwydd gyda chynulleidfaoedd prif ffrwd sy'n debygol o wylio'r rhaglen. Mae'r cynrychioliadau tabloid hyn o'r seren yn ychwanegu rhywbeth at wylio'r rhaglen gan fod cynulleidfaoedd yn credu eu bod wedi cael cipolwg ychwanegol ar bersonoliaeth Cowell a'i berthynas â'r beirniaid eraill.

O astudio testun, ei gynulleidfaoedd a'r diwydiant a'i cynhyrchodd, efallai y bydd y gwahaniaeth rhwng y meysydd hyn yn mynd yn llai clir. Caiff persona seren fel Cowell ei greu yn rhannol gan y testun, gan y marchnata a chan y cynulleidfaoedd eu hunain, felly mae cysyniad o'r fath yn croesi pob un o'r tri maes, sef testun, diwydiant a chynulleidfa. Nid yw hynny'n golygu nad yw'n ddefnyddiol rhannu eich astudiaethau yn ôl yr elfennau hyn, ond dylech edrych ar yr elfennau fel man cychwyn yn hytrach na therfynau neu gyfyngiadau y mae rhaid ichi gadw atynt.

Y rhaglenni a ddewiswyd

Yn yr adran hon bydd astudiaeth achos o dair rhaglen deledu wahanol: *Six O' Clock News* BBC1, *skins* ar C4 a *The Wire* ar HBO.

Mae byd teledu yn cynnwys nifer enfawr o raglenni wedi'u gwasgaru ar draws llu o sianelau, gyda phob un yn cael ei gwylio gan gynulleidfa lai nag erioed o'r blaen. Yn sgil technolegau newydd, mae llawer o wylwyr teledu yn gwylio erbyn hyn drwy gyfryngau ar wahân i setiau teledu; maent yn defnyddio'u cyfrifiaduron i gyrchu at iPlayer y BBC, 4 on demand, YouTube, myspace a Bit Torrent, er enghraifft, neu maent yn prynu setiau blwch o gyfresi ar DVD. Mae cynulleidfaoedd eraill yn gynyddol yn newid amser rhaglenni gan ddefnyddio gwasanaethau fel Sky+. Ar yr un pryd, mae *genres* yn hollti ac yn cyfuno'n is-*genres* a thraws-*genres*. Mae hyn i gyd yn golygu bod teledu yn faes astudio cymhleth, amrywiol sy'n newid yn gyflym.

Fodd bynnag, does dim diben dysgu sut mae teledu'n gweithio mewn theori yn unig. Mae'n llawer mwy buddiol edrych ar sut mae teledu'n gweithio drwy archwilio gwahanol raglenni ac mae dewis eang ar gael ichi. Gall dewis tair rhaglen i'w hastudio fod yn dipyn o gamp, ond cofiwch nad ydych yn ceisio 'crynhoi' popeth yn ymwneud â theledu drwy'r testunau hynny. Yn hytrach, rydych yn ceisio deall sut mae'r hyn yr ydym yn ei wylio ar y teledu yn cael ei strwythuro o safbwynt naratif, *genre* a chynrychioli; y gwahanol ffyrdd y mae cynulleidfaoedd gwahanol yn gwylio ac yn defnyddio rhaglenni teledu; a sut mae'r diwydiant yn gweithio i greu a gwerthu'r testunau hyn.

Mae'r rhan fwyaf o astudiaethau o deledu Prydeinig yn dechrau drwy ddatblygu dealltwriaeth o ddarlledu gwasanaeth cyhoeddus a'r BBC. Byth ers i deledu gael ei ddarlledu gyntaf yn y DU, mae egwyddorion y BBC, sef darparu gwybodaeth, addysgu a difyrru, wedi llywio'r drafodaeth ynglŷn â beth yw hanfod teledu a beth ddylai gael ei ddarlledu. Mae cynnyrch Newyddion y BBC yn lle da i ddechrau gan fod ganddo rwymedigaethau gwasanaeth cyhoeddus clir iawn a rhaid dal y ddysgl yn wastad rhwng y rhain a'r angen i ddenu a chadw cynulleidfaoedd. Mae cymharu bwletinau newyddion cyfoes y BBC gyda bwletinau o'r gorffennol yn ffordd gyflym o nodi i ba raddau y mae'r BBC wedi newid o ganlyniad i'r technolegau newydd sydd wedi datblygu a'r cynnydd yn y gystadleuaeth, er ei fod yn dal i ymdrechu i gyflawni'i ddyletswyddau fel darlledwr gwasanaeth cyhoeddus. Yn wir, byddai unrhyw raglen sy'n ceisio denu cynulleidfaoedd mawr a chyflawni cylch gwaith y BBC yr un pryd, fel rhaglenni dogfen sydd â chyllideb fawr [*Walking with Dinosarus* [1999], *Blue Planet* [2001]] neu ddramâu [*Bleak House* [2005], *Rome* [2005]], hefyd yn fan cychwyn defnyddiol i'ch astudiaeth.

Mae *skins* yn rhaglen dda i'w dewis gan ei bod yn cael ei darlledu i ddechrau ar E4, sianel ddigidol yn unig, ac yna'n cael ei hailddarlledu ar Channel 4, sianel sy'n darlledu am ddim. Mae hyn yn adlewyrchu effaith cael llu o sianelau a'r gystadleuaeth gynyddol y mae darlledwyr daearol yn ei hwynebu. Maent hwythau wedi creu is-sianelau digidol er mwyn cystadlu. Gan fod *skins* yn cael ei ddarlledu ar y naill sianel a'r llall, gallwch ystyried sut mae'r rhaglen yn targedu demograffeg arbenigol, ac hefyd yn cyflawni yr un pryd agweddau o gylch gwaith Channel 4, gan gynnwys dangos arloesedd ac apelio at chwaeth a diddordebau cymdeithas sy'n amrywiol yn ddiwylliannol [http://www.channel4.com/about4/overview.html]. Mae *skins* hefyd yn bwysig o ran hunaniaeth sianel, gan ei bod yn creu cryn gyhoeddusrwydd drwy ddefnyddio cymysgedd o dechnoleg newydd a dulliau mwy traddodiadol, fel codi pynciau llosg. Yn wir, caiff *skins* ei lunio braidd fel brand, gyda'r gwylwyr yn cael eu gwahodd i dderbyn ffordd o fyw, yn hytrach na dim ond gwylio'r rhaglen. Mae archwilio'r broses hon o greu brand yn codi cwestiynau diddorol am gynulleidfaoedd a'r diwydiant.

Er mwyn meithrin dealltwriaeth o deledu drwyddo draw mae'n syniad da astudio rhaglen sy'n cael ei darlledu ar sianel ddigidol. Yn gyffredinol, mae cynulleidfaoedd bach yn golygu cyllidebau bach felly byddai edrych ar raglenni rhatach fel fformatau realiti [*Britain's Next Top Model*, 2005], rhaglenni wedi'u mewnforio [*Chuck*, 2007] neu sioeau realiti wedi'u mewnforio [*The Dog Whisperer*, 2004] yn ddewisiadau effeithiol. Mae *The Wire* yn gymharol rad i'w mewnforio ond mae ei hansawdd uchel yn ei gwneud yn annhebyg i'r rhan fwyaf o raglenni sy'n cael eu darlledu ar deledu aml-sianel. Y rheswm pam mae *The Wire* yn destun defnyddiol i'w astudio yw ei bod yn adlewyrchu nifer o dueddiadau yn y diwydiant teledu yn cynnwys: America yn hytrach na Phrydain sy'n gosod y meincnodau o ran ansawdd; y strategaeth o dargedu demograffegau bach ond cefnog; a phwysigrwydd y farchnad prynu DVDs. Yn olaf, mae defnyddio *The Wire* yn caniatáu ichi ystyried pa mor bell y mae corfforaethau rhyngwladol yn cyrraedd, ynghyd ag effeithiau globaleiddio.

Globaleiddio
– proses lle mae perchenogaeth cyfryngau, y gwaith cynhyrchu a'r defnyddio ar destunau yn croesi ffiniau, gan alluogi un diwylliant i dra-arglwyddiaethu dros un arall drwy allforio cynnyrch ac, yn sgil y cynnyrch hwnnw, ideolegau diwylliannol.

Six O' Clock News BBC1

Testun

Mae *Six O' Clock News* BBC1 yn fwletin awr o hyd, wedi'i amserlennu o 18:00 tan 19:00 bob noson o'r wythnos. Newyddion cenedlaethol sy'n cael sylw yn yr hanner awr gyntaf; wedyn; ar ôl 18:30, ceir rhaglenni eithrio rhanbarthol, chwaraeon a'r tywydd.

Mae newyddion, fel unrhyw destun cyfryngol arall, yn fersiwn o realiti sydd wedi cael ei ddethol a'i lunio; caiff digwyddiadau a materion eu cynrychioli i'r gynulleidfa, nid eu dangos. Mae anghenion y gynulleidfa darged ac amcanion y darlledwr yn dylanwadu ar y prosesau dethol a llunio.

Ar 5 Mawrth 2008, y storïau a oedd yn y penawdau ar y *Six O' Clock News* oedd:

- Pleidlais seneddol ar gyfansoddiad yr UE ac aelodau meinciau cefn y Democratiaid Rhyddfrydol yn gwrthryfela.

- Dedfrydu dyn a oedd wedi trywanu hyfforddwr ffitrwydd i farwolaeth.

- Adroddiad ar ofal plant a baratowyd yn ddirgel.

- Beirniadu enwogion sy'n cymryd cyffuriau fel delfrydau ymddwyn gwael i'w cefnogwyr ifanc.

Wrth gwrs, y diwrnod hwnnw, roedd digon o ddigwyddiadau eraill a oedd yn haeddu sylw ar y newyddion. Y noson honno, er enghraifft, roedd penawdau newyddion Channel 4 yn cynnwys yr argyfwng milwrol yn Venezuela, tra oedd ITV1 yn arwain gyda'r ymladd sy'n parhau yn Afghanistan.

Felly, beth sy'n gwneud eitem yn un y mae'n werth rhoi sylw iddi? Awgrymodd yr ymchwilwyr Galtung a Ruge [Allan, S., *News Culture*: 62-3, 1999] fod gwerth yn cael ei roi ar ddigwyddiad i helpu i benderfynu a yw'n haeddu sylw ai peidio. Mae gwerthoedd newyddion yn canolbwyntio ar nodweddion y digwyddiadau eu hunain ac fel arfer cânt eu dosbarthu'n 'werthoedd', sy'n cynnwys: trothwy [maint]; negyddoldeb [mae newyddion drwg yn fwy diddorol na newyddion da]; a symleiddio [storïau syml nad oes ond un ffordd o'u dehongli].

Fodd bynnag, dim ond un ffordd o edrych ar yr hyn sy'n gwneud digwyddiad yn un sy'n haeddu sylw yw gwerthoedd newyddion. Dylech hefyd ystyried ffactorau eraill, fel:

- Anghenion y gynulleidfa darged.

- Hunaniaeth sianel y darlledwr.

- Cydbwyso difrifoldeb ac adloniant.

Caiff gwleidyddiaeth Prydain, llofruddiaethau ac achosion llys eu hystyried yn arwyddocaol ac yn uniongyrchol berthnasol i'r gynulleidfa darged, felly maent yn cyrraedd y penawdau'n aml. Mae gan y BBC hunaniaeth draddodiadol a ffurfiol felly mae ei newyddion yn aml yn dewis storïau gwleidyddol fel y brif eitem. Wedyn, mae angen cydbwyso'r bwletin drwy gynnwys storïau o ddiddordeb dynol, fel yr eitem am yr adroddiad gofal plant.

Mae difrifoldeb yn gonfensiwn angenrheidiol yn y *genre* newyddion. Fodd bynnag, cyfrwng adloniant yw teledu, a rhaid i'r newyddion apelio at gynulleidfaoedd. Mae'r penawdau a ddewisir yn adlewyrchu'r gwrthgyferbyniad hwn: aelodau meinciau cefn y Democratiaid Rhyddfrydol yn gwrthryfela ynglŷn â chyfansoddiad Ewrop a defnydd Amy Winehouse o gyffuriau. Mae'r gwrthgyferbyniad hwn yn amlwg hefyd yn strwythur y rhaglen.

TASG

- Lluniwch restr o storïau newyddion y dydd drwy ddefnyddio gwefannau newyddion fel y BBC, ITV, *The Guardian*, *The Sun*, *The Daily Mail*, CNN ac Al Jazeera.

- Dewiswch storïau ar gyfer y penawdau a rhowch nhw yn nhrefn eu pwysigrwydd. Cymharwch eich dewisiadau chi â rhai'r BBC. Pa ffactorau oeddech chi'n eu hystyried yn bwysig o ran haeddu sylw? Beth dybiwch chi oedd yn bwysig i'r BBC yn ei ddewis o storïau?

- Gwyliwch y newyddion yr un noson. Sut oedd y storïau a ddewiswyd gan y BBC yn wahanol i sianelau eraill? Beth mae dewisiadau'r BBC yn ei ddweud wrthych am ei werthoedd newyddion? Pa storïau gafodd eu hanwybyddu gan ddarlledwyr teledu Prydeinig? Pam dybiwch chi na chafodd y storïau hyn eu dewis?

Strwythur newyddion y BBC

Sut mae'r logo'n cynrychioli gwerthoedd BBC News a'i rôl yn y byd?

Mae mwy o gystadleuaeth o du teledu aml-sianel a chyfryngau newydd [yn cynnwys gwefan y BBC ei hun] wedi arwain at gyhuddo rhai rhaglenni newyddion o 'lastwreiddio' mewn ymgais i ddenu cynulleidfaoedd; mae gorsaf ddigidol BBC3 hyd yn oed wedi cwtogi ei bwletinau i 60 eiliad. Rhaid i BBC1 gystadlu am gynulleidfaoedd ond, oherwydd ei statws a'i gylch gwaith, mae angen i'r *Six O' Clock News* wrthsefyll y duedd hon, nid dim ond oherwydd y gallai gael ei feirniadu ynglŷn â'i hawl i ffi'r drwydded, ond hefyd am fod teledu'r BBC yn uchel ei barch gyda chynulleidfaoedd o safbwynt ymddiriedaeth. Yn sicr, mae a wnelo'r ymddiriedaeth hon yn y BBC â'r ansawdd y mae pobl yn ei weld yn ei newyddion ac mae hynny'n nodwedd werthu unigryw i'w fwletinau [http://www.yougov.com/archives/pdf/Trust070427.pdf.]. Mae hyn yn golygu bod rhaid i'r BBC gydbwyso confensiynau newyddion traddodiadol yn ofalus gydag ymdrechion i wneud ei fwletinau'n fwy hygyrch a diddorol.

Glastwreiddio

– term sy'n cael ei ddefnyddio'n gyffredin i feirniadu rhaglenni sy'n osgoi herio'r gynulleidfa yn ddeallusol.

Ffi'r drwydded

– tâl gorfodol y mae'n rhaid i bob aelwyd sydd â theledu ei dalu; mae'n cynhyrchu £3 biliwn y flwyddyn yn fras i gyllido'r BBC.

Dyma rai o gonfensiynau mwy traddodiadol newyddion:

- Difrifoldeb – caiff y penawdau eu rhoi cyn y glodrestr, sy'n creu ymdeimlad o dorri ar draws llif yr adloniant. Atgyfnerthir y torri ar draws hwn gan y gerddoriaeth ddramatig anghynefin a'r dull cyfarch ffurfiol.

- Proffesiynoldeb – mae'r gwisgoedd, y celfi a'r defnydd o CGI (delweddau a gynhyrchir gan gyfrifiadur) yn cyfleu effeithlonrwydd. Mae'r gliniadur ar y ddesg yn cynrychioli'r newyddion diweddaraf ac yn cyfleu cyswllt â thîm o newyddiadurwyr sydd wrth eu gwaith yn y cefndir.

- Amser a lle – mae'r logos, y dilyniannau teitl a chefnlen y stiwdio yn dynodi'r amser – 6 o'r gloch, a'r lle – Llundain, yn yr achos hwn. Drwy ddangos y wybodaeth hon, caiff ymdeimlad o hygrededd ei gyfleu sydd wedi'i fwriadu i roi sicrwydd i gynulleidfaoedd.

- Tempo – mae tempo rhaglenni newyddion wedi cynyddu er mwyn rhoi ymdeimlad o gyffro i'r newyddion. Mae eitemau unigol yn torri'n gyflym rhwng y cyflwynydd, y gohebydd, digwyddiadau ar y pryd [darn o ffilm o ddigwyddiadau a lleoliadau], cyfweliadau gydag arbenigwyr a *vox pops*. Defnyddir graffigwaith, ffotograffau. 'gwelyau-cerdd' ac effeithiau sain, nid dim ond i egluro'r storïau ond i roi egni i bob eitem. Yn yr eitem am yr etholiad yn yr UD, ceir effeithiau sain dramatig i gyd-fynd â'r graffigwaith a defnyddir delweddau disodli yn lle toriadau syml.

- Newyddion tabloid a glastwreiddio – ceir penawdau croch i'r stori arddull tabloid am berson enwog yn defnyddio cyffuriau – 'Amy on Crack' – penawdau a gymerwyd o'r tabloids penawdau coch. Caiff darn o ffilm o eiddo'r *Sun* o Amy Winehouse yn cymryd crac cocên a nifer o fideos cerddoriaeth eu cynnwys i ddifyrru cynulleidfaoedd ymhellach.

Storïau o ddiddordeb dynol a dulliau cyfarch

Mae'r newyddion yn defnyddio dull cyfarch uniongyrchol, a mwyfwy personol. Er enghraifft, mae'r eitem sy'n ymchwilio i ofal plant yn cyfeirio at "eich plant chi". Drwy wneud storïau'n bersonol fel hyn, mae cynulleidfaoedd yn fwy tebygol o deimlo cysylltiad â nhw gan fod ganddynt ddiddordeb ym mherthnasedd storïau newyddion i'w teuluoedd nhw. Mae'r dacteg hon yn un sy'n cael ei defnyddio'n effeithiol gan bapurau newydd canol y farchnad fel *The Daily Mail* a *The Daily Express* i apelio at ddefnyddwyr canol oed, dosbarth canol.

TASG

Dadansoddwch bennod o *Six O' Clock News* BBC1. Sylwch ar y canlynol:

- Y ffordd y caiff y cyflwynydd ei gynrychioli.

- Y dull cyfarch.

- Y defnydd o godau symbolaidd, technegol a sain.

Sut y defnyddiwyd nhw i wneud i'r rhaglen ymddangos yn fwy diddorol i'r gwylwyr?

Cynulleidfa

Nod y BBC fel sefydliad yw bod yn wrthrychol. Fodd bynnag, mae'n aml yn amhosibl bod yn gwbl wrthrychol, felly mae'r newyddion yn ceisio darparu cydbwysedd o ran barn wleidyddol, i osgoi cyhuddiadau o duedd. Mae bod yn wleidyddol niwtral yn golygu bod y newyddion yn agored i gael ei ddehongli; bydd gwahanol gynulleidfaoedd yn ei ddeall yn wahanol.

Fel y gwyddoch, yn ôl Stuart Hall, gall cynulleidfaoedd ddatgodio'r ystyron dewisol (y rhai sy'n cael eu ffafrio) mewn ffyrdd gwahanol. Mae syniadau Hall yn awgrymu nad yw'r cyfryngau'n effeithio'n uniongyrchol ar y gynulleidfa; er enghraifft, mae'n annhebygol y byddai un o gefnogwyr y Democratiaid Rhyddfrydol yn newid ei deyrngarwch plaid ar sail un stori newyddion, felly byddai'n annhebygol o ddatgodio'r eitem a gafwyd ar 5 Mawrth am y problemau yn y blaid fel y cyflwynodd y bwletin newyddion hi.

Fodd bynnag, er bod y BBC yn ceisio bod yn niwtral yn wleidyddol, fel pob testun mae yn anochel yn cyfleu ystyr dewisol. Un strategaeth a ddefnyddir yn aml gan y newyddion yw cyferbynnu deuaidd, yn enwedig y 'nhw' yn ein herbyn 'ni'. Mae bwletin 5 Mawrth yn portreadu troseddwyr fel pobl y tu allan i gymdeithas, gyda'u hunaniaeth yn cael ei llunio drwy ffilm teledu cylch cyfyng, ffotograffau'r heddlu a disgrifiadau o dreialon. Mewn cyferbyniad, caiff dioddefwyr eu portreadu drwy fideos cartref a ffotograffau teuluol; caiff galwadau ffôn at y gwasanaethau argyfwng gan rywun mewn trallod eu chwarae ac, mewn un achos, disgrifiwyd y ddioddefwraig fel 'menyw fusnes lwyddiannus a bywiog... gydag awch am fywyd'. Mae'r math hwn o gynrychioli yn effeithio ar y ffordd y mae cynulleidfaoedd yn darllen neu'n dehongli'r testun.

Un ffordd drech o ddatgodio'r newyddion fyddai fod troseddwyr yn fygythiad o'r tu allan i ni, aelodau 'da' cymdeithas. Yn ôl fersiwn McQuail o'r model Defnyddiau a Boddhad [www.aber.ac.uk/media/Documents/short/usegrat.html], byddai hyn yn atgyfnerthu gwerthoedd y gymdeithas ac mae'n help i egluro poblogrwydd y newyddion: nid yn unig y mae'r gynulleidfa'n teimlo'n ddiogel, oherwydd mae ei hanghenion cadw golwg wedi cael eu 'boddhau', ond mae'r ymdriniaeth hefyd yn atgyfnerthu ein credoau synnwyr cyffredin. Caiff yr atgyfnerthu hwn ar synnwyr cyffredin ei adlewyrchu ymhellach yn yr eitem am enwogion yn cymryd cyffuriau – yno, caiff maint dylanwad sêr ar gynulleidfaoedd ei gymryd yn ganiataol. Mae'r model Defnyddiau a Boddhad yn ddefnyddiol yn y cyd-destun hwn oherwydd mae'n ein hannog i weld bod cynulleidfaoedd yn gallu mwynhau testunau am amryw o resymau, yn hytrach na dim ond yr un a fwriadwyd gan gynhyrchydd y testun.

Gosod newyddion y BBC mewn cyd-destun

I ddeall teledu Prydeinig, mae angen ichi ddechrau gyda'r BBC. Pan ddechreuodd darlledu ar y teledu [1936], gan y BBC y darparwyd sianel gyntaf Prydain. Bryd hynny, tybiwyd [yn gywir] y byddai teledu yn gyfrwng grymus ac y dylai felly wasanaethu anghenion y genedl yn hytrach na gwneud arian fel menter breifat. Hyd heddiw, mae'r BBC yn gweithredu fel **darlledwr gwasanaeth cyhoeddus**, sy'n golygu bod rhaid iddo wneud mwy na difyrru cynulleidfaoedd a chynhyrchu refeniw – rhaid iddo gyflawni cylch gwaith.

Siarter Brenhinol 2006 [egwyddorion allweddol]:

- Cynnal dinasyddiaeth a chymdeithas sifil.
- Hyrwyddo addysg.
- Ysgogi creadigrwydd.
- Adlewyrchu cenhedloedd, rhanbarthau a chymunedau'r DU.
- Dod â'r byd i'r DU a'r DU i'r byd.
- Datblygu Prydain ddigidol.

Dywedodd ei Gyfarwyddwr Cyffredinol cyntaf, John Reith, y dylai'r BBC 'ddarparu gwybodaeth, addysgu a difyrru' – geiriau adnabyddus. Dyma'i genhadaeth o hyd, er y dylai holl gynnyrch y BBC erbyn hyn fod yn un o leiaf o'r canlynol: o ansawdd uchel, yn heriol, yn wreiddiol, yn arloesol neu'n ddeniadol. Mae gan y BBC hefyd Siarter Brenhinol; cylch gwaith penodol sy'n cael ei adnewyddu bob 10 mlynedd ac y telir amdano gan ffi'r drwydded. Tâl gorfodol yw ffi'r drwydded a godir ar bob aelwyd sydd â theledu ac sy'n cynhyrchu tua £3 biliwn y flwyddyn. Pan gaiff y Siarter Brenhinol ei adnewyddu, mae cost ffi'r drwydded hefyd yn cael ei phennu; felly, rhaid i'r BBC ddangos ei fod yn cyflawni ei gylch gwaith [gweler http://www.bbc.co.uk/bbctrust/framework/charter.html i gael rhagor o wybodaeth].

Rhaid dal y ddysgl yn wastad mewn cyd-destun cymhleth er mwyn cyfiawnhau ffi'r drwydded. Rhaid i'r BBC fod yn boblogaidd gyda gwylwyr; fel arall, ni fydd y gynulleidfa am dalu am rywbeth nad yw'n ei wylio'n aml. Dyna pam mae'r BBC yn darlledu *EastEnders* [1985] bedair noson yr wythnos ac yn darlledu *Strictly Come Dancing* [2004-] ar nos Sadwrn yn yr hydref. Ond, pe na bai'r BBC ond yn darlledu fformatau poblogaidd, ni fyddai mwyach yn wahanol i deledu masnachol, felly y peth delfrydol i'r BBC yw darlledu amrediad o raglenni sy'n boblogaidd a hefyd o ansawdd uchel. Mae dramâu fel *Cranford* [2007] neu *Bleak House* [2005] a rhaglenni dogfen fel *Planet Earth* [2006] yn cyflawni'r naill swyddogaeth a'r llall, ond mae'r rhaglenni hyn yn eithriadol o gostus ac felly dim ond nifer cyfyngedig y mae modd eu cynhyrchu.

Mae'r newyddion yn rhaglen allweddol i'r BBC. Mae bwletinau newyddion rheolaidd yn darparu gwybodaeth, yn cynnal dinasyddiaeth, yn adlewyrchu hunaniaeth y cenhedloedd, y rhanbarthau a'r cymunedau, ac yn dod â'r byd i'r DU. Mae'r newyddion hefyd yn denu cynulleidfaoedd mawr a chaiff hyn ei adlewyrchu mewn ffigurau gwylio uchel. Mae'r *Six O' Clock News* yn rheolaidd yn denu 5 miliwn o wylwyr, neu 25% yn fras o'r gynulleidfa sydd ar gael bryd hynny.

Channel 4 / E4 – *skins*

Drama ddadleuol i bobl yn eu harddegau yw *skins*. Mae'n portreadu bywydau grŵp o ffrindiau yn eu harddegau. Roedd yr ail gyfres [Chwefror-Ebrill 2008] yn cynnwys deg pennod awr o hyd, pob un yn canolbwyntio ar gymeriad gwahanol o fewn grŵp o ffrindiau. Bydd yr adran hon yn canolbwyntio ar bennod pump [10 Mawrth 2008] a ganolbwyntiai ar Chris, rhyw lipryn hoffus y mae ei rieni wedi'i adael, a gysgodd gyda'i athrawes seicoleg ac sydd â'i fryd yn bennaf ar gymryd cyffuriau a chael amser da. Yn y bennod hon mae'n cael ei wahardd o'r coleg, mae'n mynd yn werthwr eiddo ac yn cychwyn perthynas gyda Jal, ond bod y berthynas honno'n cael ei pheryglu wedyn gan iddo gysgu gyda'i gyn-gariad.

Naratif

Drwy'r rhaglen ar ei hyd caiff y gynulleidfa ei lleoli gyda Chris ac mae'n gweld y digwyddiadau o'i safbwynt ef. Er enghraifft, edrychir ar Tony, cymeriad sy'n rhannol anabl ers iddo gael ei daro i lawr gan fws, o safbwynt Chris, wrth iddo ymdrechu i nofio mewn rhwymynnau breichiau.

Gall modelau naratif fod yn arf defnyddiol er mwyn deall trefniadaeth a strwythur storïau. Fodd bynnag, ni ddylai labelu cymeriadau neu gamau yn y naratif fod yn ddiben ynddo'i hun; yn hytrach, dylech ddefnyddio hynny i dynnu sylw at nodweddion confensiynol ac anghonfensiynol y stori, gan nodi sut mae'r naratif yn denu sylw'r gynulleidfa ac yn cynnal diddordeb.

Mae'r rhan fwyaf o naratifau'n cadw at batrwm sylfaenol: mae yna darfu ar gydbwysedd, yna mae arwr yn trechu nifer o rwystrau gan adfer hapusrwydd a chydbwysedd, gyda hynny'n digwydd ar ddiwedd y stori. Mae strwythur o'r fath yn geidwadol yn ideolegol – mae'n cynnal y *status quo*, gan fod storïau sy'n dilyn y model hwn yn dweud wrth y gynulleidfa mai rhywbeth dros dro yw gwrthdaro ac anhapusrwydd, y gall unigolion achub y byd, bod y da yn trechu'r drwg ac y byddwn yn byw'n hapus byth mwy. Yn amlwg, nid yw hynny wastad yn digwydd mewn bywyd.

Nid yw *skins* yn cydymffurfio'n llwyr â'r patrwm hwn. Mae pob pennod yn dechrau â tharfiad - yn yr achos hwn, gwahardd Chris o'r coleg. Fodd bynnag, mae'n dal i geisio cywiro'r tarfiad ac mae'n cwblhau ei gwest. Yna, ar ôl i bopeth syrthio i'w le iddo – y ferch, y swydd, y fflat – sy'n golygu i bob diben ei fod wedi cyrraedd y 'diweddglo hapus', mae ei fywyd yn chwalu eto. Yn union fel mai ei fai ef oedd iddo gael ei wahardd o'r coleg – a'i droseddau i'w gweld ar ffilm y teledu cylch cyfyng – mae Chris yn gwneud camgymeriad arall, ac yn cael rhyw gyda'i gyn-gariad.

Cynrychiolir bywydau'r cymeriadau yn *skins* fel rhai y mae rhywbeth yn tarfu arnynt yn gyson. O ganlyniad, mae'r cymeriadau'n cydymffurfio â stereoteipiau ieuenctid, ac yn achosi eu tarfiadau eu hunain drwy ymddwyn yn anghyfrifol. Nid yn unig y mae Chris yn colli ei gariad, mae hefyd yn colli ei swydd a'i gartref oherwydd ei fod yn symud i un o'r fflatiau y mae i fod i'w gosod. Dyna lle'r ydym yn gadael Chris ar ddiwedd y bennod, ond nid mewn cyflwr o gydbwysedd gan fod ei fywyd ar chwâl. Yn ideolegol, mae'r rhaglen yn herio'r gred y daw popeth i drefn yn y diwedd, ac mae'r cymeriadau'n cael eu gadael yn wynebu gwrthdaro a phroblemau newydd.

Cynrychioli

Mae *skins* yn wahanol i lawer o ddramâu eraill ar gyfer yr arddegau gan ei bod, er gwaethaf y cythrwfl a'r problemau, hefyd yn dathlu ieuenctid. Mae pob pennod yn dangos golygfeydd mewn gigs, clybiau a phartïon tŷ. Mae'r cymeriadau'n gwisgo'n dda heb gydymffurfio â thueddiadau prif ffrwd. Mae eu ffordd o fyw'n gyffrous, gyda chymysgedd o gerddoriaeth amgen yn drac sain iddi, ac er nad yw'r cymeriadau i gyd yn cydymffurfio â threm y gwryw neu'r fenyw, mae eu ffordd o fyw a'u grŵp o ffrindiau yn eu gwneud yn atyniadol a dyheadol.

Caiff defnydd y cymeriadau o gyffuriau ei normaleiddio heb ddemoneiddio'r cymeriadau. Wrth geisio gwerthu ei dŷ cyntaf, mae Chris yn peintio darlun wedi'i ddelfrydu o fywyd yn y tŷ, gan ddychmygu 'rowlio smoc yn yr ardd gefn... gyda'r plant'. Syndod yn hytrach na sioc yw ymateb y cwsmeriaid, ac maent yn prynu'r tŷ.

Ni cheir yn naratif *skins* y cyferbynnu deuaidd a geir yn gonfensiynol mewn dramâu ar gyfer yr arddegau, er enghraifft:

Gweler y nodiadau ar theori Mulvey ynglŷn â threm y gwryw ar: http://www.aber.ac.uk/media/Documents/gaze/gaze09.html

- Plant yn erbyn rhieni.

- Ieuenctid yn erbyn profiad.

- Diffyg cyfrifoldeb yn erbyn cyfrifoldeb.

Mae'r diffyg cyferbynnu hwn yn deillio o'r ffordd y caiff yr oedolion eu portreadu – maent yr un mor ddiffygiol â'r cymeriadau ifanc. Roedd cyn-gariad Chris yn athrawes arno; mae ei dad a'i fam yn ei adael; mae prifathro'r coleg o bawb yn rhegi ac yn gwahardd Chris oherwydd ystadegau'r coleg. Caiff y cymeriadau eu dosbarthu'n rhai hoffus a rhai nad ydynt yn hoffus, heb ystyried eu hoedran. Mae rheolwr canol oed y cwmni gwerthu tai yn gwneud yn iawn gyda Chris ac yn ei gefnogi, ond caiff ei gydweithiwr ifanc ei bortreadu fel cymeriad ymosodol, sy'n mynd dan groen pobl.

Dywedir yn aml fod rhaglenni fel *skins* yn fwy 'realistig' na rhaglenni eraill ar gyfer yr arddegau fel *Hollyoaks* [1995-] a *The OC*. Yr hyn y mae'r rhai sy'n dweud hyn yn ei olygu yw bod y cymeriadau a'r naratifau yn codi uwchlaw stereoteipiau syml a gwrthdaro clir rhwng elfennau cyferbyniol. Mae Chris yn gymeriad cymhleth; mae'n hoffus ond ar yr un pryd mae'n twyllo y tu cefn i'w gariad, er ei fod o ddifrif am i'r berthynas weithio. Gellir cysylltu'r portreadau cymhleth hyn o gymeriadau a'u hymddygiad â thrafodaethau am realaeth, gan fod hyn yn adlewyrchu ein profiadau gwirioneddol yn well na chymeriadau llai datblygedig, mwy stereoteipiol.

skins – y gynulleidfa

Mae'r model Defnyddiau a Boddhad yn ceisio egluro sut mae cynulleidfaoedd yn defnyddio'r cyfryngau i ddiwallu eu hanghenion. Mae McQuail [www.aber.ac.uk/media/Documents/short/usegrat.html] yn egluro nifer o ddefnyddiau sy'n cynnig man cychwyn da wrth egluro apêl testunau cyfryngol. Gellir defnyddio'r rhain yn effeithiol i ddadansoddi agweddau o'r berthynas â'r gynulleidfa. Darllenwch y crynodeb isod i weld a ydych yn cytuno:

- Adloniant – bydd y gynulleidfa o bobl ifanc yn cael ei difyrru gan y confensiynau drama a chomedi a ddefnyddir yn y testun.

- Atgyfnerthu gwerthoedd – mae *skins* yn portreadu gwerthoedd fel mwynhau bywyd a chyfeillgarwch fel opsiwn amgen yn lle teulu ac efallai y bydd y gwylwyr yn rhannu'r gwerthoedd hynny.

- Archwilio realiti – efallai y bydd cynulleidfaoedd yn cydymdeimlo â phroblemau perthynas Chris, ac y byddant yn cloriannu eu hymddygiad eu hunain ar ôl gwylio.

Fodd bynnag, yr hyn sy'n bwysig am *skins* yw bod cynulleidfaoedd yn cael eu hannog i wneud llawer mwy na dim ond gwylio. Mae'r rhaglen yn annog cynulleidfaoedd i ddefnyddio cynnwys rhyngweithiol ar draws ystod o ffurfiau cyfryngol. Mae defnyddwyr E4 [16-34, ABC1 yn bennaf] ar flaen y gad ym maes rhwydweithiau cymdeithasol a llwytho cynnwys i lawr yn hytrach na gwylio'r teledu yn yr ystyr traddodiadol. Mae'r defnyddwyr hefyd yn reit debygol o berthyn i gwlt y cefnogwyr brwd. Mae *skins* yn manteisio ar y ffactorau hyn ac yn rhoi i gynulleidfa weithredol y cyfle i ryngweithio â chefnogwyr eraill, yn ogystal â chymeriadau o'r gyfres.

Mae gwefan *skins* E4 yn gadael i gefnogwyr lwytho deunydd i lawr nad yw byth yn cael ei ddarlledu ar y teledu ac nad yw ar gael yn unman arall, fel penodau byr a blogiau fideo sy'n dangos y cast yn eu cymeriadau. Gall y gynulleidfa ddod i ddeall y cymeriadau'n well ac mae'r dull cyfarch uniongyrchol yn annog mwy o ymdeimlad o gysylltiad rhwng y cymeriad a'r gwyliwr. Caiff yr atal anghrediniaeth hwn ei atgyfnerthu drwy ddefnyddio proffiliau a blogiau wedi'u hysgrifennu gan bob un o'r cymeriadau.

Gallai rhoi bywyd i'r cymeriadau y tu hwnt i'r rhaglen [rhwng cyfresi hyd yn oed] ganiatáu i'r gynulleidfa foddio ei hanghenion ei hun o ran perthynas â phobl. Mae llawer o'r gwylwyr yn defnyddio safleoedd rhyngweithio cymdeithasol fel Myspace, Facebook a Bebo i ddod yn rhan o gymuned ehangach, wedi'i seilio ar y rhaglen deledu, er nad yw'n gyfyngedig iddi. Gall gwylwyr ddod yn un o'r 140,000 o ffrindiau Myspace sydd gan *skins*, ac ymuno â grwpiau Facebook swyddogol ac answyddogol, yn cynnwys ymgyrch gan 4,000 i ennill parti *skins* i Leeds.

Cafodd cwlt y cefnogwyr brwd ei chwyldroi a'i ailddiffinio yn y 1990au gan y rhyngrwyd, a'i gwnaeth yn bosibl i gefnogwyr i gyfathrebu â'i gilydd, heb gyfyngiadau daearyddol. Mae llawer o sylw wedi cael ei roi i ffenomen ffuglen cefnogwyr. Ysgrifennodd cefnogwyr rhaglenni *skins* fel *Buffy the Vampire Slayer* [1997-2003] storïau, a hyd yn oed nofelau, gan ddefnyddio rhaglenni teledu fel ffynhonnell. Mae *skins* yn annog arferion tebyg, a ffocws mwy technolegol iddynt [sydd hefyd yn fwy derbyniol yn gymdeithasol]. Mae gwefan *skins* yn caniatáu i aelodau'r gynulleidfa greu eu prosiectau cysylltiol eu hunain, yn cynnwys ailgynllunio logo'r gyfres, ailwampio'r cymeriadau a chynhyrchu tafluniadau parti, a ddefnyddir fel cefnlenni i nosweithiau *skins*. Gallai'r cyfleoedd creadigol hyn i'r gynulleidfa ei mynegi ei hun ganiatáu iddi foddio ei hanghenion hunansylweddoli.

Mae cynulleidfaoedd yn defnyddio skins fel ysbrydoliaeth a chyfle i fynegi eu creadigrwydd.

TASG

Gan ddechrau ar dudalen gartref E4, archwiliwch y cynnwys rhyngweithiol a'r gweithgareddau sydd ar gael i gefnogwyr *skins*. Defnyddiwch safleoedd swyddogol ac answyddogol ac yna aseswch pa mor rhyngweithiol yw pob testun drwy ofyn y cwestiynau canlynol:

- Beth gall cefnogwyr y rhaglen ei wneud?

- Beth yw'r berthynas rhwng y cynnwys rhyngweithiol a'r rhaglen?

- Pwy yw cynulleidfaoedd targed y cynnwys rhyngweithiol?

- Sut mae'r cynnwys rhyngweithiol yn boddio anghenion y gynulleidfa? [Defnyddiwch gategorïau McQuail fel man cychwyn ond gallwch eu haddasu neu greu'ch categorïau eich hun hefyd.]

A chymryd cam ymhellach oddi wrth y rhaglen, cafodd *skins life*, cylchgrawn ar-lein sy'n canolbwyntio'n llwyr ar ffordd o fyw cymeriadau *skins*, ei lansio gan gwmni cynhyrchu'r sioe, Company Pictures. Mae'r safle hwn yn galluogi defnyddwyr i lwytho celfwaith, deunydd fideo ac unrhyw beth arall sy'n cael ei ystyried yn ddigon creadigol, i fyny. Wrth hyrwyddo taith fyw mae hefyd yn dangos cynnwys ar batrwm cylchgrawn sy'n canolbwyntio ar arddull a cherddoriaeth, sy'n ymestyn y brand ymhellach. Ceir yma gystadleuaeth, hyd yn oed, yn cynnig y cyfle i fandiau neu artistiaid fod yn berfformwyr cefnogi yn y cyngherddau hyn.

Y diwydiant

Sianel ddigidol yw E4 a lansiwyd gan Channel 4 yn 2004 yn benodol i dargedu pobl ifanc 16-34 oed. Mae'r ddemograffeg hon yn eithriadol o bwysig i hysbysebwyr gan fod hwn yn grŵp sydd ag incwm gwario uchel ond ei fod yn anodd ei gyrraedd gan ei fod, yn groes i'r farn gyffredin, yn gwylio llai o deledu mewn gwirionedd na chynulleidfaoedd eraill. Mae hynny'n golygu ei bod yn anodd targedu'r gynulleidfa hon yn llwyddiannus, ond y gallai fod yn hynod o broffidiol.

Mae Channel 4 yn ddarlledwr gwasanaeth cyhoeddus ond, yn wahanol i'r BBC, caiff ei gyllido'n fasnachol. Mae ei gylch gwaith yn canolbwyntio ar y canlynol:

- Arloesi.

- Cymryd risg.

- Apelio at leiafrifoedd a'u cynrychioli.

- Ymgysylltu â chynulleidfaoedd ifanc.

Lansiwyd E4 fel 'Channel 4 heb y darnau diflas' [Kevin Lygo, Cyfarwyddwr Teledu Channel 4], a oedd mae'n debyg yn cyfeirio at y rhaglenni hynny nad ydynt yn cael eu targedu'n benodol at gynulleidfaoedd ifanc, fel *News* and *Dispatches*. Mae wedi bod yn gymharol lwyddiannus, mae'n denu cannoedd o filoedd o wylwyr yn rheolaidd ac yn sefydlu hunaniaeth iddi ei hun fel sianel ifanc. Diwedd y gân yw ei bod, ar gyfartaledd, yn denu cyfran fwy na'r 1% o'r gynulleidfa sydd ar gael a fynnir gan ei rhiant-sianel.

Eto i gyd, er gwaethaf y llwyddiant hwn, mae gan E4 broblem hunaniaeth gan mai ychydig o'i rhaglenni ei hunan y mae'r sianel yn eu darlledu a'i bod yn dibynnu'n helaeth ar ragddangos rhaglenni Channel 4, fel *Hollyoaks* [1995-], sgil-gynhyrchion *Big Brother* [2000-] ac ailddarllediadau o *Friends* [1994-2004]. Mae *skins* yn cynnig i E4 yr hunaniaeth arw, wahanol y mae ar y sianel ei hangen ac ar yr un pryd mae'n rhoi iddi ffigurau gwylio enfawr: gwyliodd dros 800,000 o bobl y bennod gyntaf yng nghyfres 2.

Defnyddiodd yr ymgyrch farchnata helaeth hysbysebion print, hyrwyddiadau costus a baneri ar y rhyngrwyd. Ar gyfer yr ail gyfres, ymddangosodd y cast yn helaeth hefyd, o *Friday Night with Jonathan Ross* ar BBC1 i glawr cylchgrawn *Attitude*, gan greu cymaint â phosibl o gyhoeddusrwydd drwy eu statws newydd fel enwogion. Mae clywed ar lafar am y rhaglen hefyd wedi gwneud llawer i hyrwyddo *skins*, yn rhannol yn sgil y presenoldeb ar-lein a amlinellwyd uchod.

TASK

Dadansoddwch y poster hwn ac ystyriwch y cwestiynau canlynol:

- Sut mae ieuenctid yn cael ei gynrychioli?

- Archwiliwch ym mha ffyrdd y mae'r poster yn cyfrannu at hunaniaeth E4 fel

- Ym mha ffyrdd mae'r poster yn apelio at y gynulleidfa darged?

The Wire

Mae'r adran hon yn edrych yn benodol ar Bennod Un o Dymor Tri [2006, y DU].

Testun

Drama dditectif Americanaidd sydd wedi cael ei chanmol gan y beirniaid yw *The Wire*, a bu pum cyfres o raglenni. Mae pob cyfres yn cynnwys 13 pennod awr o hyd sy'n dilyn ymchwiliad tapio ffôn i weithgareddau gwerthwyr cyffuriau yn Baltimore. Yr ymchwiliad hwn yw llinyn canolog strwythur naratif blêr, yn cynnwys cast *ensemble* mawr, sy'n cynrychioli America ddystopaidd. Er nad yw erioed wedi denu ffigurau gwylio anhygoel, fel llawer o ddramâu HBO, mae gan *The Wire* ddilynwyr cwlt ffyddlon.

Genre

Y ffordd orau o ddeall *genre* yw fel sawl perthynas wahanol, rhwng cynhyrchwyr, testunau a chynulleidfaoedd. Er mwyn cynnal diddordeb cynulleidfaoedd, mae llawer o destunau'n herio disgwyliadau, felly dylech sylwi ar sut mae testunau'n herio, yn ogystal â chydymffurfio â chonfensiynau. Mae drama dditectif yn arbennig yn *genre* cymhleth sy'n cynnwys llawer o is-*genres* a thraws-*genres* ac, yn draddodiadol, gellir ei rannu'n dri phrif is-*genre*, yn dibynnu ar sut y caiff y gynulleidfa ei lleoli. Gellir lleoli'r gynulleidfa gyda'r:

- Ditectifs.
- Troseddwyr.
- Dioddefwyr.

Yn *The Wire*, mae gan bob un o'r llinynnau hyn ei naratif ei hun. Mae *The Wire* hefyd yn defnyddio confensiynau o is-genres amrywiol ac yn croesi ffiniau pob un ohonynt, er enghraifft:

- Dramâu ditectif trefniadol [mae *NYPD Blue* [1993-2005] a *Law and Order* [1990] yn enghreifftiau]. Er nad yw *The Wire* yn canolbwyntio ar un drosedd benodol, mae un ymchwiliad – tapio ffôn – yn datblygu ar draws y pum cyfres. Mae hyn yn caniatáu i'r cynhyrchwyr ymestyn y fformat drama dditectif drefniadol i gynnwys uned cadw golwg, yr adran dynladdiad a'r Erlynydd Taleithiol Cynorthwyol, yn ogystal â'r hierarchaeth o gomisiynwyr.

- Gangsters – caiff bywydau troseddwyr eu portreadu. Fodd bynnag, nid yw'r llinynnau naratif hyn yn canolbwyntio ar ddim ond y prif droseddwyr, fel sy'n digwydd yn gonfensiynol. Mae *The Wire* hefyd yn cynnwys llinynnau naratif sy'n canolbwyntio ar fân werthwyr, a hyd yn oed ar Bubbles, 'crac-hed' digartref sy'n cael ei gyflwyno yn y bennod hon, heb drowsus amdano ac yn ceisio gwerthu metel sgrap.

- Yr is-*genre* partner blismyn [sy'n hanu o draddodiad y nofel rad yn America] – mae'r Ditectifs Ellis Carver a Thomas 'Herc' Hauk yn patrolio strydoedd Baltimore, yn erlid troseddwyr ac yn defnyddio trais. Caiff y traddodiad llawn mynd hwn ei angori drwy ddefnyddio thema *Shaft* [1971], a chwaraeir gan Herc, wrth iddynt erlid troseddwyr. Fodd bynnag, caiff eu hymddygiad treisgar ei bortreadu fel creulondeb wrth iddynt guro plant sy'n delio mewn cyffuriau ac yna'u cyhuddo o loetran.

Naratif

Mae naratif *The Wire* yn ymddangos yn fwy cymhleth na naratif llawer o raglenni teledu eraill. Dyma rai o'r nodweddion allweddol sy'n cyfrannu at y cymhlethdod hwn:

- Dim crynodeb o benodau blaenorol.
- Ym mhob rhaglen, ceir golygfa cyn y glodrestr, nad yw'n gwneud dim i symud y naratifau sy'n parhau ymlaen.
- Nid oes trosedd yn cael ei chyflawni i darfu ar y cydbwysedd.

Eto i gyd, mae Pennod Un o Dymor Tri yn gweithio drwyddi draw i sefydlu cyflwr o gydbwysedd: mae'r tîm tapio ffonau'n methu; mae gwraig Jimmy'n mynd gyda dyn arall; mae criw Barksdale wedi colli tiriogaeth; ac mae Stringer yn rhedeg y busnes cyffuriau am fod Avon yn y carchar. Yn hytrach na phortreadu tarfiadau, mae'r bennod hon yn llunio enigmâu: pwy yw Proposition Joe? Sut gall yr heddlu ostwng yr ystadegau troseddu? Pam mae dyn y cyngor yn tanseilio'r Maer? Mae pob digwyddiad yn datblygu'r strwythur naratif, yn creu enigmâu newydd, yn tarfu ar y tarfiadau blaenorol ac yn rhoi blaenoriaethau newydd i bob cymeriad. Ychydig o'r enigmâu hyn a gaiff eu datrys, os caiff rhai eu datrys o gwbl, ac o'r herwydd mae *The Wire* yn anodd ei dadansoddi drwy ddefnyddio unrhyw un o'r theorïau naratif traddodiadol.

TASG

Gwyliwch bennod o *The Wire* [Americanaidd, HBO] a drama dditectif fwy traddodiadol fel *Waking the Dead* [Prydeinig, BBC1]. Lluniwch siart llif i'r naill a'r llall, yn amlinellu prif elfennau'r naratif:

- Sut maen nhw'n cymharu?
- Beth mae hyn yn ei ddweud wrthych am gymhlethdod naratif *The Wire*?

Nid oes arwr yn *The Wire*. Mae gan bob cymeriad ei gyrch ei hun, er nad yw llawer ohonynt yn cael eu diffinio'n glir, neu nad oes modd eu cyflawni. Yn y bennod hon, nid yw gweddill uned y Ditectif Jimmy McNulty yn rhannu ei nod o gyhuddo Stringer Bell. Mae'n ymddangos hefyd fod hynny'n annhebygol iawn o ddigwydd gan fod eu gwaith cadw golwg yn methu. Nid oes gan Ellis a Herc gyrch y tu hwnt i'w tasg o ddydd i ddydd o atal gwerthu cyffuriau - rhywbeth na allant ei gyflawni, ac mae'r troseddwyr yn gwerthu cyffuriau heb ystyried y dyfodol.

Fodd bynnag, mae'r cyferbynnu deuaidd canolog rhwng yr heddlu a'r troseddwyr yn gonfensiynol ac mae'n helpu strwythur y rhaglen; eto i gyd, mae sawl gwrthdaro arwyddocaol o fewn y naill ochr a'r llall. Mae'r troseddwyr wedi'u rhannu'n ddwy gang sydd â'u tiriogaeth eu hunain, ac mae Cyfres Tri yn cyflwyno gang newydd sy'n cael ei harwain gan Marlo. Mae'r heddlu'n cael eu rhannu yn ôl hierarchaeth - Majors yn erbyn y Comisiynydd, McNulty yn erbyn yr Is-gapten Daniels. Mae gan bob cymeriad ei agenda ei hun sy'n golygu ei fod yn cyferbynnu â'i gydweithwyr a'i uwch swyddogion. Mae'r un lefel o bwysigrwydd yn cael ei rhoi i bob gwrthdaro, yn cynnwys gwrthdaro personol; er enghraifft, McNulty yn genfigennus o gymar newydd ei gyn-wraig. Eto, caiff set gymhleth o gysylltiadau rhwng pobl ei chyflwyno i'r gynulleidfa.

Efallai fod y ffaith nad yw penodau o *The Wire* yn cydymffurfio â modelau naratif syml yn help i egluro pam mae'r rhaglen yn teimlo mor wahanol i ddramâu ditectif eraill ar y teledu. Anaml y caiff enigmâu eu datrys, nid yw'r 'arwyr' yn cwblhau eu cyrchoedd ac mae'r naratif yn llawer mwy agored nag sy'n gonfensiynol i'r cyfrwng.

Cynulleidfaoedd

Yn ôl Steven Johnson, 'mae rhai naratifau'n eich gorfodi chi i weithio i wneud synnwyr ohonynt' [2005, t. 65]. Mae *The Wire* yn rhan o duedd ym myd drama Americanaidd sy'n gofyn i gynulleidfaoedd wneud synnwyr o wybodaeth sydd wedi cael ei dal yn ôl neu ei thywyllu'n fwriadol. Mae Johnson yn galw'r broses hon yn 'llenwi'r bylchau' ac mae'n honni, yn ddadleuol, fod y broses yn helpu i wneud cynulleidfaoedd yn fwy deallus, tuedd a ddangosir yn glir mewn profion deallusrwydd.

Un o nodweddion arbennig *The Wire* yw ei bod yn mynnu mwy o weithgarwch gan y gynulleidfa na dramâu ditectif eraill, mwy traddodiadol. Er mwyn deall *The Wire*, rhaid i'r gwylwyr ddilyn sawl naratif digyswllt sydd â llu o gymeriadau'n rhan ohonynt; mwy nag 20 yn y bennod hon yn unig. Nid yw'r gyfres yn gwahaniaethu rhwng cymeriadau sy'n dychwelyd ac wynebau newydd fel dyn y cyngor, Tommy Carcetti; mae disgwyl i'r gynulleidfa ddeall stori'r gwrthdaro gwleidyddol heb eglurhad. Gall un olygfa gyfeirio at sawl stori yr un pryd. Mae gofyn hefyd i gynulleidfaoedd weithio allan drostynt eu hunain lawer o'r hyn sy'n digwydd gan fod gwybodaeth sy'n bwysig i'r plot yn aml yn cael ei hatal. Yn amlwg, bydd gwahanol gynulleidfaoedd yn ymateb i'r testun hwn mewn ffyrdd gwahanol.

TASG

Dewiswch unrhyw bennod o *The Wire*. Rhestrwch y cymeriadau, gan gynnwys gwybodaeth amdanynt fel eu galwedigaeth, eu cyrch a'u statws. Yna, crëwch siart ddychmygu [mae siart ddychmygu yn debyg i fwrdd yn dangos y rhai a ddrwgdybir, rhywbeth y byddwch yn gyfarwydd ag ef o wylio dramâu ditectif ar y teledu. Defnyddiwch ddalennau o bapur A4 gydag enwau'r prif gymeriadau arnynt. Rhowch nhw ar ddalen fawr o bapur siwgr – neu ar wal – mewn unrhyw batrwm a chysylltwch y cymeriadau â'i gilydd, gan egluro'r cysylltiadau rhyngddynt], gan ddangos y prif gymeriadau yn y bennod ac amlygu'r cysylltiadau rhyngddynt. Defnyddiwch eich map i ateb y cwestiynau canlynol:

- Sawl llinyn naratif y mae angen i'r gynulleidfa eu dilyn yr un pryd?

- Nodwch yr enigmâu yn y bennod: pa gwestiynau mae'r rhain yn eu codi?

- Pa gwestiynau sydd heb gael eu hateb erbyn diwedd y bennod?

Mae Richard Dyer [1977] yn dadlau bod rhai ffurfiau *genre* yn 'iwtopaidd' gan eu bod yn caniatáu rhyw fath o ddihangfa ffantasi.

Dystopia a phleser y gynulleidfa

Fel arfer, mae teledu yn ddyheadol; mae'n portreadu bydoedd cyfareddol, cyffrous lle mae'r da yn aml yn gorchfygu'r drwg mewn ffyrdd newydd a dramatig. Mewn cyferbyniad, mae *The Wire* yn darlunio cymdeithas yn y termau llymaf posibl. Mae'r cymeriadau'n gaeth i ddinas sy'n mynd a'i phen iddi, lle mae troseddu a thrais yn rhemp. Mae *The Wire* yn cynrychioli Baltimore a, thrwy oblygiad, UDA fel dystopia.

Mae'n ceisio bod yn realistig ac ysgogi pobl i feddwl, yn cynnig cipolwg i gynulleidfaoedd ar ddirywiad dinas yn America, yn codi cwestiynau moesol cymhleth ac yn cyflwyno cymeriadau sydd wedi cael eu datblygu'n llawnach na'r cymeriadau a bortreadir fel arfer ar deledu. Mae *The Wire* yn rhoi cyfle i wylwyr brofi sefyllfaoedd na fyddent byth yn eu hwynebu, nac yn dymuno gwneud hynny, yn eu bywydau go iawn ac, felly, mae'n cynnig math gwahanol o ddihangdod iddynt.

Mae testunau sy'n cynnig pleserau iwtopaidd yn portreadu bywydau nad ydynt yn wynebu'r un cyfyngiadau a phroblemau ag a brofir gan wylwyr. Y gwrthwyneb i hynny a geir yn *The Wire* gan fod cyfyngiadau a phroblemau'r cymeriadau'n llawer mwy na'r rhai y mae'r gynulleidfa'n debygol o'u hwynebu. Efallai y bydd cynulleidfaoedd yn gallu perthnasu â'r nodweddion hyn, ond ar yr un pryd mae bywydau'r cymeriadau'n ddigon gwahanol i'w bywydau nhw ac yn ddigon pell oddi wrthynt i gynulleidfaoedd gael eu difyrru ganddynt.

Mewn testunau iwtopaidd ceir cymeriadau sy'n meddu ar rym dynol, sy'n golygu bod gweithredoedd y cymeriadau'n gallu newid y cyflyrau y maent yn bodoli ynddynt, ond teganau yw'r cymeriadau yn *The Wire* sy'n cael eu rheoli gan y systemau y maent yn byw ynddynt. Mae pawb, o'r defnyddwyr, fel Bubbles, i gomisiynwyr yr heddlu, yn profi sut beth yw bod yn ddi-rym, a bod y cyfle i weithredu'n arwyddocaol yn cael ei wrthod iddynt gan eu rôl o fewn hierarchaeth, biwrocratiaeth, caethiwed i sylweddau, deddfau, amgylcheddau a'u cymeriadau diffygiol eu hunain.

Monopoli – lle nad oes ond un corff yn darparu nwyddau neu wasanaethau arbennig.

Yn fwy trawiadol, efallai, nid oes unrhyw dryloywder. Mae tryloywder yn cyfeirio at wahaniaethu clir rhwng da a drwg; ond, yn *The Wire*, mae Stringer yn ymddangos fel troseddwr sydd â'i fryd ar dawelu'r rhyfeloedd cyffuriau, tra mae'r heddlu yn llwgr a threisgar.

Gallai cyferbynnu'r rhaglen â theori Richard Dyer ynglŷn â Phleserau Iwtopaidd helpu i egluro sut mae *The Wire* yn cynnig profiad gwylio gwahanol iawn i'r gynulleidfa. Gan fod y portread o ddystopia yn golygu na chaiff y gynulleidfa ymostwng i ffantasi a mathau cyfarwydd o ddihangdod, mae *The Wire* yn anodd ei mwynhau yn yr un ffyrdd â rhaglenni teledu prif ffrwd eraill. Yn gymhleth a phesimistaidd, mae'n anodd ei gwylio ac efallai fod hynny'n egluro'r gymeradwyaeth feirniadol a gaiff, a'r diffyg gwylwyr.

Y diwydiant

Darlledir *The Wire* ym Mhrydain ar sianel ddigidol FX, sy'n darlledu mewnforion o safon uchel o'r UD fel *Dexter* ac *NCIS* i dargedu dynion ABC1, 25-44 oed. Denu cynulleidfa arbenigol gyfoethog yw'r brif strategaeth a ddefnyddir gan sianelau digidol-yn-unig. Weithiau, cyfeirir at hyn fel darlledu cul ac mae hwn yn ddull sydd wedi bod yn llwyddiannus, sy'n golygu bod modd gwerthu hunaniaeth sianel glir i gynulleidfaoedd a hysbysebwyr.

Cynulleidfaoedd darniog a theledu aml-sianel

Mae llwyddiant i sianelau digidol – sy'n cael ei ddiffinio'n aml fel unrhyw beth mwy na chyfran o 1% [o'i gymharu â 18% ITV1] – yn gymharol fach. Cyrhaeddodd rhaglen fwyaf llwyddiannus erioed FX, *Dexter*, 300,000 o wylwyr [fel cymhariaeth, mae 8 miliwn yn gwylio *EastEnders* ar BBC1 yn rheolaidd]. O ystyried y gyfran lai o'r gynulleidfa, rhaid i sianelau digidol oroesi ar gyllidebau bychain. Dyna pam mai teledu rhad a geir gan mwyaf ar deledu aml-sianel. Mae hysbysebwyr yn mynnu rhyw safon o gynnwys, felly mae rhai sianelau'n bodoli'n gyfan gwbl ar yr arian sy'n cael ei gynhyrchu gan fformat 'ffonio'r rhaglen'. Fel arall, y rhaglenni rhataf i'w darlledu yw ailddarllediadau a rhaglenni wedi'u mewnforio. Gall teledu realiti fod yn rhad i'w gynhyrchu, ond mae llawer o sianelau'n prynu eu rhaglenni i gyd oddi wrth eraill. Mae FX yn sianel ddigidol nodweddiadol gan mai dim ond rhaglenni wedi'u mewnforio o'r UD sydd ar ei hamserlen.

Yr hyn sy'n gwneud sianel FX yn anarferol yw safon uchel ei mewnforion. Mae hynny'n rhannol am fod teledu'r UD yn mwynhau tipyn o oes aur ar hyn o bryd. Yr achos pennaf am y nifer cynyddol o ddramâu Americanaidd safonol yw'r sianel gebl Americanaidd HBO, a ddarlledodd *The Sopranos* [1999-2007], *Six Feet Under* [2001-05], *Deadwood* [2004-06] a *The Wire*. Tanysgrifiadau sy'n talu am y sianel, felly nid oes hysbysebion i darfu ar y rhaglenni. Mae HBO ei hun yn sianel gymharol ddrud i danysgrifio iddi felly. Mae'n darlledu'r dramâu cymhleth hyn i apelio at danysgrifwyr cyfoethog, sydd wedi cael addysg dda. Mae llwyddiant HBO wedi gwneud i rwydweithiau eraill yn yr UD efelychu'r naratifau cymhleth a'r themâu tywyll yn eu rhaglenni. Gall FX brynu'r rhaglenni hyn yn gymharol rad [yn sicr, yn llawer rhatach na'u cynhyrchu ei hun] ac, wrth wneud hynny, greu hunaniaeth arbennig iddi ei hun fel sianel. Mae angen hunaniaeth hawdd i'w hadnabod ar bob sianel, yn cynnwys sianelau digidol, yn enwedig yn awr gyda chynulleidfaoedd yn cael eu llethu gan ddewis.

Mewn monopoli, caiff y farchnad ei rheoli gan un. Mewn oligopoli, caiff y farchnad ei rheoli gan nifer bychan, dethol.

TASG

Crëwch broffil sianel i FX ac ystyriwch sut mae *The Wire* wedi cyfrannu at yr hunaniaeth hon.

Mae FX hefyd yn gallu fforddio dramâu drutach, safonol, gan hyd yn oed ddangos rhai cyfresi rhediad cyntaf yn y DU, gan ei bod yn rhan o rwydwaith Fox, sy'n isadran i News Corp Rupert Murdoch. Mae cyfryngau'r byd yn cael eu llywodraethu gan nifer fach o gwmnïau rhyngwladol, sydd wedi cydgyfeirio, yn cynnwys News Corp a Time Warner, sy'n berchen ar HBO. Mae gan FX y fantais o allu darlledu rhaglenni oddi ar rwydwaith Fox yn yr UD. Mae BSkyB hefyd yn eiddo'n rhannol i News Corp, felly caiff FX ei ddosbarthu drwy un arall o gwmnïau Murdoch.

TASG – YMCHWILIO I BERCHENOGAETH

- Defnyddiwch y rhyngrwyd i ganfod pwy sy'n berchen ar ragor o sianelau digidol poblogaidd, yn cynnwys Paramount, Trouble, Bravo, Living ac MTV.

- Archwiliwch yr awgrym fod teledu aml-sianel yn datblygu'n oligopoli.

Nodyn i Orffen

Mae'r beirniad teledu dylanwadol, Charlie Brooker wedi clodfori *The Wire* yn ei golofn wythnosol yn *The Guardian* [26/01/08]. Galwodd y papur newydd y rhaglen '... y gyfres deledu orau nas gwelsoch erioed...', ac mae wedi cynnwys nifer o erthyglau arni. Mae hefyd, am y tro cyntaf drwy'r byd, wedi cynnig y cyfle i'r darllenwyr lwytho'r bennod gyntaf i lawr, yn rhad ac am ddim, o'i wefan. Mae'r cyhoeddusrwydd hwn wedi llwyddo i godi ymwybyddiaeth y cyhoedd o'r sianel a'r rhaglen.

TASG

Gan gyfeirio at y *Six O' Clock News*, *skins* a *The Wire*, ystyriwch pa mor bwysig yw rhaglenni unigol i ddarlledwyr. Efallai y byddwch am gyfeirio at:

- Ddenu cynulleidfaoedd amrywiol.

- Gwasanaeth cyhoeddus a rhwymedigaethau cylch gwaith sianelau.

- Hunaniaeth sianelau – amserlennu, maint cynulleidfa, hysbysebu a chyhoeddusrwydd.

- Cynnwys y rhaglenni, y cynrychioli a'r hunaniaeth.

LLYFRYDDIAETH

Y Rhyngrwyd

Archif ar-lein *The Guardian*
http://www.guardian.co.uk/Archive/0,,,00.html?gusrc=gpd

What's this Channel 4?
http://www.channel4.com/culture/microsites/W/wtc4/

Llyfrau

Greber, G. (gol.]) (2001), *The Television Genre Book*, BFI: Llundain

Johnson, S. (2005), *Everything Bad Is Good For You*, Penguin: Llundain

Rayner, P., Wall, P. and Kruger, S.Peter (2004), *AS Media Studies: The Essential Introduction*, 2il argraffiad, Routledge: Llundain.

Rehahn, E. (2006), *Narrative in Film and TV*, Auteur: Leighton Buzzard

Gemau Cyfrifiadur

Sam Williams

Y Gymdeithas Meddalwedd Adloniant [ESA]
– y gymdeithas yn yr UD sy'n canolbwyntio'n llwyr ar wasanaethu anghenion busnes a materion cyhoeddus cwmnïau sy'n cyhoeddi gemau fideo a chyfrifiadur ar gyfer consolau gemau, cyfrifiaduron personol a'r rhyngrwyd.

Mae'r diwydiant gemau cyfrifiadur a fideo yn un o'r diwydiannau diwylliannol sy'n ehangu gyflymaf. Mae'r farchnad yn ehangu yn ddramatig o gyflym: yn 2007 cyrhaeddodd gwerthiant meddalwedd $9.5 biliwn, cynnydd o 28% ers y flwyddyn flaenorol [www.Theesa.com]. Caiff effaith economaidd y diwydiant ei dangos ymhellach drwy ddata'r Gymdeithas Meddalwedd Adloniant sy'n dangos i *Halo 3*, y teitl a werthodd fwyaf yn 2007, ddenu mwy o refeniw drwy werthiant y diwrnod cyntaf na'r penwythnos agoriadol gorau erioed i ffilm [*Spider-Man 3*, 2007] a gwerthiant diwrnod cyntaf y llyfr *Harry Potter* olaf. Mae'r diwylliant gemau wedi tyfu'n gyflym a, chyda naw gêm yn cael ei gwerthu bob eiliad, mae chwarae gemau wedi tyfu'n fusnes mawr.

Am flynyddoedd lawer mae chwaraewyr wedi cael dewis o blatfformau. O'r 1980au hwyr a'r 1990au cynnar, roedd Nintendo a Sega yn rheoli'r farchnad; yn y 1990au canol, ymddangosodd Sony a Microsoft fel cystadleuwyr o bwys. Mae'r dewis o gonsolau hefyd wedi ehangu'n gyflym ac erbyn hyn gall chwaraewyr ddewis o blith nifer o ddyfeisiau llaw a dyfeisiau sy'n dibynnu ar gonsol fel yr Xbox, Playstation, DS, PSP a'r hyn a elwir yn systemau'r genhedlaeth nesaf, fel Xbox360, Playstation 3 a Wii. Caiff llawer o gemau eu chwarae hefyd ar PCs. Mae'r gemau eu hunain wedi mynd yn fwy amrywiol a chymhleth, ac yn aml mae angen i'r defnyddwyr fynd ati i lunio ystyr. Yn ôl Newman ac Oram, maent yn 'rhan bwysig o'r "cyfryngau newydd" sy'n datblygu' [Teaching Video Games, BFI Publications], cyfryngau newydd y gellir priodoli eu poblogrwydd i natur gydgyfeiriol y ffurf gyfryngol ei hun a'i gallu i ddefnyddio ffurfiau cyfryngol eraill fel cylchgronau, hysbysebion, ffilmiau a'r rhyngrwyd.

Tan yn ddiweddar, roedd astudio gemau cyfrifiadur a fideo fel ffurfiau cyfryngol yn rhywbeth a gâi ei esgeuluso gan mwyaf ac efallai fod y syniad o chwarae ac astudio gemau'n cael ei weld fel rhywbeth 'plentynnaidd' braidd. Fodd bynnag, yn ôl y Gymdeithas Meddalwedd Adloniant (ESA), mae'r chwaraewr nodweddiadol yn 33 oed ac wedi bod yn chwarae ers o leiaf 11 mlynedd. Efallai fod ein syniad o gemau cyfrifiadur a fideo ac o chwarae gemau felly yn un y mae angen edrych arno eto a'i ddiweddaru?

Mae twf y farchnad gemau yn golygu bod amrywiaeth enfawr o gemau y gallwch ddewis o'u plith i'w hastudio. Bydd yr adran hon yn ystyried tri thestun – *World of Warcraft*, *Tomb Raider* a *Bully* – gan ymdrin â phob un o safbwynt testun [genre, naratif a chynrychioli], cynulleidfaoedd / defnyddwyr a'r diwydiant.

Blizzard Entertainment
– adran o Vivendi Games, cwmni Americanaidd sy'n datblygu ac yn cyhoeddi gemau cyfrifiadur.

MMORPG
– Massively Multiplayer Online Role-Playing Game - gêm chwarae rhan ar-lein â nifer enfawr o chwaraewyr gwahanol

Byd Parhaus
– byd sy'n dal i fodoli ac esblygu pan na fydd y chwaraewr wrth y gêm. Yn yr ystyr hwn mae'n debyg i'r byd real, lle mae digwyddiadau'n dal i fynd rhagddynt pan fydd rhywun yn cysgu neu pan nad yw yn y fan a'r lle.

CRPG
– Computer Role Playing Game - gêm cyfrifiadur chwarae rhan ar-lein.

World of Warcraft

Genre a chyd-destun

Mae'r twf yn y farchnad gemau i'w weld yn glir iawn yn llwyddiant *World of Warcraft*. Fe'i datblygwyd gan Blizzard, a dyma'r gêm gyfrifiadur a werthodd orau yn 2006, gan werthu mwy na'i chystadleuwyr *Final Fantasy XI* ac *Everquest*. Dyma'r gêm chwarae rhan ar-lein [neu MMORPG] fwyaf yn y byd ar hyn o bryd ac, yn ôl Blizzard, mae ganddi dros 10,000,000 o danysgrifwyr misol.

Mae *World of Warcraft* yn rhan o *genre* o gemau cyfrifiadur chwarae rhan ar-lein sy'n cynyddu'n barhaus, lle mae nifer fawr o chwaraewyr yn rhyngweithio â'i gilydd mewn rhith fyd. Yn y byd ffantasi hwn, mae'r chwaraewyr yn ymgymryd â rôl cymeriad ffuglennol ac yn rheoli llawer o weithredoedd y cymeriad hwnnw. Gall chwaraewr ddewis sut mae'r cymeriad yn edrych, yn ymddwyn, beth mae'n ei wneud, beth mae'n ei ddweud a phryd. Yr hyn sy'n wahanol rhwng MMORPGs a CRPGs un chwaraewr neu aml-chwaraewr bach yw'r nifer o chwaraewyr a byd parhaus y gêm.

Cafodd y gemau hyn eu hysbrydoli gan gemau chwarae rhan cynnar fel *Dungeons and Dragons* a chânt eu strwythuro mewn ffyrdd tebyg. Mae'r stori ganolog fel arfer yn cynnwys grŵp o gymeriadau sydd wedi uno â'i gilydd i gyflawni cenhadaeth neu 'gyrch'. Ar y ffordd rhaid i'r anturiaethwyr wynebu nifer fawr o sialensiau a gelynion [angenfilod fel arfer a ysbrydolir gan ffantasi ac, i raddau llai, ffuglen wyddonol a mytholeg glasurol].

Mae gan bob cymeriad amryw o sgiliau, priodweddau ac eitemau, y gall chwaraewr eu holrhain ar y sgrin. Mae'r rhain yn cynnwys lefelau egni, lefelau sgiliau mewn maes penodol, eitemau sydd ym mag y cymeriad. Yn draddodiadol, caiff y rhain eu harddangos i'r chwaraewr ar sgrin statws fel gwerth rhifol, yn hytrach na'u dangos drwy ffurfiau graffigol haniaethol symlach fel bariau neu fesuryddion, fel sy'n digwydd fel arfer mewn gemau cyfrifiadur eraill. Drwy hyn gall chwaraewr weld ar unwaith pa mor 'iach' yw ei gymeriad a hefyd pryd mae ar fin marw!

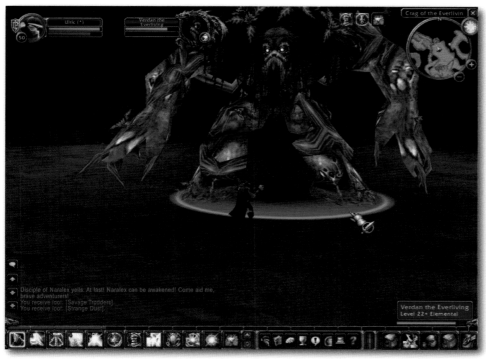

Sylwch ar yr ystod o sgiliau ac ati sy'n cael eu portreadu ar y sgrin.

Rhithffurf
– y ffordd y mae defnyddiwr cyfrifiadur yn ei gynrychioli ei hun. Gallai fod yn gymeriad tri dimensiwn neu'n eicon neu lun dau ddimensiwn.

Dosbarth – mae gan *World of Warcraft* naw dosbarth o gymeriadau i'r chwaraewr ddewis o'u plith. Mae gan bob dosbarth set o alluoedd a doniau unigryw.

Pwy ydych chi? Y portread o'r Hunan

Mae defnyddio rhithffurfiau yn nodwedd allweddol o'r MMORPG ac, felly, un o'r penderfyniadau cyntaf y bydd rhaid ichi ei wneud wrth chwarae *World of Warcraft* fydd dewis eich cymeriad. Gall chwaraewr ddewis o blith deg hil wahanol sy'n byw mewn un o ddwy garfan. A fyddwch chi'n 'dda' ac yn rhan o'r Alliance ynteu'n rhan o'r Horde sydd ychydig yn fwy sinistr?

Mae'r rhithffurfiau hyn, mewn llawer ffordd, yn debyg i'r cynrychioliadau o bobl a gaiff eu llunio drwy safleoedd rhwydweithio cymdeithasol fel Bebo neu Facebook, lle crëir persona drwy'r delweddau y mae pobl yn dewis eu llwytho i fyny a'r wybodaeth y maent yn ei chynnwys yn eu proffiliau. [Gallem ystyried a yw'r safleoedd rhyngweithio cymdeithasol hyn sydd â llawer o ddefnyddwyr hefyd yn MMORPGs?]

Yn *World of Warcraft*, mae priodoleddau a nodweddion personoliaeth pob hil a dosbarth yn rhywbeth i'w ystyried cyn ichi wneud eich dewis.

Mae strategaeth swyddogol *World of Warcraft* yn cynnig cyngor clir ynglŷn â dewis eich cymeriad oherwydd mae'r rhithffurf a fabwysiadwch yn dweud rhywbeth amdanoch chi. Yn ôl yr arweiniad, dylech ystyried pa un o'r dewisiadau hyn sy'n gweddu i chi: 'You want to get up close and personal?', 'Is ranged combat more your style?' ynteu 'Is magic a way of life?' [yr arweiniad swyddogol i *World of Warcraft*].

Yr ensyniad clir yw bod y gêm yn disgwyl i'ch rhithffurf fod yn bortread, neu'n gynrychioliad, ohonoch chi. Gallwch ganolbwyntio ar eich nodweddion personoliaeth ac amlygu'r agweddau hynny ohonoch chi yr ydych yn eu dewis. Mewn rhai ffyrdd, rydych yn creu delwedd ohonoch eich hun fel seren. Yn *I, Avatar*, mae Mark Stephen

Meadows yn diffinio rhithffurf fel 'creadur cymdeithasol sy'n dawnsio ar y ffin rhwng ffuglen a ffaith' [2008], rhyw fath o rith gorff ar-lein. Ym myd ffantasi *World of Warcraft*, efallai fod y gwahaniaeth hwn yn ymddangos yn fwy amlwg, gan fod modd gweld nad ydych yn Night Elf, Gnome nac Orc. Fodd bynnag, nid yw bob amser mor syml â hynny oherwydd yn *World of Warcraft* gallwch bwysleisio neu newid agweddau o'ch personoliaeth drwy'ch rhithffurf. Gallech fod yn rhyfelwr er nad ydych yn ddigon dewr i hynny mewn bywyd go iawn neu gallech amlygu eich deallusrwydd drwy ddod yn swynwr neu'n siaman. Mae modd mynd â hyn i eithafion mewn MMORPGs eraill lle gallwch eich ail-greu eich hun yn llwyr. Mae *Second Life*, sy'n hynod o boblogaidd a dadleuol, yn fyd amgen lle gallwch fod yn rhywun arall dim ond ichi gamu i'r byd hwnnw. Yn wahanol i *World of Warcraft*, yn *Second Life* mae gennych reolaeth lwyr dros eich dewisiadau, o liw eich croen i steil eich gwallt i faint eich bronnau.

Second Life

TASG

Cymharwch MMORPGs fel *World of Warcraft* a *Second Life*. Pa bethau welwch chi sy'n debyg a pha bethau sy'n wahanol? Ystyriwch y canlynol:

- Confensiynau genre.

- Strwythur naratif.

- Ystyriaethau cynrychioli.

- Y gynulleidfa darged.

Gallai'r gwefannau isod fod yn ddefnyddiol:

www.secondlife.com

http://www.guradian.co.uk/technology/secondlife

Mae rhan o strategaeth hysbysebu *World of Warcraft* yn defnyddio'r syniad o adnabod cymeriadau a defnyddiwyd yr actorion Mr T a William Shatner mewn ymgyrch hysbysebu ar y teledu'n ddiweddar i egluro eu rhithffurfiau Warcraft.

dros y byd gemau. Yn ei lyfr, *Trigger Happy*, dywed Steven Poole [2000] fod yna gred gyffredinol yn y diwydiant, cyn dyfodiad Lara, nad oedd cymeriadau benyw byth yn gwerthu. Profodd Lara nad oedd hynny'n wir. Gwerthodd dros 28 miliwn o unedau ar draws y byd a hyd yma mae wedi cronni mwy nag $1 biliwn mewn gwerthiannau adwerthu. Aeth ar anturiaethau pellach yn *Tomb Raider Anniversary* a *Tomb Raider Underworld*. Wrth i'r gemau hyn gael eu lansio, gwelwyd Lara unwaith eto ar gloriau cylchgronau, yn y wasg ac yn cadw i fyny â'r dechnoleg fodern drwy lansio ei thudalen My Space ei hun. Mae Lara wedi newid droeon ers iddi ymddangos gyntaf, ond nid yw ei hapêl farchnata a'i phoblogrwydd wedi pylu.

Edrych ar Lara – Cynrychioli menywod mewn gemau

Mae Helen W. Kennedy [2002] yn holi a yw cymeriad fel Lara Croft yn rhoi delfryd ymddwyn ddyheadol i ferched ynteu ai dim ond seiberfimbo mewn trowsus cwta yw hi? Mae'r ffordd y caiff menywod eu portreadu mewn gemau wedi bod yn destun dadl ers amser maith. Am flynyddoedd, mae rhithffurfiau benyw wedi cael eu dangos un ai fel propiau neu fel cymeriadau sy'n bresennol ond heb fod â rhan yn y digwyddiadau; maent yn aml yn cael eu rhywioli fel yn achos Reiko Nagase neu Joanna Dark yn *Ridge Racer*, neu cânt eu cynnig fel gwobrau i'w hennill gan y cymeriadau gwryw trech. Mae Lara Croft yn cynrychioli menywod mewn ffordd wahanol ym myd gemau.

Mae Toby Gard, y sawl a greodd Lara, yn cyfaddef ei bod yn 'dangos tipyn o gnawd' [*The Guardian*, 15 Mehefin, 2001] ond mae'n honni bod ei dillad yn ymarferol a'u bod yn ymateb bwriadol i'r thongau sbanglog, y staesys S&M a'r bras metel troellog y mae llawer o'r cymeriadau benyw mewn gemau'n eu gwisgo. Mae presenoldeb Lara fel prif gymeriad benyw mewn byd sy'n drwm dan ddylanwad dynion, hyd yn oed ddegawd yn ddiweddarach, yn heriol ynddo'i hun ac ae ei champau llawn gwneud yn sicr yn codi cwestiynau ynglŷn â'r rolau rhyw arferol, stereoteipiol.

Fodd bynnag, er iddi gael derbyniad positif gan lawer o chwaraewyr benyw, trodd eraill yn ei herbyn oherwydd y marchnata rhywioledig digywilydd arni a rhai o'r saethiadau camera hynod agos a phersonol yn y gêm. Mae'r beirniad ffeministaidd Elaine Showalter yn gweld Lara fel cymeriad delfrydoledig 'na all menywod iawn fyth obeithio cymharu â hi' ac mae'n poeni y 'bydd merched ifanc yn mynd yn fwy anfodlon byth â'u cyrff eu hunain' o'i herwydd hi [dyfynnwyd yn: *Lara Croft: Feminist Icon or Cyber Bimbo?* gan Helen W. Kennedy]. Dywedodd chwaraewyr benyw ar fforwm www.womengamers.com fod a wnelo ffocws y camera tuag at organau rhywiol Lara wrth iddi nofio, neu olygfa'r gawod yn *Tomb Raider 3* lle mae'n gofyn yn fursennaidd 'Haven't you seen enough?' cyn diflannu o'r golwg , fwy â boddio cynulleidfa wryw nag â phortreadu arwres fenyw.

Mae rhai wedi awgrymu bod y ffordd y caiff menywod eu cynrychioli yn y diwydiant yn un o'r rhesymau pam nad yw menywod yn chwarae gemau. Yn sicr, mae yna chwaraewyr benyw nad ydynt am weld cymeriadau benyw fel dim ond gwobrau neu ddioddefwyr, ac mae hyn yn pwysleisio'r pwynt y gall gwahanol ddefnyddwyr ymateb yn wahanol i gemau ac nad yw rhyw yn ddim ond un o'r rhesymau am hynny. Ond a yw hyn mewn gwirionedd yn atal merched rhag chwarae? Mae tystiolaeth i awgrymu

ELSPA - sefydlwyd Cymdeithas y Cyhoeddwyr Meddalwedd Adloniant a Hamdden ym 1989 i sefydlu hunaniaeth benodol a chyfunol i ddiwydiant gemau cyfrifiadur a fideo Prydain.

nad yw hynny'n wir o reidrwydd. Mae menywod i gyfrif am ran fawr o'r farchnad gemau yn y DU – ychydig dros chwarter yr holl chwaraewyr. Mae ffigyrau ELSPA'n dangos bod hyn yn codi i 39% yn yr UD a 69% yn Korea.

Nid yw'n wir dweud nad yw menywod yn chwarae gemau. Yn hytrach, mae'n ymddangos eu bod yn chwarae yn ôl eu rheolau eu hunain ac yn eu ffyrdd eu hunain – llai o 'reibio a slaesio' a mwy o 'chwarae fel sy'n gyfleus'. Efallai mai rhan o'r rheswm am hyn yw'r diffyg amser hamdden sydd ar gael iddynt ac mae'n ymddangos bod yn well gan fenywod ddyfeisiau rheoli llai cymhleth a mwy o ddyfnder i'r stori a'r cymeriad. Mae *The Legend of Zelda*, *The Sims* a *The Prince of Persia* i gyd yn sgorio'n gryf ymysg menywod, gan godi cwestiynau diddorol am natur gemau sy'n cael eu targedu at fenywod. Wrth geisio datblygu ac ehangu i'r farchnad gemau ar gyfer menywod, mae'n ymddangos bod cwmnïau wedi datblygu gemau sy'n fenywaidd eu hapêl ac sydd yn ôl pob golwg yn atgyfnerthu stereoteipiau rhyw ideolegol.

Ystyriwch y gemau Barbie sy'n ymdrin â sioeau ffasiwn, sioeau anifeiliaid anwes a chystadlaethau marchogaeth; neu'r gêm lle cedwir rhith anifail anwes, *Nintendogs*. Mae'r teitlau hyn yn atgyfnerthu rolau magu a meithrin i ferched ac nid ydynt, yn wahanol i lawer o gemau eraill, yn rhoi blaenoriaeth i gystadlu neu wrthdaro. Ond, pam mae merched [a'u mamau] mor barod i dderbyn cam yn ôl at werthoedd traddodiadol fel hyn? Os oedd modd gweld Lara fel enghraifft ôl-fodernaidd o gynrychioli'r fenyw ym 1996, beth mae llwyddiant y dywysoges deg Barbie yn 2008 yn ei gyfleu am y ffordd y mae menywod yn gweld eu lle ym myd gemau a'r tu hwnt?

Lara Croft a diwydiant

Mae'r byd marchnata wedi gwirioni ar Lara ers blynyddoedd. Hi efallai oedd y cymeriad cyntaf o fyd gemau i symud o fod yn wrthrych ymgyrch hysbysebu a marchnata sylweddol i fod yn 'rhith' seren ohoni ei hun, gan ddod yn gyfrwng i hyrwyddo cynnyrch hollol wahanol. Yn ymgyrch Lucozade yn 2000, gwelwyd Lara yn mynd ati i hyrwyddo diod a oedd cyn hynny wedi cael ei gweld fel tonig i bobl sâl neu'r henoed. Wrth i'r chwaraewr gemau [gwryw] gymryd egwyl, mae Lara'n gwneud hynny hefyd. Ar ôl adnewyddu ei lefelau egni â Lucozade mae'n gallu dal ati i ymladd gyda grym newydd. Mewn hysbyseb arall yn yr ymgyrch 'Gone a Bit Lara', mae 'isio-bodau' [menywod go iawn y tro hwn wedi gwisgo'r un fath â'r arwres] yn gweithio'u ffordd drwy beryglon y byd bob dydd diolch i'r egni ychwanegol a gânt o'u hoff ddiod.

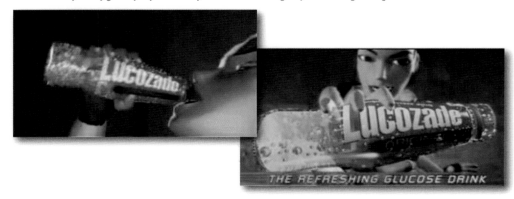

Law yn llaw â pherfformiad Lara, ymddangosodd fel seren ar gloriau blaen cylchgronau ffasiwn a ffordd o fyw. Ymddangosodd Lara ar glawr *The Face* [Mehefin 1997], ymddangosodd mewn ffurf ddigidol ar daith Pop Mart U2 a chafodd llyfr ei gyflwyno iddi ym 1998 pan gynhyrchodd yr awdur cwlt Douglas Copeland gyfres o draethodau am y seren ffuglennol.

TASG

Lluniwch restr o gymeriadau o gemau, ar wahân i Lara Croft, sydd wedi helpu i hysbysebu nwyddau.

Ystyriwch ym mha ffyrdd y mae cysylltiad rhwng ffurfiau cyfryngol eraill a'r diwydiant gemau:

- Hysbysebu.
- Cylchgronau.
- Ffilm.

Beth yw effaith y cydgyfeirio hwn ar gemau?

Mae gemau sydd wedi'u seilio ar ffilmiau, ac i'r gwrthwyneb, yn dod yn fwy a mwy cyffredin. Mae fersiynau gêm o ffilmiau blocbyster neu raglenni teledu llwyddiannus i'w gweld ym mhobman, ac yn aml cânt eu rhyddhau yr un pryd. Yn aml, rhoddir blaenoriaeth i'r deunydd gwreiddiol a hynny ar draul pa mor hawdd yw'r gêm i'w chwarae. Yn yr un modd, mae Hollywood yn dal i drwyddedu gemau fideo yn y gobaith o gipio cynulleidfa fyd-eang o chwaraewyr. Mae denu cefnogwyr sy'n bodoli'n barod yn ffordd o sicrhau llwyddiant eich ffilm ac, wrth i gemau gael eu seilio'n gynyddol ar naratif a chymeriad, mae hynny'n dod yn haws i'w wneud. Roedd ffilm wreiddiol *Tomb Raider* [2001], gyda Angelina Jolie yn y brif ran, yn un o'r sgil-gynhyrchion mwyaf llwyddiannus yn fasnachol o gêm. Dilynwyd hynny ag ail ffilm, *The Cradle of Life* [2003]. Rhyngddynt, mae'r ffilmiau hyn wedi ennill swm crynswth o $450 miliwn yn y swyddfa docynnau. Fodd bynnag, mae'n anodd crisialu'r

Golygfa wedi'i thorri – golygfa nad oes gan y chwaraewr unrhyw reolaeth drosti. Yn aml, mae'r golygfeydd hyn yn cynnwys gwybodaeth naratif ac maent yn creu toriad yn y naratif i chwaraewyr.

fformiwla sy'n gyfrifol am lwyddiant ffilmiau *Tomb Raider*. Cred rhai mai Angelina Jolie oedd y prif atyniad, ond awgrymwyd hefyd fod i'r gemau eu hunain nodweddion sinematig sy'n trosi'n dda i'r sgrin fawr. Yr hyn sy'n amlwg yw bod y ffilmiau wedi gallu denu cynulleidfa ehangach a mwy amrywiol na'r gemau gwreiddiol a bod hyn, yn ei dro, wedi annog mynychwyr ffilmiau i ddod yn chwaraewyr gemau. Mae masnachfreintiau gemau eraill wedi bod yr un mor llwyddiannus; er mai derbyniad gwael a gafodd gan y beirniaid, roedd *Resident Evil* [2002] yn llwyddiant mawr yn y swyddfa docynnau. Fodd bynnag, nid yw cefnogwyr selog bob amser yn ddigon i warantu llwyddiant; roedd *Doom* [2005], a gostiodd $70 miliwn i'w chynhyrchu, yn fethiant yn y swyddfa docynnau.

Mae un peth yn glir, fodd bynnag: mae'r cyswllt rhwng ffilmiau a gemau yma i aros. Mae hysbysebion gemau a'r golygfeydd wedi'u torri ynddynt yn mynd yn fwy a mwy 'ffilmol'. Yn wir, mae'r golygfeydd 'wedi'u torri' mewn rhai gemau yn gymhleth iawn ac maent yn mynd yn fwy amlhaenog. Mae'r diwydiant gemau'n dal i ddarparu naratifau ac arwyr parod i wneuthurwyr ffilmiau. Efallai mai un o'r eiliadau diffiniol yn y briodas hon rhwng gemau a ffilmiau yw ymwneud y cynhyrchydd Jerry Bruckheimer [o fasnachfraint *Pirates of the Caribbean*] â ffilm Disney, *Prince of Persia* [2009]. Yn ôl y cylchgrawn *Edge*, mae enw mor amlwg â hwn sydd â record arbennig o lwyddiant 'yn rhoi rhyw fath o ddilysrwydd i'r *genre* ffilmiau gemau-fideo'. [www.edge-on-line.com/magazine].

TASG

Gwyliwch raghysbyseb gemau *Tomb Raider Anniversary*. Cymharwch hi â rhaghysbyseb y naill neu'r llall o ffilmiau *Tomb Raider*. Dadansoddwch y ddau destun, gan ystyried y canlynol:

- *Genre*.
- Naratif.
- Y cynrychioli.
- Codau technegol a sain.

Sut mae rhaghysbyseb y gemau'n defnyddio confensiynau y byddem yn eu cysylltu â ffilm? Pa rai o nodweddion y gêm sy'n amlwg yn rhaghysbyseb y ffilm?

Sut mae cynulleidfaoedd yn ymateb i fersiynau ffilm o gemau? Defnyddiwch wefannau *Tomb Raider*, gwefannau cefnogwyr ac ystafelloedd sgwrsio i ganfod beth mae cynulleidfaoedd yn ei feddwl.

Bully

Rhyddhawyd *Bully*, y gêm trydydd person, wedi'i seilio yn yr ysgol, ar 4 Mawrth 2008 ar gyfer y Nintendo Wii ac X-Box 360. *Bully the Scholarship Edition* yw'r diweddaraf mewn llinach o destunau dadleuol gan Rockstar Games, cynhyrchwyr y gyfres *Grand Theft Auto*. Unwaith eto, mae *Bully*, a'r derbyniad a gafodd, wedi rhannu barn ynglŷn â rôl trais mewn gemau a'r effaith y gallai ei gael ar gynulleidfaoedd.

Yn *Bully*, mae'r chwaraewr yn cymryd rhan Jimmy Hopkins, hogyn gwrthryfelgar 15 oed sydd wedi cael ei anfon i academi ddychmygol Bullworth i ddod at ei goed. Yma ceir llawer o griwiau gwahanol ac mae amryw o grwpiau cymdeithasol yn cael eu cynrychioli, yn cynnwys 'jocks', 'preppies', 'nerds' a bwlis, yn ogystal â swyddogion ('prefects') grymus ac, yn fwyaf annifyr, y staff dysgu gwallgof. Fel Jimmy, rhaid ichi geisio mynd i'ch gwersi a chael addysg ac, ar yr un pryd, osgoi'r bwlis sy'n ceisio'ch curo chi, y merched sy'n cystadlu am eich sylw a'r 'nerds' y mae angen help arnynt gyda'u prosiect gwyddoniaeth.

Glaslanciau Gwrthryfelgar - Cynrychioli ac Ieuenctid

Efallai mai un o'r rhesymau pam mae gêm fel *Bully* yn denu cymaint o sylw negyddol yw am ei bod yn ymdrin â chynrychioli pobl ifanc yn eu harddegau. Mae wedi bod yn anodd crisialu pobl ifanc mewn testunau cyfryngol erioed ac mae hynny yr un mor wir am gemau.

TASG

Edrychwch ar gynrychioliadau cyfoes o bobl ifanc ar draws ystod o destunau cyfryngol [papurau newyddion, ffilm, teledu, cylchgronau]. Sut maen nhw'n cael eu darlunio? Ym mha ffordd y mae'r portreadau hyn yn bositif neu'n negyddol?

Oes unrhyw gemau eraill sy'n cynrychioli pobl ifanc yn eu harddegau? Sut mae'r cynrychioli'n atgyfnerthu neu'n herio'r portreadau sy'n ymddangos yn y cyfryngau ar hyn o bryd?

Mae *Bully* wedi cael ei strwythuro fel masnachfraint *Grand Theft Auto* ac, fel y rhan fwyaf o'r gemau llawn mynd / antur trydydd person hyn, mae tasgau i'w cwblhau a sialensiau i'w datgloi. Mae gofyn i'r defnyddiwr dywys 'nerd' drwy neuaddau llawn bwlis i ennill mwy o bwyntiau poblogrwydd neu chwarae castiau a cheisio bwrw'r bai ar rywun arall. Mae'r pethau hyn i gyd yn ymddangos yn ddigon cyffredin ond, serch hynny, mae'r gêm wedi cael ei beirniadu'n hallt.

Yn y DU mae'r gêm wedi cael ei dyfarnu'n gategori '15'. Does dim gwaed, does neb yn cael ei frifo'n ddifrifol nac yn marw. Ceir yma lawer iawn o ymladd ac mae gofyn ichi fod yn dreisgar mewn llawer o'r tasgau ond mae yma hefyd ymdeimlad clir o foesoldeb i'r gêm ac mae sancsiynau a chosbau pan fydd ymddygiad yn cael ei ystyried yn annerbyniol. Caiff disgyblaeth ei gorfodi gan y swyddogion ac eraill sydd mewn awdurdod ac ni oddefir ymosod ar blant llai, merched nac athrawon - os gwnewch chi hynny byddwch yn cael eich atal ar unwaith. Nid yw'r gêm, yn ôl pob golwg, yn cynnig unrhyw gymeriadau na sefyllfaoedd gwaeth na phennod arferol o *Hollyoaks* neu *The OC*. Fodd bynnag, mae'n ymddangos bod y ffaith mai gêm yw hon, nid drama deledu, wedi arwain at gondemnio chwyrn a chwerw. Mae'n ymddangos bod gwrthdaro, a datrys gwrthdaro, yn dderbyniol mewn ffilmiau neu raglenni teledu, ond nid mewn gemau cyfrifiadur. Er bod pawb yn derbyn bod bwlio yn rhan o fywydau llawer o fyfyrwyr, os ydym am fynd i'r afael â'r materion hyn mewn ffurf ffuglennol, nid yw'n dderbyniol gwneud hynny drwy rith fyd y gêm gyfrifiadurol.

Ymladd â dyrnau noeth yn The OC

Fodd bynnag, nid yw'r defnyddiwr yn cael ei annog i ymosod ar bobl ddiniwed sy'n sefyll wrth law nac i fynd ati i fwlio ac ni cheir unrhyw wobr am 'fwlio'. Yn wir, mae a wnelo llawer o'r tasgau â rhwystro'r bwlis. Nid yw hynny'n golygu bod y gêm yn gweithredu fel cwmpawd moesol y dylem i gyd gymryd cyfeiriad ohono, a chyda'r fersiwn Wii newydd mae'n siŵr y bydd rhai'n gwrthwynebu'r rheolyddion synhwyro symudiadau a ddefnyddir i lanio ergydion.

Cafodd *Bully* ddechreuad dadleuol i'w bodolaeth gan i'r enw ei hun arwain at ragdybiaethau ynglŷn â'r gêm a'i chynnwys. Galwodd yr AS Llafur Keith Vaz ac elusen Bullying Online ar i'r gêm gael ei gwahardd. Dywedodd Vaz y dylem 'ystyried gêm sy'n dangos bwlio yn yr ysgol yn yr un ffordd ag yr ydym yn trin ffilm dreisgar' ac anogodd y llywodraeth i wahardd y gêm, yr oedd ei chynnwys yn 'swnio'n frawychus' [http://news.bbc.co.uk/1/hi/uk-politics/4380020.stm]. Fe'i cefnogwyd gan Liz Carnell, cyfarwyddwr Bullying Online, a ddywedodd yn *The Guardian*, 'Nid yw bwlio'n jôc. Nid yw'n destun addas i gemau cyfrifiadur' [http://news.bbc.co.uk/1/hi/uk-politics/4380020.stm]. Yn America, llwyddodd y cyfreithiwr ymgyrchu o Florida, Jack Thompson, i berswadio Wal Mart i roi'r gorau i werthu'r gêm ymlaen llaw, cyn iddi gael tystysgrif. Galwodd y gêm yn 'efelychydd Columbine' [dyfynnwyd yn erthygl Mike Musgrove yn y *Washington Post*, 12 Hydref 2006].

Roedd hyn i gyd cyn i'r gêm gael ei rhyddhau. Ymosododd hyd yn oed yr ymgeisydd Arlywyddol, Hillary Clinton, ar Rockstar gan ddweud bod y gemau hyn yn 'cipio diniweidrwydd ein plant ac yn gwneud y dasg o fod yn rhiant yn anoddach' [http://www.senate.gov/~clinton/news/statements/details.cfm?id=240603]. Nid oedd yr un o'r unigolion hyn wedi chwarae'r gêm.

Ymatebodd Rockstar drwy annog pobl i beidio â barnu'r gêm ar sail ei henw na golygfeydd unigol wedi'u tynnu o'u cyd-destun. Cyfeiriwyd y gêm at Fwrdd Dosbarthu Ffilmiau Prydain [BBFC] a chafodd ddosbarthiad '15'. Gan blygu i bwysau cyhoeddus, efallai, ailenwodd Rockstar fersiwn Ewropeaidd gêm Play Station 2 yn *Canus Canem Edit*, gan ddefnyddio arwyddair Bullworth ['Dog Eat Dog']. Er gwaethaf hyn, parhaodd y protestiadau a'r anghydfod ynglŷn â natur y gêm a chafwyd trafodaeth ehangach wedyn ynglŷn ag effaith gemau fideo treisgar yn gyffredinol.

Mae Rockstar, cyhoeddwyr *Bully* a chyfres *Grand Theft Auto* [GTA] y bu cymaint o drafod arni, wedi arfer â bod yn destun dadleuon. Mae gemau *Grand Theft Auto* wedi codi cwestiynau erioed am beth sy'n gynnwys priodol i gemau. Oherwydd natur y gêm, sy'n dangos byd oedolion, a pheth o'r trais rhywiol a'r trais yn ymwneud â gangiau a geir mewn rhai rhifynnau, mae llawer o bobl wedi galw am i gemau fel *GTA* gael eu gwahardd yn llwyr. Byddai eraill yn fodlon â dulliau rheoli llymach o ran dosbarthu a gwerthu gemau o'r fath [i weld trafodaeth fanylach ar *GTA*, gweler McDougall ac O'Brien, 2008].

Yn yr un modd, yn 2004 cafodd gêm Rockstar, *Manhunt*, ei thynnu'n ôl oddi ar adwerthwyr yn dilyn llofruddiaeth giaidd Stefan Pakeerah drwy law Warren LeBlanc nad oedd ond 17 oed. Roedd Pakeerah wedi cael ei drywanu a'i guro â morthwyl crafanc. Penderfynodd y cyfryngau'n gyflym mai'r gêm oedd ar fai. Yn *The Daily Mail* cafwyd y pennawd 'Murder by Playstation' [29 Gorffennaf 2004] ac awgrymodd y *Guardian* hefyd fod y llofruddiaeth wedi cael ei 'hysgogi' gan *Manhunt*. Cyhoeddodd ELSPA [Cymdeithas y Cyhoeddwyr Meddalwedd Adloniant a Hamdden] ddatganiad mewn ymateb i'r ymdriniaeth yn y newyddion. Ynddo, dywedodd 'Rydym yn gwrthod yr awgrym neu'r cysylltiad rhwng y digwyddiadau trasig yn y Canolbarth a gwerthu gêm fideo *Manhunt*.' [5 Awst 2004].

Ni roddodd hynny daw ar y sylw yn y cyfryngau – yn wir, aeth yn fwy croch. Fodd bynnag, roedd y dystiolaeth yn cysylltu *Manhunt* â'r llofruddiaeth yn llawer llai clir nag yr oedd yr adroddiadau hyn yn ei awgrymu ac, yn y pen draw, daeth yr heddlu i'r casgliad nad oedd unrhyw gysylltiad o gwbl.

Yr hyn sy'n glir yw'r ffaith fod pryder pendant ynglŷn â chynnwys gemau cyfrifiadur a'r effaith y gallent ei chael ar chwaraewyr. Mae'n ymddangos bod y ddadl ynglŷn ag

Cyflafan Ysgol Uwchradd Columbine
– ym 1999 y digwyddodd y gyflafan, yn Ysgol Uwchradd Columbine yn Colorado. Saethodd a lladdodd dau fyfyriwr, Eric Harris a Dylan Klebold, 12 o fyfyrwyr ac athro, yn ogystal ag anafu 23 o fyfyrwyr eraill, cyn cyflawni hunanladdiad.

Rockstar Games
[a elwir hefyd yn Rockstar NYC] – adran ddatblygu o gwmni cyhoeddi gemau fideo Take-Two Interactive, sydd wedi'i leoli yng Nghaeredin, yr Alban.

a yw gemau fideo treisgar yn ein gwneud ni'n fwy treisgar wedi disodli'r pryder yn y 1980au ynglŷn â 'fideos ffiaidd'. Nid yw syniadau ynglŷn â'r cyfryngau a'u heffeithiau niweidiol yn ddim byd newydd.

Ydyn ni'n gymdeithas fwy treisgar am ein bod hi'n chwarae gemau ymladd ac ymosod a rhyfel di-ri? Yr ateb, mae'n debyg, yw... wyddon ni ddim. Efallai mai gorsymleiddio yw gofyn beth yw effeithiau trais gan fod yna gynifer o fathau gwahanol o drais mewn cyd-destunau gwahanol.

Mae peth ymchwil yn dangos cysylltiadau rhwng gemau treisgar ac ymosodedd yn y byd 'go iawn', ond nid yw darnau eraill o ymchwil yn gallu canfod unrhyw effeithiau nac unrhyw dystiolaeth i gefnogi cyswllt o'r fath. Yr hyn sy'n fwy sicr, efallai, yw bod angen ymchwilio'n fanylach i hyn. Dywed Steven Johnson, 'yr un peth a wyddom i sicrwydd yw hyn: os oes cydberthyniad positif rhwng cysylltiad â thrais ffuglennol ac ymddygiad treisgar, mae ei effeithiau drwy ddiffiniad yn llawer gwannach na thueddiadau cymdeithasol eraill sy'n llywio trais mewn cymdeithas' [*Everything Bad is Good for You*, Steven Johnson, Riverhead, 2005]. Mae Dmitri Williams o Brifysgol Illinois yn sôn am yr angen i 'wneuthurwyr polisi geisio mwy o ddealltwriaeth o'r gemau y maent yn eu trafod. Efallai fod y rhai sy'n ymosod ar y diwydiant a'r rhai sy'n ei amddiffyn yn gweithredu heb ddigon o wybodaeth, a bod y naill a'r llall yn dadlau o blaid ymdrin mewn ffordd unffurf â'r hyn sy'n debygol o fod yn ffenomen fwy cymhleth.' [http://www.theregister.co.uk/2005/08/15/video_games_and_aggression/] Mae prif weinidog Prydain, Gordon Brown, wedi cymryd camau tuag at y ddealltwriaeth ddyfnach hon drwy gomisiynu Dr Tanya Byron i ymchwilio i rôl gemau fideo ym mywydau plant a'u heffeithiau arnynt. Cyhoeddwyd Adroddiad Byron yng ngwanwyn 2008 a chafodd groeso yn gyffredinol gan bob ochr i'r ddadl.

Nid yw hyd yn oed chwaraewyr eu hunain yn glir ynglŷn â'r mater hwn. O edrych ar ystafelloedd sgwrsio a safleoedd cefnogwyr, mae'n ymddangos bod rhai'n cytuno bod angen mwy o reoleiddio gan y gallai rhai gemau fod yn amhriodol i rai chwaraewyr; ond mae chwaraewyr eraill yn teimlo eu bod yn gallu gwahaniaethu'n hawdd rhwng rhith drais a thrais yn y byd go iawn.

Ar adeg ysgrifennu'r llyfr hwn, mae *Bully* newydd gael ei hailryddhau gan Rockstar. Nid yw mwyach yn cael ei galw'n *Canus Canem* – mae wedi dychwelyd at ei theitl dadleuol gwreiddiol. Hyd yma, ni fu unrhyw alwadau pellach am ei gwahardd: efallai fod ei gwrthwynebwyr, ar ôl gweld cynnwys y gêm, wedi penderfynu nad oes angen galw am waharddiad neu efallai ein bod yn fwy parod erbyn hyn i dderbyn y byd gemau a'r themâu sy'n cael eu harchwilio gan gemau. Ond mae rhywun yn synhwyro, yn niffyg tystiolaeth gadarn y naill ffordd neu'r llall, fod y ddadl am gynulleidfaoedd a thrais a gemau yma i aros.

TASG

- Ymchwiliwch i rai o'r erthyglau am *Bully*. Ydych chi'n meddwl bod digon o dystiolaeth o blaid gwahardd y gêm? I ba raddau y mae'r ymateb yn banig sydd wedi cael ei greu gan y cyfryngau?

- Cynhaliwch ddadl yn y dosbarth am drais a gemau fideo ac a ddylent gael eu gwahardd.

- Sut mae gemau fideo yn cael eu dosbarthu neu eu graddio ar hyn o bryd? Pa mor ddefnyddiol yw'r system raddio a dosbarthu bresennol?

TASG

Gan gyfeirio at y tair gêm yr ydych wedi'u hastudio, archwiliwch pa ffyrdd y maent yn eu defnyddio i gynrychioli'r ddau ryw. Efallai yr hoffech ystyried rhai o'r pwyntiau canlynol:

- Menywod fel delfrydau ymddwyn.

- Menywod fel dioddefwyr.

- Dynion fel arwyr.

- Dynion fel dihirod.

Llyfryddiaeth

Atkins, B. (2003) *More Than a Game: The Computer Game as Fictional Form*, Manchester University Press: Manceinion

Carr, D. a Buckingham, D a Burn, A & Schott, G., (2006) *Computer Games Text: Narrative and Play*, Polity Press: Caergrawnt

Howson, G., (2006) *Lara's Creator Speaks*. guardian.co.uk/technology [internet]. 18 Ebrill. Ar gael ar: http://blogs.guardian.co.uk/games/archives/2006/04/18/laras_creator_speaks.html

Johnson, S., (2005) *Everything Bad Is Good For You*, Penguin: Llundain

Kennedy, H., (2002) *Lara Croft Feminist Icon Or Cyber Bimbo: On The Limits Of Textual Analysis*. International Journal of Computer Game Research. Cyfrol 2. Rhifyn 2. [y rhyngrwyd] Ar gael ar http://www.gamestudies.org/0202/kennedy/

Kitts, M., (2008) *Review Bully- Scholarship Edition*. N-Gamer Magazine, Rhifyn 21 t.48-53

McDougall, J. ac O'Brien, W. (2008) *Studying Videogames*, Auteur Publishing: Leighton Buzzard

Meadows, M S., (2008) *I, Avatar: The Consequences Of Having A Second Life*, Pearson Education: Rhydychen

Mott, T. gol., *Reel Gaming*. Rhifyn 186. t.74-81

Newman, J ac Oram, B., (2006) *Teaching Videogames*, BFI Publishing: Llundain

Poole, S., (2000) *Trigger Happy: Videogames And The Entertainment Revolution*, Arcade Publishing Inc: Efrog Newydd

Gwefannau

www.elspa.com

www.theesa.com

www.blizzard.com

www.tombraider.com/anniversary

www.bit-tech.net

www.womengamers.com

www.imdb.com

www.dcsf.gov.uk/byronreview

www.theregister.co.uk

Ffilm

Vivienne Clark

Cynhyrchu – Y gwaith technegol o gynhyrchu ffilm yn ogystal â'r cyllid sy'n ofynnol i'w chynhyrchu.

Dosbarthu – strategaethau rhyddhau, cynhyrchu printiau a DVDs, marchnata a hyrwyddo ffilmiau.

Arddangos – sgrinio ffilmiau... mewn sinemâu, ar y teledu neu mewn 'sinemâu cartref' ac [yn gynyddol] ar y rhyngrwyd.

Bydd yr adran hon yn canolbwyntio ar dair ffilm – *The Bourne Ultimatum* [Paul Greengrass, UD/yr Almaen, 2007], *Atonement* [Joe Wright, y DU/Ffrainc, 2007] a *This is England* [Shane Meadows, y DU, 2006] – fel ffordd o archwilio ffilmiau, eu cynulleidfaoedd a'r diwydiannau sy'n eu cynhyrchu, eu dosbarthu a'u harddangos.

Wrth astudio unrhyw ffilm, byddwch yn canolbwyntio ar *genre*, naratif a chynrychioli, sef prif nodweddion testunol unrhyw gynnyrch cyfryngol. Ond byddwch hefyd yn gofyn cwestiynau am beth y mae'r ffilmiau hynny'n ei ddatgelu am gynulleidfaoedd [sut maent yn cael eu targedu a sut mae gwahanol gynulleidfaoedd yn ymateb i ffilmiau, er enghraifft] ac am y diwydiant sy'n eu cynhyrchu a'u dosbarthu. Mae'r adran hon yn edrych ar faterion testunol fesul elfen – gan ganolbwyntio'n bennaf ar faterion *genre* drwy *The Bourne Ultimatum*, safbwyntiau naratif drwy *Atonement* a chynrychioli drwy *This is England*. Bydd rhai o'r ystyriaethau allweddol ynglŷn â'r diwydiant a chynulleidfaoedd a godir gan y ffilmiau hyn yn cael eu hystyried hefyd. Dylai'r adran roi man cychwyn da ichi i archwilio ffilm a dechrau gofyn cwestiynau am y berthynas rhwng 'testunau', eu cynulleidfaoedd a'r diwydiant sy'n sail iddynt.

Genre – dal y ddysgl yn wastad rhwng anghenion y diwydiant ac anghenion y gynulleidfa?

Mae dau faes pwysig i'w harchwilio wrth astudio *genre*:

- Sut mae'r diwydiant ffilm yn defnyddio *genre*?

- Beth mae *genre* yn ei gynnig i gynulleidfaoedd?

Yn gyffredinol, mae'r diwydiant ffilm yn defnyddio *genre* yn weddol syml – fel ffordd o leihau'r perygl o fethu. Mae *genre* yn caniatáu i'r diwydiant ffilm gynhyrchu'r mathau o ffilm y mae'n credu y bydd cynulleidfaoedd yn eu hoffi, gan ddarogan llwyddiant yn y dyfodol ar sail yr hyn sydd wedi bod yn llwyddiant masnachol eisoes. Mae *genre* yn dilyn yr egwyddor o ailadrodd ac amrywio confensiynau – yr elfennau y mae cynulleidfaoedd yn eu hoffi ac y maent felly am eu gweld eto .Mae'r duedd hon i ailadrodd ar sail llwyddiant masnachol blaenorol yn aml yn golygu bod tuedd yn datblygu i gynnig *genre* arbennig. Er enghraifft, yn sgil llwyddiant sylweddol epig glasurol Ridley Scott, *Gladiator*, [Ridley Scott, y DU/UDA, 2000] ymysg y cyhoedd a'r beirniaid, cafwyd amryw o ffilmiau tebyg o ran llinach, fel *Troy* [Wolfgang Petersen, UDA/Malta/y DU, 2004] ac *Alexander* [Oliver Stone, yr Almaen/UDA/yr Iseldiroedd, y DU, 2004].

Mae masnachfreintiau ffilm yn gweithio mewn ffordd debyg. Os yw cymeriad yn boblogaidd gyda chynulleidfaoedd, bydd y diwydiant ffilm yn aml yn cynhyrchu ffilmiau dilynol, sgil-gynhyrchion teledu a nwyddau, gan ehangu'r brand a chynhyrchu cymaint o arian â phosibl o du'r cefnogwyr. Mae ffilmiau Bourne yn adlewyrchu'r duedd hon gan fod y fasnachfraint erbyn hyn yn cynnwys gêm fideo, *The Bourne Conspiracy* [2008], ac mae ffilm arall – pedwaredd ffilm – yn cael ei chynllunio erbyn hyn er mwyn manteisio ar lwyddiant y triawd gwreiddiol. Fel y dywedodd Greengrass ei hun am ddiweddglo amhendant *The Bourne Ultimatum*: 'Rydw i am i [Bourne] oroesi; dydych chi byth yn gwybod pryd y bydd ei angen arnom' [sylwebaeth DVD].

Gall *genre* gael ei ddefnyddio'n greadigol hefyd gan sgriptwyr a chyfarwyddwyr trwy ehangu ac amrywio confensiynau genre yn ogystal â'u gwyrdroi neu hyd yn oed eu parodïo, fel y gwnaeth cyfres Wes Craven, *Scream* [UDA, 1996, 1997, 2000] gyda'r genre arswyd. Ond gall hyd yn oed y dechneg hon, a oedd yn newydd ac yn hwyl pan ymddangosodd gyntaf, fynd yn fformiwläig fel y dangosodd *Scary Movie 1 a 2* [Keenen Ivory Wyans, UDA, 2000 a 2001] ac *I Know What You Did Last Summer* [Jim Gillespie, UDA, 1997] a sgil-gyfresi o ffilmiau.

Gallai'r ffordd y mae'r diwydiant ffilm yn defnyddio *genre* awgrymu bod cynulleidfaoedd yn cael eu hecsbloetio a'u troi'n ddefnyddwyr goddefol. Ar y llaw arall, gellid dadlau bod cynulleidfaoedd yn dewis y ffilmiau y maent yn eu gwylio ac, er bod llawer o *genres* yn cynnig rhywbeth sy'n gyfarwydd i gynulleidfaoedd, maent yn cael pleser am fod eu disgwyliadau'n cael eu gwireddu. Yr hyn y mae cynulleidfaoedd yn ei hoffi fwyaf, fodd bynnag, yn ôl pob golwg, yw rhywbeth cyfarwydd gyda mân amrywiadau. Os yw *genre* yn rhy fformiwläig, mae cynulleidfaoedd yn tueddu i golli diddordeb; maent am weld pethau y maent yn eu disgwyl i dawelu eu meddyliau yn barhaus ond maent hefyd am gael eu herio gan yr annisgwyl.

> **'Tra dylai pob car unigol sy'n cael ei wneud yn ôl manyleb model neilltuol fod, yn ddelfrydol, yn union yr un peth â phob car arall o'r fath, rhaid i bob ffilm unigol sy'n perthyn i *genre* neilltuol fod yn wahanol.'** Neale, 1980, t 52

Gallech ddweud, felly, mai cydbwysedd rhwng angen ariannol y diwydiant i wneud elw ac anghenion cynulleidfaoedd am adloniant a phleser yw genre.

Gall ymatebion cynulleidfaoedd i *genre* edrych fel pe baent yn gwrth-ddweud ei gilydd yn aml. Maent yn hoffi'r hyn sy'n gyfarwydd a'r tawelwch meddwl y mae confensiynau *genre* yn ei roi ac eto maent yn colli diddordeb yn hawdd ac yn mynnu rhywfaint o amrywiaeth ac arloesi yn barhaus. Felly, rhaid i Hollywood ymestyn, datblygu neu hyd yn oed dorri confensiynau *genre* yn hytrach na chadw'n gaeth at fformiwla sydd wedi ennill ei thir:

> **'yn baradocsaidd, caiff *genres* eu hystyried yn geidwadol ac arloesol yr un pryd yn yr ystyr eu bod yn ymateb i ddisgwyliadau'r diwydiant – a chynulleidfaoedd.'** Hayward, 2006, t. 160

Mae Hollywood yn aml yn cipio syniadau sinemâu cenedlaethol eraill er mwyn canfod ffyrdd arwyddocaol a ffres o ymdrin â genre. Meddyliwch am y ffordd y cafodd y *genre* arswyd ei adfywio drwy ail-wneud ffilmiau Japaneaidd gyda *The Ring* [Gore Verbinski, y DU/Japan, 2002] a *Dark Water* [Walter Salles, yr UD, 2005]. Mae gwneuthurwyr ffilmiau hefyd yn cyfuno *genres* yn gynyddol, gan greu traws-*genres*. Gall cymysgu confensiynau o wahanol *genres* fel hyn helpu i greu ffilmiau sy'n gyfarwydd ond yn llai fformiwläig. Er enghraifft, mae *Brick* [2005] yn gosod ei naratif Ffilm Noir ym myd ffilmiau'r Arddegau gan greu rhywbeth newydd i gefnogwyr y naill *genre* a'r llall. Mae'r broses hon o wyrdroi a chymysgu confensiynau wedi arwain at ffordd newydd o edrych ar *genre* yn gyffredinol. Yn hytrach na gweld genre fel categorïau penodol syml y gellir rhannu testunau rhyngddynt, caiff *genre* ei weld erbyn hyn fel cyfres o berthnasoedd cyfnewidiol, sy'n esblygu. Mae David Buckingham yn dadlau **'nid rhywbeth a "roddir" gan y diwylliant yw *genre*: yn hytrach, mae'n broses barhaus o negodi a newid'** [http://www.aber.ac.uk/media/Documents/intgenre/intgenre1.html].

Yn yr un modd, mae defnyddio confensiynau *genre* wrth farchnata ffilmiau yn adlewyrchu'r angen am ailadrodd a gwahaniaeth. Mae posteri'n aml yn defnyddio *genre* ffilm i ddenu cynulleidfaoedd – gall y delweddau a ddefnyddir, y sêr a ddewisir, y cynhyrchydd, y cyfarwyddwr, y llinellau hysbysebu, y ffurf-deipiau a hyd yn oed y lliwiau i gyd ddynodi *genre* ffilm i gynulleidfa bosibl. Fodd bynnag, mae ymgyrchoedd marchnata hefyd yn ceisio sicrhau bod pob ffilm yn hoelio'r sylw arni ei hun. Gall nodweddion gwerthu unigryw, fel y sêr, gael eu defnyddio i wneud i ffilmio ymddangos yn wahanol a deniadol ond bydd llawer o bosteri hefyd yn dangos fel y mae'r ffilm yn gwyro oddi wrth fformiwla arferol *genre*, gyda'r nod o gynnal diddordeb y cefnogwyr selog a datblygu dilyniant ymysg cefnogwyr newydd.

Mae triawd ffilmiau Bourne yn cynnwys: *The Bourne Identity*, Doug Liman, 2002, UDA / yr Almaen / y Weriniaeth Tsiec, *The Bourne Supremacy*, Paul Greengrass, 2004, UDA / yr Almaen a *The Bourne Ultimatum*, Paul Greengrass, 2007, UDA / yr Almaen.

TASG

Casglwch dri phoster ffilm Hollywood diweddar, cyferbyniol.

- Pa godau a chonfensiynau *genre* y gallwch eu hadnabod ynddynt?

- Oes unrhyw rai o'r posteri'n awgrymu bod y ffilm yn defnyddio mwy nag un *genre*?

- I ba raddau y defnyddir *genre* i farchnata'r ffilmiau?

- Pa elfennau eraill sy'n cael eu cynnwys i helpu i farchnata'r ffilmiau?

The Bourne Ultimatum a thriawd Bourne: *Genre* – ailadrodd, amrywio a nodweddion traws-*genre*

Mae triawd ffilmiau Bourne yn enghraifft ddiddorol o'r cydbwysedd hwn rhwng anghenion y diwydiant ac anghenion cynulleidfaoedd. Er bod rhai o gonfensiynau safonol y *genre* llawn mynd yn dal yno i gynulleidfaoedd eu mwynhau, mae ffilmiau Bourne yn gwyro oddi wrth gonfensiynau ffilmiau llawn mynd prif ffrwd Hollywood mewn sawl ffordd. Er enghraifft, mae'r ffilmiau'n ymddangos yn llawer mwy ymwybodol o wleidyddiaeth ryngwladol na llawer o ffilmiau llawn mynd traddodiadol, ac maent fel pe baent yn integreiddio'r mynd yn y naratif mewn ffordd gredadwy heb orddefnyddio CGI (delweddau a gynhyrchir gan gyfrifiadur) sydd wedi dod yn elfen gyfarwydd mewn cynifer o ffilmiau llawn mynd.

Mae triawd Bourne yn amlwg yn cynrychioli fersiwn traws-*genre* o'r *genre* llawn mynd, ac mae hyn yn dod yn gynyddol gyffredin yn llawer o ffilmiau cyfoes Hollywood. Mae triawd Bourne, a gafodd ei farchnata fel 'Bond ar gyfer cenhedlaeth newydd', yn cyfuno elfennau o'r *genres* llawn mynd/sbloet/antur ac ias a chyffro, gydag elfennau o'r genre ias a chyffro gwleidyddol/cynllwynio ac ysbïo. Caiff yr elfennau hyn eu cywasgu i ffilmiau Bourne i greu arddull cynhyrchu ffilm amlhaenog, sydd dipyn yn wahanol i un o ffilmiau llawn mynd confensiynol Hollywood fel *Die Hard 4* [Len Wiseman, y DU/UDA, 2007].

Gallwch weld elfennau traws-*genre* yn ogystal ag ailadrodd ac amrywio confensiynau yn y dilyniant ingol wedi'i leoli yng Ngorsaf Waterloo yn *The Bourne Ultimatum* [DVD: 16:01 i 26:41]. Mae'r dilyniant, sy'n torri ar draws o Orsaf Waterloo i bencadlys goruchwylio'r CIA yn Efrog Newydd, yn cynnwys nifer o gonfensiynau safonol y genres llawn mynd ac ias a chyffro, gan ddefnyddio cymeriadau, naratif, *mise-en-scène*, gwaith camera/golygu a sain.

Gall cyfres o gonfensiynau / disgwyliadau, fel yr un isod, ddarparu fframwaith defnyddiol ar gyfer dadansoddi ynghyd â'ch helpu i ddeall golygfa'n fwy cynhwysfawr – yn yr achos hwn, y ffordd y mae *The Bourne Ultimatum* yn defnyddio confensiynau *genre*.

- *Cymeriadau* - arwr, dihiryn, cynorthwywr y dihiryn a dioddefwr.
- *Naratif* - plot sy'n cynnwys cynllwyn gwleidyddol, dirgelwch i'w ddatgelu, dimensiwn rhyngwladol, fel arfer wedi'i seilio yn y presennol cyfarwydd.
- *Mise-en-scène* - lleoliad sy'n cynnwys digon o bosibiliadau i roi'r arwr mewn perygl.
- *Gwaith camera* - gwaith camera amrywiol sy'n dangos rhuthr a phrysurdeb trawiadol, a hynny fel arfer yn cynnwys arfau a styntiau sy'n berygl bywyd.
- *Golygu* - torri'n ôl ac ymlaen yn gyflym rhwng lleoliadau a phobl allweddol, i gynyddu'r tensiwn a'r ing i'r gynulleidfa.
- *Cynllunio'r sain* - sgôr gerddorol i gynulleidfa sy'n creu tensiwn.

Mae'r dilyniant yn cyferbynnu *mise-en-scène* swyddfeydd y CIA yn Efrog Newydd, sef prif ganolbwynt yr holl waith goruchwylio, â chyfarfyddiad Bourne a'r gohebydd Ross [yng nghanol cymudwyr niferus yng ngorsaf Waterloo]. Ffilmiwyd y golygfeydd yn swyddfeydd y CIA ar gamera llaw, sy'n anarferol i un o ffilmiau llawn mynd Hollywood, er bod y defnydd o saethiadau agos ar Vosen i bortreadu pwysau yn fwy confensiynol. Mae'r swyddfeydd yn llawn cysgodion [yn briodol i weithredoedd tywyll], a lliwiau gwrywaidd traddodiadol du, brown, glas a llwyd sy'n llywodraethu yma, heb unrhyw olau naturiol; caiff eu hwynebau eu goleuo â golau stribed uwchben, goleuadau desg ac adlewyrchiadau'r llu o sgriniau cyfrifiadur, monitorau a sgriniau taflunyddion sy'n gorlenwi'r swyddfa.

Mae thema goruchwyliaeth, sy'n fwy confensiynol mewn ffilm ias a chyffro gynllwynio neu ysbïo, yn amlwg yn y sinematograffi. Mae'r dilyniant yng ngorsaf Waterloo yn defnyddio saethiadau o bob ongl bosibl, yn cynnwys saethiad o'r awyr a saethiadau ongl isel, llydan ac agos yn ogystal â phrif saethiadau i gynnal trosolwg fel bod y gynulleidfa'n gallu gweld ymhle mae popeth yn y dilyniant. Mae'r camera'n elfen ddynamig, naratif bron o'r dilyniant ei hun, gyda'r lens yn cael ei llacio a'i thynhau, a chledru a thremio cyflym i ddilyn Bourne a Ross. Mae'n gwylio'n ddirgel o'r tu ôl i farrau a gwydr, gan roi cipolwg yma ac acw inni o'r hyn sy'n digwydd, wrth i Bourne fynd ati'n systematig i ddileu'r timau symudol sy'n dilyn Ross. Mae hyn i gyd yn cynyddu'r tensiwn.

Mae'r golygu'n gonfensiynol i ffilm lawn mynd yn yr ystyr ei fod yn creu cyffro enfawr am fod rhythm cyflym i'r dilyniant saethiadau. Gall gormod o gyflymdra darfu ar eglurder naratif, felly caiff y tempo golygu ei amrywio i sicrhau bod y gynulleidfa yn gyffredinol yn glir ynglŷn â phwy yw pwy a beth sy'n digwydd. Fodd bynnag, mae tempo'r trawsnewidiadau yn yr olygfa hon ac mewn llawer o'r golygfeydd yn *The Bourne Ultimatum* yn gyflymach nag yn y rhan fwyaf o ffilmiau, sy'n golygu bod y gynulleidfa'n profi rhuthr pensyfrdan yr helfa ac nad yw ond yn gallu dilyn cwrs y digwyddiadau o'r braidd. Mae hyn yn arbennig o bwysig pan gaiff bygythiad newydd, yr asasin Paz, ei gyflwyno i'r gymysgedd. Byddech bron iawn yn meddwl mai Bourne yw'r cyfarwyddwr yma – mai ef sy'n dweud beth sydd i ddigwydd, wrth iddo gyfarwyddo pob symudiad o eiddo Ross o amgylch yr orsaf, tra mae'r tîm yn swyddfeydd y CIA yn gwylio'n oddefol ar eu sgriniau, fel y gynulleidfa ei hun. Yn y ffordd hon, mae'r ffilm yn defnyddio cyfres gyfarwydd o gonfensiynau ond mae'n gwneud hynny mewn modd sy'n anadlu bywyd newydd i olygfa yr ydym wedi'i gweld droeon o'r blaen.

Mae'r cynllunio sain yn ail-greu atsain a sŵn cefndir yr orsaf drenau enfawr yn ffyddlon ac mae'n chwyddo clician a chloncian pob drws cerbyd sy'n cau a chrafu metelig oer dur ar ddur wrth baratoi a llwytho'r arfau. Pan ddaw'r ymladd, rydym yn clywed creinsio pob asgwrn gydag eglurder clinigol. Wrth i fwled Paz ffeindio'i darged ym mhenglog Ross, mae pob sain yn peidio am amrantiad i ddynodi'r foment. Yna mae rhan olaf dilyniant yr helfa'n dechrau, gyda Bourne yn dilyn Paz drwy'r orsaf i'r system danddaearol i rythmau dolennog cerddoriaeth Arabaidd, sy'n rhagflas o ddilyniant yr helfa yn Tunisia yn ddiweddarach. Mae cynllunio sain o ansawdd uchel wedi dod yn nodwedd o ffilmiau blocbyster Hollywood, sy'n adlewyrchu disgwyliadau cynulleidfaoedd a chynnydd technolegol.

TASG

- Edrychwch yn ofalus ar y dilyniant hwn sy'n ein cadw ar bigau'r drain [16:01 – 26:41].

- Cymharwch y dilyniant â'r hyn yr ydych yn ei ystyried yn ffilm ias a chyffro llawn mynd gonfensiynol [er enghraifft, *Die Hard 4* neu ffilm Bond]. Beth sy'n wahanol yn y dilyniant yn *The Bourne Ultimatum* o'i gymharu â ffilmiau ias a chyffro llawn mynd confensiynol [beth yw'r 'amrywiadau ar y confensiwn']? Rhowch eich rhesymau.

- Beth yw'r berthynas rhwng y gwahaniaethau hyn a'r cysyniad o draws-*genres*?

Abu Ghraib:
Carchar gan
yr UD yn Iraq
lle cyhuddwyd
aelodau o fyddin
yr UD o arteithio
carcharorion
rhyfel o Iraq.
Rhyddhawyd
delweddau
graffig o'r
arteithio mewn
papurau newydd
yn 2004.

Genre ac ystyriaethau cynrychioli yn *The Bourne Ultimatum*

Agwedd ganolog o naratif *The Bourne Ultimatum* yw'r portread heriol o Lywodraeth yr UD a'i harferion. Caiff ei chyflwyno'n bennaf fel cyferbynnu deuaidd rhwng awdurdodau'r UD, sy'n cael eu portreadu'n negyddol, a'r portread positif o Jason Bourne, unigolyn sy'n chwilio am yr hunaniaeth a dynnwyd oddi arno o dan amgylchiadau amheus.

Mae'r cyferbynnu sylfaenol rhwng unigolyn a chyfundrefn yn gonfensiynol mewn ffilm lawn mynd. Mae'n helpu'r gynulleidfa i uniaethu â'r sawl sy'n gorfod ymladd a defnyddio'i ddewrder a'i ddyfeisgarwch i lwyddo er gwaethaf popeth. Mewn ffilmiau fel masnachfraint *Die Hard*, mae'r arwr unigol yn cynrychioli'r da – sy'n golygu ei fod yn ymgorffori gwerthoedd Americanaidd ac mae felly'n cynnig tawelwch meddwl i gynulleidfaoedd ar ffurf diweddglo hapus lle mae'n trechu rhyw fygythiad estron. Fodd bynnag, mae ffilmiau ias a chyffro cyfoes yn gynyddol feirniadol o Lywodraeth yr UD, gan adlewyrchu diffyg ffydd y gynulleidfa ym moesoldeb ein harweinwyr a'n sefydliadau. Arwr llawn mynd yw Jason Bourne ond mae'n un sydd wedi tynnu sefydliadau dirgelaidd ei wlad ei hun i'w ben, yn hytrach na therfysgwyr o wlad arall. O edrych yn fanwl ar y cyferbynnu deuaidd mewn testunau ffilm gallwn archwilio ideoleg ffilmiau ac, yn yr achos hwn, weld fel y mae ffilmiau'n adlewyrchu agweddau cynulleidfaoedd ar adeg benodol mewn hanes, i ryw raddau.

Mae'r defnydd o waith camera a *mise-en-scène* yn y tair ffilm yn tanlinellu'r portread negyddol hwn o awdurdodau'r UD, sy'n gweithredu fel pe baent uwchlaw'r gyfraith a'r tu hwnt i atebolrwydd. Mae saethiadau cledru'n portreadu staff sinistr y CIA, â'u gwallt lliw arian, sy'n arthio gorchmynion at staff iau sydd dan bwysau. Ac mae'r dilyniannau ôl-fflach, sy'n portreadu'r atgofion sy'n dod yn ôl i Bourne o'r broses raglennu gychwynnol, hefyd yn portreadu asiantaethau'r llywodraeth mewn goleuni llym. Mae'r dilyniannau hyn, sy'n dangos Bourne mewn gefynnau llaw, a'i ben wedi'i orchuddio â chwfl du, yn cael ei drochi mewn tanc dŵr dro ar ôl tro, yn adlais o'r llu o ddelweddau o garcharorion â chwfl am eu pen, yn cael eu sarhau yn Abu Ghraib. Nid yn unig y mae'r portreadau hyn yn herio ac yn beirniadu dulliau'r llywodraeth, maent yn magu grym ychwanegol hefyd drwy adleisio delweddau o ddulliau holi anghyfreithlon, y gwyddom yn dda amdanynt, sy'n dangos Llywodraeth yr UD fel grym gormesol. Mae'r saethiadau CCTV pŵl a graeanog sy'n dilyn Bourne ar draws Ewrop i'r DU [ar strydoedd, mewn banciau a gorsafoedd petrol, ar drenau ac ar reilffyrdd tanddaearol] yn atgyfnerthu'r portread o lywodraethau fel grymoedd gormesol - gan adlewyrchu'r lefel gynyddol o wyliadwriaeth yng ngwledydd y Gorllewin ac maent, felly, yn gwneud pwynt ideolegol ac yn adlewyrchu'r ffaith ganlynol:

> '**Mae codau a chonfensiynau generig yn rhoi dehongliad dewisol**' (Hayward, 1996, t. 164).

Wrth gwrs, gall gwahanol gynulleidfaoedd ddehongli'r ffilm mewn amryw o ffyrdd. Efallai na fydd y dehongliad dewisol, a amlinellwyd uchod, yn apelio at bob cynulleidfa. Yn amlwg, mae modd mwynhau'r ffilm mewn termau symlach hefyd. Mae'r arwr unigol sy'n trechu cyfres o rwystrau dyrys, sy'n bygwth ei fywyd, er mwyn cwblhau ei gyrch, yn cynnig pleser i gynulleidfaoedd nad ydynt o reidrwydd yn derbyn ideoleg waelodol y ffilm.

TASG

- Dewiswch dair enghraifft o'r ffordd y mae Llywodraeth yr UD a'r CIA yn cael eu cynrychioli yn *The Bourne Ultimatum*.

- Archwiliwch sut mae'r cynrychioliadau hynny'n dibynnu ar waith camera, golygu, *mise-en-scène* a naratif.

- Beth yn eich barn chi yw'r dehongliad dewisol o'r cynrychioliadau hynny?

Atonement: Naratif

Fel arfer, mae naratifau prif ffrwd yn ceisio helpu cynulleidfaoedd i atal eu hanghrediniaeth. Mae atal anghrediniaeth yn golygu ein bod yn fwriadol yn anghofio mai portread ffuglennol yw testun cyfryngol a'n bod yn ei drin fel rhywbeth real, o leiaf tra ydym yn ei wylio. Mae hyn yn galluogi cynulleidfaoedd i grïo ar ddiwedd *Titanic* [1997] neu i gael eu brawychu gan y trais yn *Hostel* [2005]. Ers dyddiau cynnar ffilm, mae stiwdios Hollywood wedi ceisio darparu'r math hwn o ddihangfa i gynulleidfaoedd drwy ddefnyddio strwythurau naratif llinol, syml, lle caiff y gynulleidfa ei lleoli gydag arwr sy'n ceisio cwblhau un cyrch, sydd wedi'i ddiffinio'n glir. O ganlyniad, mae llawer o ffyrdd o astudio ffilm yn canolbwyntio ar ganfod y fformiwla naratif hon mewn ffilmiau unigol drwy eu rhannu'n gamau [cydbwysedd, tarfiad, ac ati] neu drwy adnabod gwahanol swyddogaethau cymeriadau [arwr, dihiryn, tywysoges, ac ati]. Gall y broses hon fod yn fan cychwyn defnyddiol i ddeall sut mae storïau'n cael eu hadrodd. Fodd bynnag, mae gan rai ffilmiau naratif gwahanol, mwy cymhleth, y gallai'r math hwn o ddadansoddi fod yn llai effeithiol ar eu cyfer. Mae *Atonement* yn ffilm lle nad oes gofyn yn syml i'r gynulleidfa atal anghrediniaeth; yn hytrach, mae'r naratif yn mynnu bod y gynulleidfa'n ystyried sut yr ydym yn dehongli ac yn cael boddhad o'r stori hon a storïau eraill.

Mae'r strwythur naratif yn dibynnu ar gydnabod bod pob stori – boed hi'n ffilm, yn nofel neu'n ddrama fel *The Trials of Arabella* gan y Briony ifanc, y mae'r ffilm yn agor gyda hi – yn oddrychol ac yn adlewyrchu canfyddiadau unigolion. Lluniwyd naratif *Atonement* fel ei bod yn amlwg bod yna fersiynau gwahanol, sy'n gwrthdaro â'i gilydd, o realiti. Mae hyn yn golygu nad yw'r gynulleidfa yn atal ei hanghrediniaeth yn llwyr. Yn hytrach, caiff ei hannog i amau realiti'r stori. Gwneir hyn drwy danseilio ymddiriedaeth y gynulleidfa yn y sawl sy'n adrodd y stori, sef Briony.

Mae naratif *Atonement* yn dilyn Briony drwy gydol ei hoes tuag at ei hymgais i wneud iawn terfynol am y bywydau a ddinistriodd gyda'i 'storïau' a'i chelwydd mwyaf ['Fe'i gwelais i ef'], a amddifadodd ei chwaer a'i ffrind o ddiweddglo 'hapus byth wedyn' i stori eu bywydau. Mae'r naratif yn cyferbynnu sawl safbwynt yn effeithiol – yn cynnwys llinynnau arwyddocaol sy'n canolbwyntio ar y Briony ifanc, Robbie, Briony fel oedolyn a'r Briony hŷn, sy'n marw. Er nad yw'r ffilm yn tynnu sylw at hynny, mae'r naratif yn datblygu fesul tair prif ran sy'n cynrychioli pob un o'r safbwyntiau hynny ynghyd ag adran fer ar y diwedd sy'n adlewyrchu safbwynt Briony wrth iddi farw – ac, yma, codir cwestiynau ynglŷn â phopeth sydd wedi'i rhagflaenu. Mae'r chwarae hwn â naratif wedi bod yn nodwedd o sawl ffilm gyfoes a gellid dadlau ei fod yn ddylanwad ar lawer o ddiwylliant cyfoes. Mae ffilmiau fel *Short Cuts* [Robert Altman, yr UD, 1993], *Pulp Fiction* [Quentin Tarantino, yr UD, 1994], *Crash* [Paul Haggis, yr UD/yr Almaen, 2004] a *Babel* [Alejandro Gonzáles Iñárritu, Ffrainc/ yr UD/México, 2006] i gyd yn ein hatgoffa nad un fersiwn awdurdodol yn unig sydd o unrhyw ddigwyddiad, o unrhyw stori.

Mae a wnelo *Atonement* yn rhannol â'r euogrwydd sy'n deillio o gelwydd a'i ganlyniadau ond mae'r ffilm hefyd yn archwilio rhesymeg cydnabod nad yw unrhyw ganfyddiad o realiti yn ddim mwy na hynny – canfyddiad. Caiff hyn ei wneud yn glir i'r gynulleidfa'n gyntaf drwy ddangos yr un olygfa o ddau safbwynt gwahanol. [DVD: 6:12 – 12:36]. Mae'r gynulleidfa'n gweld bod fersiwn Briony o'r hyn sy'n digwydd pan fydd Cecilia a Robbie'n cwrdd wrth y ffynnon a phan dorrir y fâs yn gamarweiniol unwaith y caiff y gynulleidfa ei lleoli gyda'r ddau gymeriad sy'n rhan o'r sgwrs a'i bod felly'n gallu clywed eu sgwrs a darllen iaith eu cyrff. Mae'r newid safbwynt yn newid canfyddiadau cynulleidfaoedd – er, wrth i'r ffilm fynd rhagddi, bwrir amheuaeth ar ganfyddiadau'r gynulleidfa hefyd.

Ar ddechrau'r ddau fersiwn o'r dilyniant ger y ffynnon, mae sŵn gwenynen, y mae cynulleidfaoedd yn cael golwg agos arni wrth iddi lanio ar gwarel y ffenestr, yn tynnu sylw Briony. Mae'r ffocws agos ar y wenynen yn llacio i ganiatáu'r dyfnder ffocws llawn, sy'n dangos Cecilia a Robbie y tu allan, yn sefyll wrth y ffynnon yn yr ardd islaw. Ni all Briony, na'r gynulleidfa, glywed beth sy'n digwydd ac maent yn dibynnu ar weithredoedd ac iaith y corff, a welir drwy saethiad pell iawn. O'i safbwynt cyfyngedig hi, mae'n camddeall y sefyllfa. Mae'n ebychu'n gyntaf wrth weld Cecilia'n diosg ei dillad o flaen Robbie ac mae'n troi oddi wrthynt, wedi dychryn. Pan edrycha eto, mae'n ebychu unwaith yn rhagor o weld bod Cecilia bron iawn yn noeth wrth iddi ddod allan yn wlyb o bwll y ffynnon. Mae Briony'n synhwyro bod yr hyn y mae newydd fod yn dyst iddo yn rhywiol mewn rhyw ffordd, ond mae'n neidio i'r casgliad, oherwydd ei chenfigen ei hun a chamddealltwriaethau eraill, fod Robbie rywsut wedi'i gorfodi i wneud hyn.

Caiff y dilyniant ei ailchwarae wedyn o safbwynt Cecilia. Mae Cecilia'n mynd â'r ffiol a'r blodau allan ac mae'n siarad â Robbie. Awgrymir y berthynas rhyngddynt drwy'r siarad pytiog, llawn tensiwn, ac mae eu hemosiynau'n cael eu dangos drwy seibiannau a chiledrych, drwy'r hyn nad yw'n cael ei ddweud. Drwy ddefnyddio saethiadau agos canolig a saethiadau manwl, mae'r gynulleidfa'n dod i ddeall natur eu perthynas yn well, dealltwriaeth nad yw ar gael i Briony. Wrth i Cecilia ddod allan o'r ffynnon, bron iawn y gallwch deimlo'r dynfa rhwng y ddau gymeriad a dyna sy'n ysgogi eu llinyn nhw o'r naratif. Anallu Briony i ddeall perthynas ei chwaer sydd hefyd yn ei hysgogi i ddweud celwydd a, thrwy hynny, gychwyn y dilyniant digwyddiadau yn y naratif.

Mae'r ffilm yn parhau wedyn gyda llinyn naratif pendant, bron iawn fel pennod newydd, lle mae pedair blynedd wedi mynd heibio ac mae Robbie'n ymladd yn yr Ail Ryfel Byd. Efallai mai'r llinyn hwn yw'r mwyaf confensiynol gan fod gennym arwr, Robbie, sydd â chyrch i ddychwelyd adref at Cecilia, y mae'n ei charu. Mae diwedd y llinyn hwn yn enigmatig. Caiff ein harwr ei adael ar draeth yn Dunkirk ac nid yw'r gynulleidfa'n sicr a fydd yn marw ynteu a gaiff ei achub. Dim ond pan gyrhaeddwn ni adran olaf y ffilm, cyfweliad gyda Briony, sydd erbyn hyn yn nofelydd oedrannus, yr ydym yn clywed bod Robbie yn wir wedi marw yn Dunkirk.

Caiff y gynulleidfa wybod gan Briony mai ffuglennol oedd y golygfeydd blaenorol lle mae hi'n ymweld â Robbie a Cecilia yn byw gyda'i gilydd yn Ne Llundain i ymddiheuro a cheisio gwneud iawn am y celwydd a ddywedodd. Mae hynny'n golygu bod y gynulleidfa wedi bod yn gwylio pennod o'i nofel hi yn hytrach na chyfrif gonest o'r hyn a ddigwyddodd. Ni allai'r olygfa fod wedi digwydd oherwydd ni ddychwelodd Robbie a chafodd Cecilia hefyd ei lladd. Yn amlwg, mae hynny'n golygu na all Briony wneud iawn. Mae'r Briony oedrannus yn egluro iddi newid y stori oherwydd "...pa ymdeimlad o obaith, neu foddhad y gallai darllenwr ei gael o ddiweddglo fel yna..."

Mae strwythur naratif *Atonement* yn hynod o gymhleth: nid yw'n llinol; caiff digwyddiadau eu portreadu o safbwynt gwahanol gymeriadau a gwahaniaethir rhwng y stori go iawn a fersiwn Briony ohoni, ond dim ond ar ôl iddynt wylio'r llinyn hwnnw y gwneir hyn yn glir i gynulleidfaoedd. Mae'r ffactorau hyn i gyd yn annog y gynulleidfa i godi cwestiynau ynglŷn â'r ffilm yn hytrach nag atal ei hanghrediniaeth. Mae *Atonement* hefyd yn gorfodi'r gynulleidfa i feddwl am bwrpas a phleser ffuglen o'i chymharu â phrofiadau bywyd go iawn. Rhoddir diweddglo hapus i gynulleidfa'r ffilm ond nid yw'n rhoi'r un ymdeimlad o foddhad gan fod y gynulleidfa wedi deall cyn hynny mai ffantasi yw.

TASG

Ar ôl ichi wylio *Atonement*, trafodwch y cwestiynau isod:

- Pwy yn y naratif y gellid ei ystyried yn arwrol?
- Oes gan unrhyw rai o'r cymeriadau gyrch ac, os oes, ydy'r cyrch yn cael ei gwblhau?
- Sut mae'r diweddglo'n effeithio ar ymateb emosiynol y gynulleidfa i'r ffilm?
- Yn olaf, ystyriwch pa mor bwysig yw diweddglo hapus i lwyddiant ffilmiau.

This is England: Cynrychioli

TASG

- Dadansoddwch y poster hwn am *This is England* ac ystyriwch pwy yn eich tyb chi yw'r gynulleidfa darged. Rhowch eich rhesymau.

- Ydy'r poster yn awgrymu y bydd hon yn ffilm 'heriol'?

Fel unrhyw gyfrwng, nid yw ffilm yn darparu ffenestr ar realiti – yn hytrach, mae'n cynnig portread, neu fersiynau, o realiti – yn cynrychioli realiti. Ar eu symlaf, delweddau ynghyd â safbwyntiau tuag atynt yw cynrychioliadau. Mae cynrychioliadau felly yn ymgorffori safbwyntiau am y 'realiti' y maent yn ei bortreadu. Maent yn ideolegol, ac mae ganddynt y grym i atgyfnerthu'r ffordd y mae'r mwyafrif o bobl yn meddwl drwy adlewyrchu ac atgyfnerthu'r ideolegau trech yn barhaus. Fodd bynnag, mae hefyd yn wir fod cynrychioliadau yn gallu herio ideolegau trech drwy gyflwyno safbwyntiau amgen.

Cynrychioli amser a lle

Mae dilyniannau agoriadol a dilyniannau teitl yn ddefnyddiol wrth astudio cynrychioli gan eu bod nid yn unig yn sefydlu'r cymeriadau canolog ond hefyd yn eu gosod mewn cyd-destun cymdeithasol. Mae hyn yn arbennig o arwyddocaol pan fydd yr amgylchedd cymdeithasol, diwylliannol a hanesyddol yn bwysig i themâu a naratif y ffilm.

Montage o ddarnau archif o ffilm o deledu'r 1980au yw dilyniant teitl agoriadol *This is England* - dyna pam mae'r ansawdd yn fwriadol yn raeanog. Cafodd ei olygu i drac *ska Toots and the Maytals 54-46* [What's my Number?]. Rhyddhawyd y trac yn wreiddiol ym 1968, yna cafodd ei ailgymysgu a'i ailryddhau ym 1979 ac mae'n awgrymu dyddiau cynnar y diwylliant pennau crwyn [cyn dyddiau cymdeithasau'r Ffrynt Cenedlaethol a'r Blaid Genedlaethol Brydeinig] y mae'r ffilm yn cyfeirio ato'n ddiweddarach. Cynhyrchwyd ffont y teitlau mewn ffurf-deip o fath stensil, sy'n atgof o arwyddion y fyddin a thagiau adnabod. Yn ei sylwebaeth ar y DVD, dywed y cyfarwyddwr, Shane Meadows, fod y rhifau sy'n sgrolio o dan enwau'r cast a'r criw yn rhifau gwirioneddol oddi ar dagiau adnabod milwyr o Brydain a fu farw yn rhyfel y Falkland, penderfyniad creadigol sy'n awgrymu safbwynt ideolegol heriol y ffilm.

Ar yr wyneb, mae'r dilyniant *montage* agoriadol fel petai'n rhoi 'hanes' prif ddigwyddiadau a thueddiadau diwylliannol poblogaidd y 1980au cynnar. Mae'n symud o'r dibwys a'r absŵrd [yn cynnwys Roland Rat, eicon oddi ar raglen deledu bore Sadwrn i blant, *Space Invaders*, y ciwb Rubik a steiliau gwallt a cholur y Rhamantwyr Newydd, *Duran Duran*] at bethau cynyddol ddifrifol [digwyddiadau cenedlaethol a gwleidyddol fel priodas y Tywysog Charles a 'Lady Di', y protestiadau yn erbyn gorsafoedd awyrennau'r UD, streic y glowyr, y Ffrynt Cenedlaethol yn gorymdeithio ar hyd Whitehall a therfysgoedd hil]. Drwy'r dilyniant ar ei hyd, mae'r Prif Weinidog ar y pryd, Margaret Thatcher, yn ymddangos mewn gwahanol gyd-destunau fel dylanwad sy'n treiddio i bobman. Daw'r dilyniant i ben â darnau o ffilm o ryfel y Falkland, gyda delwedd frawychus o filwr Prydeinig yn cael ei ruthro i ddiogelwch ar stretsier, yn gafael yn stwmp gwaedlyd ei goes. Mae'r ddelwedd olaf o ryfel y Falkland yn atgoffa cynulleidfaoedd o'r rhyfel hwnnw ac yn eu cysylltu â chefndir y prif gymeriad, Shaun, y lladdwyd ei dad yno.

Wrth gwrs, nid 'hanes' syml mo'r delweddau: maent yn bortread detholus iawn o'r cyfnod hwnnw ac maent yn tynnu sylw at yr ideolegau heriol y mae'r ffilm yn eu cyfleu. Yn wir, mae'r portread o'r 1980au a geir yn y ffilm yn awgrymu bod effaith y newidiadau cymdeithasol a gwleidyddol a wnaed gan Margaret Thatcher a'i llywodraeth wedi treiddio i bob agwedd o fywyd, yn bersonol a chymdeithasol, yn genedlaethol a rhyngwladol. Mae'r ffordd y lluniwyd y dilyniant agoriadol hwn felly yn enghraifft dda o sut y mae cyfarwyddwr, drwy ei ddewisiadau, yn llunio safbwynt tuag at 'realiti' – yn yr achos hwn, Prydain yn y 1980au.

Cynrychioli neu bortreadu cymeriadau

Mae'r dilyniant sy'n dilyn y teitlau agoriadol yn cyflwyno cynulleidfaoedd i gymeriad canolog *This is England*, Shaun, bachgen 12 oed sy'n tyfu i fynd ar stad cyngor yn Nottingham yn y 1980au ac sy'n dod yn ffrindiau â llwyth o bennau crwyn. Mae'r olygfa'n dechrau gyda Shaun yn deffro yn ei wely. Mae ei ystafell, ei ddillad ac, yn ddiweddarach, y strydoedd o amgylch yn portreadu'r tlodi y mae teulu Shaun yn byw ynddo yn glir. Mae bywyd Shaun yn cael ei nodweddu hefyd gan wrthdaro: mae'n dadlau gyda pherchennog siop; caiff ei fwlio gan fechgyn eraill ac yna fe'i gwelwn yn ymladd. Yn y lle chwarae, caiff y disgyblion eu grwpio mewn llwythau amlwg, pob un â'i hunaniaeth ei hun sy'n cael ei dangos yn glir drwy eu dillad a'u steil gwallt. Mae Shaun yn sefyll allan o'i gymharu â phawb arall ar ddiwrnod olaf yr ysgol, sy'n ddiwrnod 'dim gwisg ysgol', gan fod ei jîns fflêr, ei fŵts brown golau a choler streipiog ei siaced yn gwbl anffasiynol. Mae ar ei ben ei hun ac nid yw'n perthyn i unrhyw un o'r grwpiau o ddisgyblion. Yn arwyddocaol iawn, mae'r jôc sy'n arwain at yr ymladd yn gwneud y gynulleidfa'n ymwybodol fod tad Shaun wedi marw, gan

Margaret Thatcher, y Prif Weinidog Ceidwadol rhwng 1979 a 1990. Aeth â Phrydain i ryfel yn erbyn yr Ariannin dros sofraniaeth Ynysoedd y Falkland ym 1982 a hi oedd mewn grym pan chwalwyd y diwydiant glo, ar adeg o ddiweithdra enfawr. Cyflwynodd hefyd fath o gyfalafiaeth boblogaidd, a ddaeth â budd economaidd i rai.

gynyddu ei ymdeimlad o arwahanrwydd.

Wrth inni weld Shaun yn ymdrechu i sefyll i fyny drosto'i hun yn erbyn hyn oll, gall y gynulleidfa ddeall pam y mae mor awyddus i gael ei dderbyn a dod yn rhan o grŵp. Yn yr achos hwn, mae am ymuno â'r 'teulu' o bennau crwyn – eu harweinydd nhw, Woody, yw'r unig berson sy'n dangos unrhyw ddiddordeb a chonsyrn cadarnhaol tuag ato. Mae Shane Meadows yn llunio cymeriad Shaun â chydymdeimlad. Mae'r olwg ddiflas ar ei wyneb, ei ddillad blêr a'r ffaith ei fod yn fach [yn enwedig o'i gymharu â'r rhai y mae'n sefyll i fyny iddynt] yn annog y gynulleidfa i deimlo trueni tuag ato, fel ei fod yn gobeithio y caiff ei dderbyn ac y caiff y cyfeillgarwch y mae'n crefu amdano. Mae'r cydymdeimlad hwn yn hanfodol er mwyn i'r gynulleidfa ddilyn y cymeriad wrth iddo ddod o dan ddylanwad y pen crwyn Natsïaidd, Combo.

- Sut mae Shaun yn datblygu fel cymeriad drwy'r ffilm ar ei hyd?

- Sut mae dosbarth cymdeithasol yn cael ei gynrychioli? Pa rôl y mae materion cymdeithasol fel tlodi a diweithdra yn ei chwarae yn y ffilm?

- Sut caiff Combo ei gynrychioli yn y ffilm? Dewiswch dair moment allweddol o'r ffilm i ategu eich syniadau.

Cynrychioli a Chynulleidfaoedd: Dehongliadau gwahaniaethol

Mae *This is England* yn enghraifft dda o'r ffyrdd gwahanol y gall cynulleidfaoedd gwahanol ymateb i ffilmiau. Yn gyffredinol, mae testunau'n llunio ystyron sy'n cael eu ffafrio – ystyron dewisol - ond nid dyma'r unig ddehongliad sydd ar gael i gynulleidfaoedd. Mae ffactorau amrywiol yn dylanwadu ar sut mae cynulleidfaoedd yn datgodio testunau - un elfen o bwys yw proffiliau demograffig a seicometrig y gynulleidfa. Er enghraifft, ystyriwch sut y gallai'ch cefndir ethnig chi ddylanwadu ar y ffordd yr ydych yn ymateb i Combo neu sut y gallai'ch cefndir cymdeithasol bennu sut yr ydych yn dehongli'r ystyriaethau dosbarth yn y ffilm. Bydd credoau gwleidyddol aelod o gynulleidfa yn sicr yn dylanwadu ar ei ddehongliad o'r ffilm o ystyried y ffordd y caiff materion cymdeithasol a dylanwad Thatcher ar gymdeithas y 1980au eu cynrychioli.

TASG

- Awgrymwch dair cynulleidfa wahanol i *This is England*.

- Sut ydych chi'n meddwl y bydd y cynulleidfaoedd gwahanol hynny'n ymateb i [a] Shaun a [b] Combo?

Cynrychioli a rheoli

Mae'r cynrychioli yn ganolog i'r ffordd y caiff ffilmiau eu rheoli. Nid oes unrhyw thema na mater yn cael tystysgrif 18 yn awtomatig; yn hytrach, mae'r BBFC yn ystyried sut yr ymdriniwyd â'r cynnwys o ran ei gyd-destun a pha mor sensitif y caiff ei gynrychioli [http://www.bbfc.co.uk/policy/policy-mainissues.php]. Fodd bynnag, cafodd *This is England* dystysgrif 18 gan y BBFC am ei bod yn cynnwys trais ac iaith hiliol [http://www.bbfc.org.uk/website/Classified.nsf/0/7F3E47CC247AB9A58025727D0037D33F?OpenDocument] er bod y ffilm yn ceisio archwilio'r ymddygiad hwn a'i achosion. Roedd y penderfyniad yn un hynod o ddadleuol gyda'r cyfarwyddwr, Meadows, yn dadlau y dylai *This is England*, o'i chymharu â'r trais a welir mewn ffilmiau eraill, gael tystysgrif 15, yn enwedig o ystyried y themâu pwysig y mae'r ffilm yn ymdrin â nhw [http://blogs.guardian.co.uk/film/2007/04/an_18_for_this_is_england_this.html]. Cytunodd cyngor Bryste â Meadows a gwrthododd dystysgrif y BBFC gan ganiatáu i gynulleidfaoedd iau weld y ffilm [http://news.bbc.co.uk/1/hi/england/bristol/6601559.stm].

TASG

1. Pam dybiwch chi y rhoddwyd tystysgrif 18 i'r ffilm?

2. Ydych chi'n credu bod cyfiawnhad i benderfyniad y BBFC?

3. Ydy 15 yn rhy ifanc i ddeall y themâu sy'n cael eu cynrychioli yn y ffilm?

TASG ESTYN

Ystyriwch y tair ffilm a drafodwyd yn yr adran hon o ran eu *genre* a'u naratif a'r ffyrdd y maent yn cyfleu gwahanol elfennau cynrychioli.

- Pa mor bwysig yw *genre* o ran denu cynulleidfaoedd at bob un o'r ffilmiau?

- Cymharwch a chyferbynnwch strwythurau naratif y tair ffilm.

- Ym mha ffyrdd y mae'r ffilmiau'n cynnig pleserau gwahanol i gynulleidfaoedd?

- Sut mae pob un o'r ffilmiau'n cynrychioli'r amser a'r lle y maent wedi'u lleoli ynddynt?

- Pa mor arwyddocaol yw'r lleoliadau hyn i naratif y ffilmiau?

- Cymharwch a chyferbynnwch y cynrychioliad o wrywdod ym mhob un o'r ffilmiau.

- Pa rolau gwahanol sydd gan fenywod yn y ffilmiau?

- I ba raddau y mae'r tair ffilm yn cynnig cynefindra i gynulleidfaoedd?

Nodiadau i Orffen

Materion yn ymwneud â'r diwydiant: Cynhyrchu, dosbarthu ac arddangos

Mae'r tair ffilm hyn yn awgrymu materion pwysig ynglŷn â'r diwydiant y gallwch ganfod rhagor amdanynt drwy ymchwilio. Mae'r adran hon yn rhoi mannau cychwyn ichi.

Edrychwch ar y tabl isod a nodwch yr hyn y mae'n ei awgrymu am y gwaith o gynhyrchu, dosbarthu ac arddangos pob un o'r ffilmiau.

	The Bourne Ultimatum	Atonement	This is England
Gwlad darddu – yn ôl cyllid cynhyrchu	UDA / yr Almaen	Y DU / Ffrainc	Y DU
Tystysgrif	12A	15	18
Cwmnïau cynhyrchu	Universal Pictures Motion Picture BETA Produktionsgesellschaft The Kennedy / Marshall Company Ludlum Enterntainment Bourne Again [ddim ar y glodrestr]	Working Title Films Relativity Media Studio Canal	Big Arty Productions EM Media Film4 Optimum Releasing Screen Yorkshire Cyngor Ffilm y DU Warp Films
Cwmni Dosbarthu [Y DU ac UDA]	Universal Pictures	United International Pictures (UIP) Focus Features [Yr UD]	Optimum Releasing (theatrical)
Cyllideb – miliynau [amcangyfrif]	$110m [tua £75m]	£30m	£1.5m
Penwythnos agoriadol yn UDA a'r DU yn unig / [Nifer o sgriniau]	$69,283,690 – UDA [5/8/07 – 3660 sgrin] Rhyddhau dirlawn £6,553,704 – y DU [19/8/07 – 458 sgrin] Rhyddhau dirlawn	$796,836 – UDA [9/12/07 – 32 sgrin] Rhyddhau cul £1,634,065 – y DU [9/9/07 – 411 sgrin] Rhyddhau dirlawn	$18,430 – UDA [29/7/07 – 1 sgrin] Rhyddhau cul £207,676 – y DU [29/4/07 – 62 sgrin] Rhyddhau cul
Website	www.thebourneultimatum.com	www.atonementthemovie.co.uk	www.thisisenglandmovie.co.uk
Awards won	Oscars ™ 2008: • Gorau am Gymysgu Sain • Gorau am Olygu Sain • Gorau am Olygu Ffilm BAFTAS 2008: • Gorau am Olygu • Sain Gorau • 6 enwebiad	Oscars 2008: • Sgôr Wreiddiol Orau • 7 enwebiad BAFTAS 2008: • Ffilm Orau • Cynllun Cynhyrchu Gorau • 14 enwebiad	Oscars 2008: • Dim emwebiadau BAFTAS 2008: • Ffilm Orau o Brydain • 2 enwebiad

TASGAU YN YMWNEUD Â CHYNHYRCHU

- Pa wybodaeth allwch chi ei chanfod am Universal Pictures a phwy sy'n berchen ar y cwmni?

- Beth ydych chi'n ei ddeall o'r termau 'conglomerad cyfryngol' ac 'integreiddio fertigol a llorweddol'? Sut maen nhw'n berthnasol i ddiwydiant ffilm Hollywood heddiw?

- Ymchwiliwch i ganfod pa fuddiannau ffilm a chyfryngol sydd gan y canlynol: Vivendi Universal, Time Warner, Sony, Viacom, Disney, News Corporation.

- Dilyniant adnabod dosbarthwr Universal Pictures sy'n agor *The Bourne Ultimatum* a *Atonement*. Pam hynny? Beth yw'r cysylltiadau rhwng cynhyrchu a dosbarthu'r ffilmiau hyn?

TASGAU YN YMWNEUD Â DOSBARTHU

- Sut mae'r tair ffilm yn defnyddio'u gwefannau swyddogol i ddenu cynulleidfaoedd?

- Archwiliwch raghysbysebion pob un o'r tair ffilm [ewch i wefan y Gymdeithas Dosbarthwyr Ffilmiau, www.launchingfilms.com i weld y rhaghysbysebion].

- Archwiliwch bosteri'r tair ffilm, a defnyddiwch y posteri a'r awgrymiadau ar t. 114.

- Beth a olygir gan 'ddarparu nwyddau' a 'gwerthu ymlaen' yng nghyd-destun DVDs?

- Sut mae gwobrau'n cael eu defnyddio gan y diwydiant ffilm a chan gynulleidfaoedd?

- Beth wyddoch chi am batrymau rhyddhau ffilmiau [er enghraifft, rhyddhau cul, platfform, eang a dirlawn?

Y Gymdeithas Dosbarthwyr Ffilmiau corff Prydeinig yw hwn yn cynrychioli cwmnïau amrywiol sy'n ymwneud â dosbarthu ffilmiau. Ceir data defnyddiol ar ei wefan [www.launchingfilms.com] y gallwch eu defnyddio i astudio ffilmiau, yn cynnwys ystadegau'r swyddfa docynnau, ynghyd â rhaghysbysebion ffilmiau i'w llwytho i lawr a micro wefan [www.launchingfilms.tv] sydd â fideos arni o bobl o'r diwydiant yn trafod eu rôl ym maes dosbarthu ffilmiau.

TASG

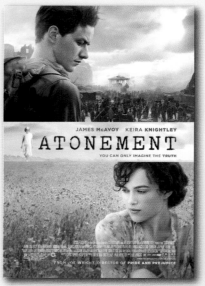

Archwiliwch sut mae'r posteri hyn yn defnyddio *genre*, sêr neu ddelweddau eraill i ddenu cynulleidfaoedd. Ystyriwch rôl y canlynol:

- Delweddau.

- Cynllun a dyluniad.

- Y math o deip.

- Y defnydd o liw.

- Yr iaith a'r dull cyfarch.

Chwiliwch i weld a allwch ddod o hyd i fersiynau gwahanol o'r posteri ar gyfer y ffilmiau – mae fersiynau gwahanol ar gyfer *The Bourne Ultimatum* a *Atonement*. Eglurwch pam y tybiwch chi i bosteri gwahanol gael eu creu.

TASGAU YN YMWNEUD AG ARDDANGOS

- Mae ffilmiau'n dal i gael eu harddangos yn y sinema [gelwir hyn yn 'ryddhau theatraidd']. Weithiau, nodir bod y rhyddhau theatraidd ar ffilm yn gweithredu fel hysbyseb i werthiant DVDs, gemau a nwyddau eraill. Allwch chi ddod o hyd i enghreifftiau? I ba raddau rydych chi'n cytuno?

- Mae rhai sinemâu'n defnyddio taflunyddion digidol yn hytrach na dangos printiau [drud] o ffilmiau. Beth yw manteision ac anfanteision arddangos digidol? Ydych chi'n credu y gallai sinemâu droi'n sgriniau teledu anferthol sy'n defnyddio lloerennau i ddarlledu ffilmiau diweddar? Ewch ati i ddarganfod cymaint ag y gallwch am y syniadau hyn.

- Ym mha ffyrdd y mae mathau eraill o arddangos – sinemâu cartref, llwytho i lawr oddi ar y rhyngrwyd – yn newid arferion gwylio?

Llyfryddiaeth

Hayward, S. (2006), *Cinema Studies*, Routledge: Llundain

Neale, S. (1980), *Genre*, BFI Publishing: Llundain

Cylchgronau

Naomi Hodkinson

Mae'r adran hon yn archwilio tri chylchgrawn ac yn eu defnyddio i edrych ar *genre*, naratif a chynrychioli. Bydd hefyd yn edrych ar y berthynas rhyngddynt ac yn adeiladu ar eich dealltwriaeth drwy ganolbwyntio ar y testunau. Y teitlau y byddwn yn eu harchwilio yw *Total Film*, *Grazia* a *2000 AD*. Fodd bynnag, cyn inni ganolbwyntio ar destunau neilltuol, bydd angen ichi fod yn gyfarwydd â'r derminoleg gyfryngol sy'n berthnasol i gylchgronau, bydd angen ichi ymchwilio'n fyr i gyflwr y diwydiant cylchgronau a safle pob teitl yn y diwydiant, a bydd angen ichi ddeall sut mae cylchgronau'n targedu eu cynulleidfaoedd ac yn apelio iddynt a sut mae gwahanol gynulleidfaoedd yn ymateb i wahanol gylchgronau.

Mae amrywiaeth eang o is-*genres* o gylchgronau – maent yn cynnwys cylchgronau dull o fyw, comics a rhifynnau ar-lein. I amlygu eu confensiynau a'u hapêl, ystyriwch sut maent yn wahanol i bapurau newydd. Mae'r ymdriniaeth mewn cylchgronau yn aml yn fwy manwl ond yn llai amserol. Rydych yn fwy tebygol o gael erthyglau nodwedd na newyddion caled. Tra bydd papur newydd yn ymdrin â'r stori o ddydd i ddydd, bydd cylchgrawn yn edrych ar y materion a'r bobl dan sylw ac yn eu disgrifio. Mae cylchgronau'n wythnosol, pythefnosol neu fisol tra bo papurau newydd yn ddyddiol ac yn ymdrin â phynciau o ddiddordeb cyffredinol i ardal ddaearyddol benodol. Rhywbeth dros dro yw papurau newydd, ond mae cylchgronau'n fwy parhaol: rydym yn eu cadw'n hwy, yn eu hailddarllen ac yn eu pasio ymlaen.
Yn bwysicach, mae cynnwys a chynulleidfa cylchgronau'n fwy arbenigol. Gellir cymharu hyn â'r gwahaniaeth rhwng teledu daearol a theledu cebl neu loeren: mae gan y sianelau prif ffrwd gynulleidfa eang ond mae'r sianelau cebl yn aml yn fwy arbenigol. Mae defnyddwyr cylchgronau'n gwerthfawrogi gwybodaeth sy'n cael ei thargedu'n benodol at eu hanghenion a'u diddordebau nhw.

Bydd angen ichi ymgyfarwyddo â chonfensiynau'r *genre* cylchgronau a defnyddio'r termau cyfryngol priodol. Ar y clawr, efallai y cewch chi: deitl, llinell hysbysebu, pris, dyddiad cyhoeddi, prif ddelwedd gyda deunydd angori, is-benawdau posibl, barrau ochr neu swigod hysbysebu cynnwys neu linellau clawr. Bydd gan y rhan fwyaf o gylchgronau dudalen gynnwys ac adran olygyddol, a bydd y rhan fwyaf yn cynnwys hysbysebion. Gall cylchgronau gael eu rhannu'n nifer o is-genres gwahanol hefyd.

Is-*genres*
– dosbarthiadau llai o *genre* mwy. Er enghraifft, mae dramâu ysbyty ac operâu sebon ill dau yn is-*genres* o ddrama deledu.

Cyhoeddiadau printiedig, wedi'u rhwymo, sy'n ymdrin yn drylwyr â storïau, a rheini'n aml yn storïau tragwyddol, yw cylchgronau. Gall eu cynnwys gynnig barn a dehongliad yn ogystal ag eiriolaeth. Cânt eu targedu at gynulleidfa arbenigol, sydd wedi'i diffinio'n glir, a chânt eu cyhoeddi'n rheolaidd, gyda fformat cyson. [Johnson a Prijatel, 1999, t. 13]

TASG

Mewn parau, ysgrifennwch gynifer o is-*genres* o gylchgronau ag y gallwch feddwl amdanynt, er enghraifft, 'hobïau'. Ewch ati i ganfod sut mae archfarchnadoedd neu siopau papurau newydd fel WH Smiths yn eu rhannu'n gategorïau.

Dadansoddi cylchgrawn: y clawr

Clawr cylchgrawn yw ei 'wyneb'. Caiff llyfrau eu gwerthu gyda dim ond y meingefn yn dangos, ac eithrio yn y siopau mwyaf, ond mae clawr cylchgrawn bob amser yn y golwg. Fel gyda phosteri ffilm a chloriau DVDs, gallwch ddweud drwy un edrychiad fel arfer a yw cylchgrawn yn apelio atoch chi. I ddeall sut rydych chi'n llunio'r farn honno, ystyriwch nifer o elfennau.

- Teitl y cylchgrawn: pa gysylltiadau y mae'n eu cyfleu? Mae *Nuts*, er enghraifft, yn awgrymu rhyw wallgofrwydd, ond hefyd wrywdod cwrs. Mae *Cosmopolitan* yn cyfleu rhywun sy'n gyffordus yn unrhyw fan yn y byd.

- Yr is-bennawd neu'r llinell hysbysebu? Gall fod cysylltiad rhwng y rhain â hunaniaeth y brand / yr arddull tŷ a gwerthoedd y teitl; a thrwy hynny â syniadau am y gynulleidfa darged. Ai cylchgrawn yw hwn i 'ddynion a ddylai wybod yn well' ynteu i 'fenywod sy'n jyglo'u bywydau'?

- Y ffontiau a'r lliwiau a ddefnyddir. Beth maen nhw'n ei awgrymu am hunaniaeth brand y teitl a'r gynulleidfa darged? Mae cylchgronau dynion fel *Zoo*, er enghraifft, yn aml yn defnyddio ffont goch, mewn prif lythrennau, gydag ymyl ddu neu aur efallai i wneud iddi ymddangos yn fwy solet a thrwm; tra bo cylchgronau i ferched yn eu harddegau fel *Mizz* yn fwy tebygol o ddefnyddio lliwiau pastel a ffontiau crwn, 'cyfeillgar'.

- Y brif ddelwedd: yn aml, menyw sy'n syllu i'r camera. Mae'r ffordd y caiff benyweidd-dra ei gynrychioli, fodd bynnag, yn amrywio'n helaeth rhwng is-*genres*. Ar rai cloriau, gall fod yn nwydus a deniadol, yn dangos llawer o gnawd i drem y gwryw; ar eraill, bydd yn gyfeillgar, ddim yn codi ofn, gyda gwisg gyflawn. Yn yr un modd, caiff gwrywdod ei gynrychioli mewn amryw o ffyrdd, o sêr Hollywood mewn siwtiau trwsiadus yn *Esquire*, i'r ddelwedd ddu a gwyn o ddyn anhysbys, wedi'i ddelfrydu, ar glawr *Men's Health*. Mae rhai teitlau'n ffafrio 'saethiadau paps' yn hytrach na pherffeithrwydd saethiadau stiwdio, ac ôl brwsh aer arnynt, sy'n dweud rhywbeth wrthych am eu genre, eu cynnwys a'u cynulleidfa.

- Y deunydd angori a'r llinellau clawr – bydd y rhain yn datgelu llawer am ideoleg y teitl a'r gynulleidfa darged. Pa fathau o storïau y mae'r cylchgrawn yn ymdrin â nhw? Sut mae'r dull cyfarch a'r rhagdybiaethau penodedig yn lleoli'r gynulleidfa? Ai merched ysgol ansicr, yn gwirioni ar fechgyn, dynion hoyw ffit a chanddynt dipyn o arian, ynteu ddefnyddwyr moesegol o oedran arbennig, ag ymwybyddiaeth wleidyddol, ydyn nhw?

- Gallai tactegau eraill amrywio o ddefnyddio sêr ac enwogion, i greu cyffro [cyfrifwch yr ebychnodau] a 'rhoddion am ddim' sydd ynghlwm wrth y clawr. Pa ffyrdd eraill y mae clawr y cylchgrawn yn eu defnyddio i geisio perswadio'r defnyddiwr i'w brynu?

TASG

Nodwch arddull tŷ *Total Film*, *Grazia* a *2000 AD*:

- Ym mha ffyrdd y mae'r cloriau'n debyg?

- Sut maen nhw'n wahanol?

Llinell hysbysebu – datganiad neu arwyddair bachog sy'n crisialu hanfod hunaniaeth brand. Mae cylchgronau'n defnyddio llinellau hysbysebu i gynnig cliwiau am yr hyn y maent yn ei gynrychioli, er enghraifft, 'for fun, fearless females!'

Is-bennawd – brawddeg eilaidd sydd ynghlwm wrth enw'r cylchgrawn. Mae'n dweud rhywbeth am ddelwedd y brand.

'Arddull tŷ' – mae a wnelo â syniadau am hunaniaeth y brand a'r dull cyfarch. Mae'n sicrhau parhad o ran iaith ac mae'n derm sy'n disgrifio arddull a llais unigol cylchgrawn.

'Saethiadau paps' – ffotograffau, o enwogion fel arfer, a gipiwyd yn oportiwnistaidd gan y *paparazzi*, ffotograffwyr ar eu liwt eu hunain.

Gweler Rayner et al., 2004: t. 27-39 am bennod ddefnyddiol ar ddadansoddi delweddau.

Dadansoddi cylchgrawn: rhwng y cloriau

Nawr, edrychwch ar y canlynol:

- Y tudalennau cynnwys – mae'r rhain yn cynnig nid dim ond trosolwg o'r erthyglau nodwedd ond hefyd ymdeimlad o hunaniaeth brand y teitl drwy'r dull cyfarch ac arddull y cynllun. Ydyn nhw wedi'u gosod yn ffurfiol a thraddodiadol; ynteu'n sgyrsiol a lliwgar, gan ddibynnu ar ddelweddau?

- Llythyr y golygydd – mae hwn yn rhan o hunaniaeth brand cylchgrawn a'i gysylltiad â'i gynulleidfa; mae'n gyffyrddiad personol. Pa ragdybiaethau y mae'n eu gwneud am y gynulleidfa sy'n cael ei thargedu?

- Taeniad dwy dudalen – dyma'r brif uned o hyd o ran cynllun cylchgronau, ond sut mae'n cael ei dylunio? Mae gridiau traddodiadol yn gweithio mewn fformat dwy neu dair colofn ac maent yn edrych yn ffurfiol, yn debyg i lyfr; efallai y byddai teitl mwy modern a dadleuol yn defnyddio llinellau llorweddol, modiwlaidd yn ogystal â'r grid fertigol traddodiadol, barrau ochr, testun yn amlapio o amgylch ffotograffau a delweddau sy'n toddi ar draws llinellau'r grid. Cymharwch gynllun tri chylchgrawn gwahanol.

- Yr hysbysebion – o ystyried cynulleidfaoedd tra arbenigol cylchgronau, mae'r hysbysebion y maent yn eu cario hefyd yn cael eu targedu'n benodol iawn. Edrychwch ar y gyfran o hysbysebion o'u cymharu â'r cynnwys a'r mathau o frandiau sy'n ymddangos. Beth maen nhw'n ei awgrymu am gynulleidfa darged y cylchgrawn yr ydych yn ei ddadansoddi?

Yn gyffredinol, mae'r diwydiant cylchgronau dan ddylanwad cyhoeddwyr mawr, gyda nifer fach o eithriadau hynod fel *The Big Issue* a *Private Eye*. Ymysg y prif gyhoeddwyr cylchgronau mae'r canlynol:

- IPC – mewn dwylo Americanaidd ac yn rhan o'r conglomerad cyfryngol mwyaf yn y byd, Time Warner, sydd hefyd yn cynnwys y darparwr rhyngrwyd AOL. Mae'r teitlau yn ei stabl yn cynnwys *Now*, *Nuts*, *Sugar*, *Marie Claire*, *Loaded*, *NME*, *TV Times*, *Woman's Weekly*, *Pick Me Up* ac *InStyle*.

- EMAP – arferai fod yn rym o bwys yn y diwydiant, ond gwerthodd ei fusnes cylchgronau i Bauer ym mis Rhagfyr 2007.

- Bauer – cwmni o'r Almaen y mae ei deitlau'n cynnwys *FHM*, *New Woman*, *Empire*, *Closer*, *Heat*, *More*, *Bella*, *Real*, *Spirit and Destiny*, *In the Know*, *Take a Break*, *That's Life* a *Grazia*.

- Condé Nast – yn y DU, mae teitlau Condé Nast yn cynnwys *Vogue*, *Easy Living*, *Glamour*, *Tatler*, *GQ* a *House and Garden*.

- The National Magazine Company [NatMags] – yn eiddo i Hearst, mae ei deitlau'n cynnwys *Good Housekeeping*, *Cosmopolitan*, *She*, *Prima*, *Zest*, *Country Living*, *Esquire*, *Best*, *Reveal* a *Men's Health*.

- Cylchgronau'r BBC – enghraifft dda o synergedd neu gyswllt masnachol rhwng testunau. Sgil-gynhyrchion o sioeau llwyddiannus yw llawer o deitlau'r BBC, felly mae ganddynt gynulleidfa'n barod. Maent yn cynnwys y *Radio Times*, cylchgrawn *Teletubbies*, *Dr Who Adventures*, *Gardeners' World*, *Top of the Pops* a *Top Gear*.

Mae llawer o deitlau cylchgronau masnachol poblogaidd yn rhai byd-eang a chânt eu cyhoeddi mewn gwahanol wledydd. Mae *FHM*, er enghraifft, yn cyhoeddi 28 argraffiad rhyngwladol ac mae gan *Cosmopolitan* 59 o argraffiadau ar draws y byd [hearst.com]. Mae'r globaleiddio hwn ar y diwydiant cylchgronau'n awgrymu bod cynhyrchwyr cylchgronau'n gwneud rhagdybiaethau stereoteipiol am eu cynulleidfaoedd. Mae'n ymddangos bod teitlau byd-eang, prif ffrwd, fel *Cosmopolitan* yn targedu cynulleidfa unfath ac, yn ôl pob golwg, mae'n cymryd bod y cynulleidfaoedd hynny i gyd yn meddwl yr un ffordd a'u bod am gael yr un pethau, er gwaethaf gwahaniaethau diwylliannol amlwg. Fodd bynnag, mae'r rhan fwyaf o deitlau'n ffynnu drwy gynnig cynnwys arbenigol i gynulleidfaoedd arbenigol.

Mae'r gynulleidfa i gylchgronau yn gwahanu'n gynyddol yn garfanau, gyda theitlau arbenigol fel *Trout and Salmon* neu *Your Caravan and You*. Hyd yn oed o fewn is-genres, mae'r cynulleidfaoedd yn rhanedig – er enghraifft, mae *Kerrang!* yn targedu cefnogwr cerddoriaeth gwahanol iawn i *Mixmag*. Mae gan deitlau cylchgronau gynulleidfa darged benodol, sydd wedi'i diffinio'n glir. Maent yn targedu'r cynulleidfaoedd hyn gyda dull cyfarch sy'n 'siarad eu hiaith' ac efallai y byddant yn cynnwys dehongliad dewisol y mae'r gynulleidfa darged yn debygol o gytuno ag ef. Mae'r darllenwyr hyn, sydd wedi'u diffinio'n fanwl, yn galluogi cyhoeddwyr i 'werthu' eu cynulleidfaoedd i hysbysebwyr sydd wedyn yn prynu gofod, a dyna sut y gwnânt y rhan fwyaf o'u harian.

Tan yn ddiweddar, roedd y diwydiant cylchgronau'n tyfu yn gyffredinol. Dros y blynyddoedd diwethaf, fodd bynnag, mae'n ymddangos nad yw'r diwydiant yn gwneud cystal ac mae ffigurau cylchrediad llawer o deitlau, yn enwedig cylchgronau misol a chylchgronau i ferched yn eu harddegau, yn dweud stori sy'n peri pryder i'r diwydiant. Dyfynnir Felix Dennis, cyhoeddwr blaenorol *Maxim*, yng nghylchgrawn yr *Economist* yn dweud ein bod yn gweld 'machlud haul hir ac araf i gylchgronau inc-ar-bapur' [29 Medi 2007].

Serch hynny, mae'r gystadleuaeth rhwng y prif gyhoeddwyr yn dal yn chwyrn. Mae teitlau newydd yn dal i gael eu lansio, ac mae'r rhan fwyaf o'r twf yn y teitlau mwyaf newydd [gydag eithriadau amlwg fel *Cosmopolitan*]. Mae angen i gylchgronau gadw i fyny â thechnolegau newydd: mae gan y rhan fwyaf ohonynt wefannau ac mae peth o leiaf o'u cynnwys ar gael i'w lwytho i lawr i ffonau symudol.

Mae cylchgronau'n cael eu cysylltu ag 'amser i fi' – maent yn rhywbeth i afael ynddo ac mae modd eu cludo o le i le mewn ffordd y mae'n anodd i deledu a chyfrifiaduron gystadlu â hi: gallwch eu mwynhau yn y gwely, yn yr ystafell ymolchi neu ar y bws.

Synergedd – mae'n golygu 'yn gweithio gyda'i gilydd' ac mae'n cyfeirio at y ffordd y mae gwahanol ganghennau o'r diwydiant yn cynnal ei gilydd ac o fudd i'w gilydd. Er enghraifft, gall un o ffilmiau Warner Bros. ddefnyddio cerddoriaeth gan fand ar label recordiau Warner Bros., a fydd yn rhyddhau'r trac sain CD/i'w lwytho i lawr.

ABCs – mae'r Biwro Archwilio Cylchrediad (*Audit Bureau of Circulations*) yn archwilio ffigurau cylchrediad pob cylchgrawn fesul rhifyn dros gyfnod o chwe mis. Mae hefyd yn dilyn hynt y gwerthiant i weld a yw'n cynyddu ynteu'n gostwng, ac yn cynnig gwybodaeth fuddiol arall i'r diwydiant am dueddiadau. Mae'r ffigur hwn yn golygu bod *Total Films* wedi gwerthu, ar gyfartaledd, 85,616 copi y rhifyn dros y chwe mis diwethaf.

Total Film,

Future Publishing, £3.80 y mis. ABCs: 85,616

Y rhifyn y cyfeirir ato yw Mawrth 08.

Dechreuwyd Future Publishing ar fwrdd cegin yng Nghaerfaddon ym 1985 ac erbyn hyn mae'n cynhyrchu 150 o gylchgronau ar draws y byd. Y rhai mwyaf yw *Xbox 360*, *Total Film*, *T3*, *Official Playstation2*, *Digital Camera*, *Classic Rock*, *Total Guitar* a *Fast Car* [*The Guardian*, 30 Tachwedd 2007]. Future hefyd sydd â'r drwydded gylchgronau swyddogol oddi wrth Microsoft, Sony, Disney a Nintendo i gyhoeddi teitlau fel *Official Nintendo Magazine*. Mae'r cysylltiadau hyn â chwmnïau technoleg newydd yn cydgysylltu â syniadau am gynulleidfaoedd targed a synergedd. Caiff dros 100 o argraffiadau rhyngwladol o gylchgronau Future eu cyhoeddi mewn 30 o wledydd ar draws y byd [http://www.futureus-inc.com/].

Mae *Total Film* yn cynnwys adolygiadau o ffilmiau newydd ond mae hefyd yn dathlu hen rai ac yn darparu rhestrau o, er enghraifft, '100 chwaraewr uchaf Hollywood' neu 'seintiau a phechaduriaid y sinema'. Mae i'r cylchgrawn fformat a dyluniad hynod o gyson. Byddwch wedi sylwi:

- Ar y clawr – erthyglau nodwedd a nodir yn llinellau'r clawr.

- Plus – yr adran ar erthyglau nodwedd nad ydynt i'w gweld ar y clawr.

- Buzz – newyddion a chlecs am fyd y ffilmiau.

- Lounge – newyddion ac erthyglau nodwedd am adloniant cartref.

- Mae pob rhifyn yn dechrau â chynlluniwr sy'n rhoi arweiniad i ffilmiau'r mis a fforwm o lythyrau'r darllenwyr, ac yn gorffen â chwisiau a chystadleuaeth yn ymwneud â ffilmiau..

Ar wefan Future Publishing, disgrifir *Total Film* fel 'vibrant, funny and accessible, mixing A-list glitz with indie attitude, instant hits with timeless classics'. Llythyrau gan ddynion a geir gan mwyaf yn yr adran fforwm ac mae'r hysbysebion fel pe baent yn atgyfnerthu'r syniad mai cylchgrawn sy'n cael ei dargedu'n bennaf at gynulleidfa wryw, addysgedig ac ifanc yw *Total Film*. Mae'r rhan fwyaf o'r hysbysebion yn cynnal y diwydiant ffilm: mae'r adwerthwyr DVDs Zavvi, HMV a Play yn ymddangos yn aml, ynghyd â hysbysebion am gemau, teclynnau, technoleg, a cheir a chwrw o bryd i'w gilydd, a gwelir llinellau ffôn pornograffig wedi'u cynnwys yn gynnil yn y cefn.

Mae'r dull cyfarch yn *Total Film* yn chwareus, gwrywaidd ac ifanc: mae 'Indy Lego plot hunt!' yn erthygl nodwedd sy'n ceisio gweithio allan beth yw plot *Kingdom of the Crystal Skull's* [2008] sydd ar fin cael ei rhyddhau drwy edrych ar saethiadau cynnar o gynlluniau Lego ar gyfer y nwyddau cysylltiol. Mae'r cylchgrawn yn llwyddo i osgoi bod yn rhy arbenigol na rhy 'lancaidd' yn ei ddull cyfarch drwy ddefnyddio tôn bendant a gwybodus ond anffurfiol. Er enghraifft, mae'r deunydd angori am luniau ffilm llonydd yn aml yn ddigri, yn gwneud hwyl ac weithiau yn ddigywilydd. Ym mis Mawrth 2008, mae'r deunydd angori am ddelwedd ddifrifol iawn o'r enillydd Gwobr Academi Daniel Day-Lewis yn *There Will Be Blood* [2007] yn cellwair ei fod yn tynnu'n oriog ar ei sigarét i guddio'r ffaith ei fod yn pigo'i drwyn. Mae *Total Film* yn amlwg yn lleoli'i gynulleidfa fel selogion ffilmiau ifanc, gwybodus, sydd â synnwyr digrifwch.

Mae'r portreadau stereoteipiol o'r ddau ryw yn *Total Film* yn adlewyrchu'r gogwydd yn niwydiant ffilmiau prif ffrwd Hollywood. Mae'r cylchgrawn yn ffafrio actorion a chyfarwyddwyr gwryw sydd â dawn a *gravitas* ond mae hefyd yn achlysurol yn cynnwys cyfweliadau gydag actoresau [arbennig o ddeniadol a rhywiol]. Er enghraifft, ym mis Mawrth 2008 mae'n cynnwys cyfweliad gyda Katherine Heigl: 'I want to showcase my creativity... not just my bra size'. Fodd bynnag, mae proffiliau cynulleidfa'r cylchgrawn yn awgrymu nad yw'r portreadau stereoteipiol hyn yn gwneud i ddarllenwyr benyw ymwrthod ag ef yn llwyr. Honna'r cylchgrawn fod 25% o'i ddarllenwyr yn fenywod. Efallai mai'r rheswm am hyn yw ei fod yn canolbwyntio mwy ar ffilmiau yn hytrach nag ar ddathlu agweddau 'llancaidd' fel y gwna cylchgrawn mwy traddodiadol i ddynion fel *Zoo*.

Mae Future Publishing yn gwerthu'r gynulleidfa hon i'w hysbysebwyr mewn amryw o ffyrdd. Mae'n honni mai'r ddemograffeg gyfartalog yw 75% yn wrywod, a 26 oed. Mae'r proffil seicometrig yn disgrifio darllenwyr *Total Film* fel 'selogion ffilmiau' a'r 'cyntaf yn y ciw ar y noson agoriadol', sydd 'wrth eu bodd yn gwneud sioe o'u gwybodaeth am ffilmiau o flaen eu ffrindiau' [http://www.future-advertising.co.uk/ads/portfolio/print.jsp?brand=18&print=30].

Yn eich dadansoddiad o *Total Film*, gallech ystyried hefyd sut mae sêr ac enwogion yn cael eu defnyddio mewn cylchgronau. Caiff sêr eu creu gan y diwydiant: nwyddau ydyn nhw. Gallech archwilio sut a pham y caiff sêr ac enwogion eu defnyddio a gallech gysylltu hyn â syniadau am ddelwedd sêr. Mae Richard Dyer yn awgrymu mai hunaniaeth sy'n cael ei chreu a'i chyfryngu yw delwedd sêr, a'i bod yn cael ei diffinio gan ei chyd-destun hanesyddol a'i diwylliant. Mae ei ymdriniaeth ef yn ystyried sut caiff delweddau sêr eu ffurfio gan ideoleg a systemau cred y gymdeithas y crëir nhw ynddi, a sut maen nhw'n adlewyrchu'r ideoleg a'r systemau cred hynny. Maen nhw nid yn unig yn ddeniadol a dawnus; rhaid hefyd iddynt fod yn arwyddocaol mewn rhyw ffordd yn ddiwylliannol.

TASG

Beth mae defnydd *Total Film* o sêr yn ei awgrymu am y berthynas symbiotig rhwng y cylchgrawn, y diwydiant ffilm, y sêr eu hunain a'r gynulleidfa?

Mae sêr yn arwyddocaol yn ddiwylliannol gan eu bod yn cynrychioli gwerthoedd ac agweddau diwylliannol sy'n cael eu rhannu.

Perthynas symbiotig
– mae synergedd mewn diwydiant yn berthynas symbiotig; mae gwahanol ganghennau o'r diwydiant yn ennyn, yn cefnogi ac dibynnu ac elwa y naill ar y llall.

Grazia,

EMAP [Bauer], £1.90 yr wythnos. ABCs: 227,083

Y rhifyn y cyfeirir ato yw 11 Chwefror 08.

Lansiwyd *Grazia* yn wreiddiol yn yr Eidal ym 1938. Mae'n eiddo i brif gyhoeddwr yr Eidal yn y farchnad, Mondadori, a dyma gylchgrawn sgleiniog wythnosol mwyaf poblogaidd yr Eidal a'r DU. Ar ôl cychwyn araf o ran denu hysbysebwyr brandiau moethus, mae *Grazia* erbyn hyn yn cario hysbysebion sgleiniog gan D&G, Gucci, Louis Vuitton, Emporio Armani a llu o frandiau dylunwyr eraill. Roedd rhifyn 11 Chwefror 2008 yn cario 47 tudalen o hysbysebion ar draws 149 o dudalennau.

Gwariodd EMAP Consumer Media [er bod *Grazia* erbyn hyn yn eiddo i Bauer] yn ddiarbed ar lansio *Grazia* yng ngwanwyn 2005. Gwariodd £8 miliwn yn y flwyddyn gyntaf a chyfanswm o £16 miliwn yn y tair blynedd gyntaf. Mae'r gwerthiant ar gynnydd. Dywed y Biwro Archwilio Cylchrediad [ABC] fod *Grazia* yn gwerthu 227,083 copi dros y cownter bob wythnos – mwy nag y mae *Vogue* yn ei werthu mewn mis. O ran cyfaint, mae'n gwerthu mwy na'r arweinydd yn y farchnad, *Glamour*, sydd ag ABC misol o 550,066. Ond os yw *Grazia* mewn gwirionedd yn cael ei ddarllen gan fenywod pen ucha'r farchnad, fel y mae'n honni, pam mae'n codi llawer llai am hysbysebu [llai na hanner] na chylchgronau ffasiwn eraill fel *Glamour* a *Vogue*?

Gellid dadlau bod *Grazia* yn torri tir newydd gan iddo greu cymysgedd generig newydd 'newyddion a sgidiau'. Fel cylchgrawn sgleiniog wythnosol cyntaf Prydain [nes i *Grazia* gael ei lansio, roeddent i gyd yn gylchgronau misol], mae'n cyfuno ffasiwn o'r radd flaenaf gyda straeon am enwogion rhestr A [y cyfeirir atynt fel cyfweliadau a darnau dull o fyw] ac elfennau o fywyd go iawn. Mae *Grazia* yn llwyddo i fod yn gyfoes drwy fod yn wythnosol ar adeg y mae cylchgronau wythnosol yn ffynnu a chylchgronau misol yn gyffredinol yn ei chael hi'n anodd. Un o'i linellau hysbysebu yw 'a lot can happen in a week!'. Mae'n creu cymysgedd clyfar o *genres* poblogaidd: mae'n gyfoes yn y ffordd y mae'n mopio ar enwogion ond yn hen-ffasiwn yn y ffordd y mae'n canolbwyntio ar ddiddordebau 'traddodiadol' menywod. Awgryma *Observer Woman* fod *Grazia* yn 'tapio seice menywod Prydain' [11 Mawrth 2007].

Mae *Grazia* yn cynnig pleserau naratif i'w ddarllenwyr drwy lunio naratifau am enwogion rhestr A: mae llinellau clawr fel '*Victoria to adopt baby girl?*' neu '*Zahara's family want her back!*' yn creu cyffro neu enigma. Caiff naratif ei greu yn yr erthyglau nodwedd; er enghraifft, mewn stori am 'siwrnai bersonol' menyw ar ôl i'w gŵr farw pan nad oedd hi ond 35 oed. Gellir canfod naratif hefyd yn fformat a strwythur cyfarwydd y cylchgrawn, gyda'i gynllun arddull cyson a'i nodweddion rheolaidd. Mae'r cyferbynnu deuaidd cynt / wedyn i'w ganfod yn yr hyrwyddo materyddol ar ddillad a chosmetigau: mae'n debyg bod masgara sy'n diffinio blew'r amrannau yn 'hanfodol' ac y bydd yn newid eich bywyd! Nodir newidiadau tymhorol hefyd a chânt eu hadlewyrchu yn y ffasiynau.

Mae *Grazia* yn fwy hygyrch i'r fenyw ifanc nodweddiadol sydd â diddordeb mewn ffasiwn na chylchgronau ffasiwn eraill oherwydd, er gwaethaf ei ddelwedd brand drud, mae'n dangos dillad gan gwmnïau cyfarwydd y stryd fawr fel Peacock a Primark yn ogystal â brandiau dylunwyr. Mae'r arddull tŷ yn sgyrsiol, ond mae'n cynnwys rhai erthyglau newyddion caled a dull cyfarch graenus, sgleiniog, sydd efallai'n awgrymu bod gan *Grazia* 'gyfran uwch o ddarllenwyr ABC1 nag unrhyw gylchgrawn arall i fenywod ar wahân i *Tatler* a *Harper's Bazaar*' [*Independent*, 21 Awst 2006]. Y ddelwedd ar y clawr yn aml yw Victoria Beckham, er bod *Grazia* hefyd yn ffafrio'r actores Angelina Jolie a'r fodel Kate Moss.

TASG

Chwiliwch am gerdyn cyfraddau hysbysebu Bauer. Faint mae *Grazia* yn ei godi am dudalen liw lawn a sut mae hyn yn cymharu â *Heat* a *More*?

TASG

Cymharwch rifyn o *Grazia* â rhifyn o deitl arall i fenywod fel *Look* gan IPC.

• Beth sy'n debyg a beth sy'n wahanol yn yr arddull tŷ a'r dull cyfarch?

Gallech ddosbarthu cynulleidfa *Grazia* mewn sawl ffordd. Er enghraifft, drwy ddadansoddi'r cloriau, erthyglau nodwedd, hysbysebion a chynllun cyffredinol yr arddull, gallwch weithio allan broffiliau'r darllenwyr [er enghraifft, drwy archwilio i ba raddau y caiff lleiafrifoedd ethnig a phobl dros 40 oed eu cynrychioli]. A allwn ddefnyddio '4C' Young a Rubicam yma ac ym mha ffyrdd y gallai'r model Defnyddiau a Boddhad fod yn ddefnyddiol i'n helpu i ddeall pam mae pobl yn darllen *Grazia*?

Fel y gwyddoch, mae'r theori Defnyddiau a Boddhad yn awgrymu ein bod yn defnyddio'r cyfryngau i foddio pedwar prif angen [gweler yr adran flaenorol ar ymatebion cynulleidfaoedd, t. 52]. Sut gallai *Grazia* ddiwallu'r anghenion hyn i wahanol gynulleidfaoedd?

Llinellau clawr – maent yn ymddangos ar glawr cylchgrawn. Maent yn cyhoeddi erthyglau nodwedd neu maent yn gysylltiedig â themâu sy'n ymddangos yn y cylchgrawn.

Creu cyffro – defnyddio geiriau ac iaith i ysgogi ymateb emosiynol yn y darllenydd.

Gweithiai Young a Rubicam ym myd marchnata a dosbarthwyd cynulleidfaoedd ganddynt yn eu system nodweddion defnyddwyr '4C' yn ôl yr anghenion sy'n eu symbylu a'u gyrru. Edrychwch ar http://www.4cs.yr.com/global/ i ganfod sut mae Young a Rubicam yn stereoteipio cynulleidfaoedd.

Caiff hawliau eiddo deallusol eu cwmpasu gan ddeddfau hawlfraint ac maent yn gwarchod perchenogaeth ar syniadau.

2000 AD,

£1.90 yr wythnos. ABCs 20,000 yn fras

Y rhifyn y cyfeirir ato yw 23 Ionawr 08.

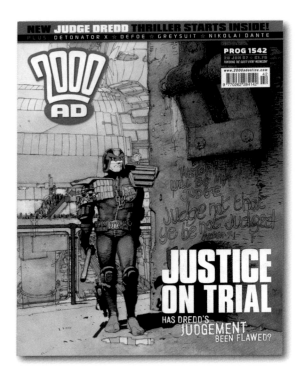

Ymddangosodd *2000 AD* yn y 1970au hwyr, cyfnod pan oedd pyncs yn eu bri, a chomics plant traddodiadol fel *Wizard* a *Hotspur* yn colli darllenwyr. Câi ei gyhoeddi'n wreiddiol gan IPC / Fleetway, yna Egmont, ond erbyn hyn mae'n eiddo i Rebellion ac yn cael ei gyhoeddi ganddo. Mae Rebellion yn berchen ar hawliau eiddo deallusol ac yn adnabyddus hefyd am ddatblygu gemau cyfrifiadur fel *Alien vs. Predator*. Mae *2000 AD* yn sefydlog ac yn tyfu, er mai ffiniol yw ei elw fel rhan fach o ddiwydiant mwy sy'n cynnwys nofelau graffig a gemau. Ychydig iawn o hysbysebion y mae'n eu cario: un am nwyddau *2000 AD* efallai ac un am gomics neu gemau fideo tebyg ar y dudalen ôl.

Mae *genre 2000 AD* yn anodd ei ddiffinio oherwydd mae'n cynnwys elfennau o nifer o *genres*, yn cynnwys rhyfel, ffuglen wyddonol ac antur / llawn mynd.

TASG

Ym mha ffyrdd y mae comic yn wahanol i gylchgrawn? Ystyriwch y canlynol:

• Codau a chonfensiynau comics, fel fframio, effeithiau sain onomatopëig a swigod siarad o wahanol siapiau.

Penarglwyddiaeth – mae gwreiddiau penarglwyddiaeth yn theori Marcsaeth. Mae'n cyfeirio at y rheolaeth gymdeithasol a diwylliannol sydd gan yr elît ac aelodau breintiedig o gymdeithas dros eu cyfoedion. Mae darlun penarglwyddiaethol yn derbyn bod anghydraddoldebau grym sylfaenol rhwng grwpiau cymdeithasol.

Mae *2000 AD* yn cynnwys pum stribed comig gwahanol yr wythnos. Judge Dredd yw'r unig un cyson ac mae eraill, fel Strontium Dog, yn mynd a dod. Er bod pob stori'n hunangynhaliol i raddau, caiff y stribedi eu cyfresu ym mhob rhifyn ac maent yn aml yn gorffen gyda stori min dibyn.

Yn gyffredinol, mae'r cymeriadau a bortreadir yn ymosodol, *macho*, eironig, gwryw a gwyn. Mae'r lleoliadau fel arfer yn dywyll, ôl-apocalyptaidd, dystopaidd a dyfodolaidd, sy'n ddolen gyswllt â'r *genre* ffuglen wyddonol. Gallem feirniadu *2000 AD* am y cynnwys treisgar a'r ffordd y mae'n portreadu menywod. Gallai'r diffyg cymeriadau benyw mewn rhai rhifynnau ohono'i hun gael ei ystyried yn bortread negyddol. Mae ideoleg y comig yn benarglwyddiaethol, er ei fod yn lleoli'r gynulleidfa mewn ffyrdd sy'n croes-ddweud ei gilydd. Nid yw'r cymeriadau'n ddu a gwyn a gall fod yn anodd gwybod pwy i'w gefnogi. Plismon [Judge Dredd] yw'r cymeriad mwyaf treisgar, felly mae *2000 AD* yn annog darllenwyr i 'ddatgodio'r testunau amrywiol mewn ffyrdd cymhleth a, thrwy hynny, lunio eu barn eu hunain am amryw o faterion cymdeithasol a gwleidyddol' [http://medal.unn.ac.uk/casestudies/dredd.htm].

Gellid dadlau bod *2000 AD* yn rhagarwyddo tueddiadau drwy barodi a dychan gwleidyddol. Ymysg y storïau a fu cyn hyn roedd un am sioe o'r enw *Sob Story* yn *Mega City One* [tref gartref ôl-apocalyptaidd Judge Dredd] lle mae pobl yn achwyn a chwyno am eu bywydau yn y gobaith y gwnaiff y gwylwyr roi arian iddynt: tybed a oedd hyn yn rhagweld poblogrwydd rhaglenni 'realiti' yn ddiweddar, lle gwelir pobl sy'n barod i wneud unrhyw beth fwy neu lai i gael ychydig o arian neu i fod yn enwog am ennyd. Roedd stribed arall mewn rhifyn blaenorol, y 'Militant League of Fatties', yn parodïo'r syniad o 'hawliau pobl dew', er bod y 'fatties' milwriaethus, wrth gwrs, yn y pen draw yn rhy ordew i gyflawni llawer. Efallai fod y naws wybodus, ddychanol hon yn apelio at gefnogwyr y cylchgrawn gan ei bod yn rhagdybio bod ganddynt eu barn wleidyddol eu hunain. O ystyried natur hyblyg a chyfnewidiol y dehongliadau dewisol, mae *2000 AD* yn herio'i ddarllenwyr ac nid cylchgrawn i blant yn unig mohono.

Golygydd ffuglennol *2000 AD* yw Tharg the Mighty, a'i gyfarchiad arferol yw 'The Mighty One speaks! Borag Thungg, Earthlets!' Mae'r dull cyfarch idiosyncratig hwn yn rhan o apêl y comic: mae deall yr iaith yn un o'r pleserau a gynigir gan y testun a gallai annog y gynulleidfa i uniaethu ag ef. Mae 'Zarjaz', er enghraifft, yn golygu da neu cŵl. Mae'r comic yn cynnwys llawer o jôcs mewnol hunanymwybodol a chyfeiriadau rhyngdestunol: mewn un stribed, gelwir 'Kingdom', y ci-filwr arwrol yn Gene the Hackman, ar ôl yr actor ffilm Americanaidd. Cawr forgrug yw ei elynion ac mae'n cyfeirio atynt fel 'Them', cysylltiad rhyngdestunol â'r 'ffilm angenfilod' o'r un enw o 1954.

 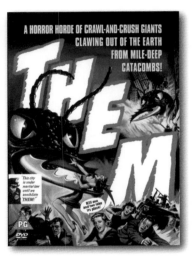

Mae cefnogwyr *2000 AD* yn arbennig o deyrngar. Mae gan y comic ei ffansîn ei hun, *Zarjaz*, ac mae demograffeg darllenydd nodweddiadol *2000 AD* wedi heneiddio law yn llaw â'r comic ei hun.

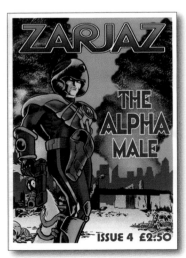

TASG

Edrychwch ar gopi o *2000 AD*:

- Pwy yw ei brif gynulleidfa darged?

- Sut gellid cymharu'r gynulleidfa darged hon â chynulleidfa darged *The Beano*? Cymharwch rifyn o'r naill a'r llall.

TASG

Ymchwiliwch i'r cynrychioli yn *2000 AD*.

- Gan ganolbwyntio ar dri stribed neu dair stori benodol, cymharwch y portreadau o arwriaeth.

- Eglurwch sut mae troseddu, y gyfraith a'r heddlu yn cael eu cynrychioli yn Judge Dredd.

TASG ESTYN

- Archwiliwch y ffyrdd y mae *2000 AD* yn atgyfnerthu neu'n herio cynrychioliadau nodweddiadol o wrywdod.

DC Comics
mae hwn yn un o'r cwmnïau comics hynaf yn y byd. Rhoddodd inni *Batman*, *Superman*, *Wonder Woman* a llawer rhagor o gymeriadau.

Er bod arddull a hiwmor hynod o Brydeinig *2000 AD* yn cau'r drws ar rai cynulleidfaoedd rhyngwladol efallai, mae'n boblogaidd yn yr UD, Awstralia a Seland Newydd - yn gyffredinol, yn unrhyw le lle ceir siaradwyr Saesneg. DC Comics sy'n berchen ar yr hawliau cyhoeddi i *2000 AD* yng Ngogledd America. Mae wedi arwain at amryw o ffilmiau a gemau cyfrifiadur: nid dim ond *Judge Dredd* [1995], ond ymddangosodd rhag-ffilm gomig i *Shaun of the Dead* [2004] yn rhifyn 1384 [Ebrill 2004], wedi'i hysgrifennu gan awduron y ffilm, Simon Pegg ac Edgar Wright. Mae Rebellion wedi datblygu gemau fel *Rogue Trooper* [Eidos], a enillodd ddwy BAFTA ac sydd wedi'i seilio ar gymeriad o *2000 AD*. Felly, mae *2000 AD* yn frand byd-eang.

Heddiw, caiff *2000 AD* ei ddosbarthu'n llai eang na llawer o gomics eraill er ei fod i'w gael yng nghanghennau mwy archfarchnadoedd a WH Smiths. Gellir archebu ôl-rifynnau ar-lein ac maent yn cael eu cadw i'w gwerthu mewn siopau arbenigol i gasglwyr a chefnogwyr, yn hytrach na'u bod yn cael eu tynnu oddi ar y farchnad a'u dychwelyd i'r dosbarthwyr fel y rhan fwyaf o gyfnodolion. Pan ddaw rhifyn newydd o *Total Film* neu *Grazia* ar werth, mae'r hen rai'n cael eu dinistrio neu eu dychwelwyd a dim ond am y copïau a werthwyd y mae'r adwerthwr yn gorfod talu. Mae statws cwlt *2000 AD* a'r dosbarthiad cymharol fach yn golygu nad y dulliau marchnata traddodiadol yw'r mwyaf effeithlon o reidrwydd. Y dyddiau hyn, caiff ei farchnata gan mwyaf ar y rhyngrwyd ac ar lafar, gan fod ei ddarllenwyr mor deyrngar a hirsefydlog, er bod Rebellion hefyd yn mynd i gynadleddau comics a ffilm.

I Gloi

Ers i gylchgronau ddod yn boblogaidd dros gan mlynedd yn ôl – diolch i'r ffaith fod gan y dosbarth canol llythrennog, a oedd ar gynnydd, fwy o amser hamdden, ac i dechnoleg argraffu ratach, golau trydan a gwell dosbarthu – maent yn aml wedi cael eu gwneud yn fwch dihangol fel elfennau eilradd o ddiwylliant poblogaidd. Gellir cysylltu'r panig moesol ynglŷn â'r 'comics ceiniog' yn oes Victoria a chomics arswyd treisgar y 1940au a'r 1950au â'r trafodaethau hyn ynglŷn â diwylliant poblogaidd a gwerth cynhenid comics a chylchgronau. Yr ensyniad yw y gallai cynnwys comics fel *2000 AD* gael effaith andwyol ar gynulleidfaoedd. Er ei bod yn anodd dilysu na gwrthbrofi'r awgrymiadau hyn, efallai eich bod wedi dysgu o'ch astudiaethau eich hun fod cynulleidfaoedd yn gallu canfod eu dealltwriaeth eu hunain a dehongli eu hystyron eu hunain o destunau cyfryngol.

TASG GRYNHOI

Ystyriwch y tri chylchgrawn a drafodwyd yn yr adran hon. Sut maen nhw'n marchnata a hyrwyddo eu hunain mewn ffyrdd gwahanol? Efallai yr hoffech ystyried y canlynol

- Lansiadau.

- Marchnata a hysbysebu.

- Pecynnau ar gyfer y wasg a'r cyfryngau.

- Rhoddion am ddim a chystadlaethau.

- Gwasanaethau symudol.

- Cynigion tanysgrifio.

- Gwefannau a safleoedd i gefnogwyr.

- Confensiynau.

Sut mae'ch dewis destunau yn denu eu cynulleidfaoedd?

Naratif

Fel gyda phob stori, mae cyfres o enigmâu ac atebion yn helpu i symud y naratif ymlaen. Yr enigmâu allweddol i'w datrys yw:

- Ymhle gallwch chi ddod o hyd i gariad gwirioneddol?

- A ddylech roi'r gorau i'ch gyrfa er mwyn cariad?

Wrth i'r naratif ddatblygu, ceir atebion drwy ficrogwestiynau fel: Pwy yw hi? [Cawn glywed – 'the most famous...'.] Oddi wrth bwy y mae hi'n rhedeg? [Gwelwn y *paparazzi*... ac felly ymlaen.] Mae'r troslais gwryw anghynefin yn help i adrodd y naratif o safbwynt yr arwr gwryw ac felly mae'n gwneud inni uniaethu â'r naill gymeriad a'r llall. Caiff amser a gofod eu newid yn gyflym wrth inni symud o strydoedd Efrog Newydd i do croglofft ac yna'n ôl i'r carped coch. Mae'r rhain yn debyg i'r lleoliadau a'r *mise-en-scène* a welir yn *Moulin Rouge*.

Mae'r hysbyseb yn agor gyda chydbwysedd cychwynnol y person enwog sy'n cael ei herlid. Mae'r golygu *montage*, y lliw monocrom a'r onglau camera anarferol yn cyfleu ei bod yn ffoi. Y tarfiad yw ei bod hi, wrth redeg i ffwrdd oddi wrth y *paparazzi*, yn mynd i mewn i dacsi lle mae'n canfod dyn ifanc deallusol [mae'n darllen!] nad yw'n gwybod pwy yw hi am ei fod ar goll yn ei lyfrau. Mae hi'n dianc, yn dweud 'drive' a chânt berthynas fer lle mae hi'n ymgilio o'i bywyd yn llygad y cyhoedd i fod yn ferch gyffredin. Yna, mae'r impresario / ysgrifennydd sy'n ei rheoli [rôl y tad] a'i chariad yn dweud wrthi mai i'w chyhoedd y mae ei dyletswydd. Mae'n derbyn ei ffawd ac yn dychwelyd i'r carped coch. Y cydbwysedd newydd yw mai hi sy'n rheoli ei henwogrwydd bellach – mae'r cof am y funud honno o ddihangfa, y 'cyfarfyddiad byr' hwnnw, ganddi am byth. Mae'n edrych yn ôl i weld arwydd Chanel ar y to gyda'r dyn ifanc yn hongian oddi ar y siâp lleuad gilgant. Mae lens y camera'n tynhau ar y tlws sy'n hongian i lawr ei chefn noeth, modrwy [ddiemwntau] gyda logo No. 5 y tu mewn iddi. Wrth iddi edrych yn ôl dros ei hysgwydd, yr argraff a gawn yw bod hyd yn oed seren byd y ffilmiau o fewn cyrraedd.

Y neges ideolegol a gyflëir yn yr hysbyseb yw bod cariad yn bosibl, ni waeth pa mor annhebygol y mae'n ymddangos o dan yr amgylchiadau. Caiff y foment ddiflanedig hon ei chofio drwy 'ei chusan, ei gwên a'i phersawr'. Y neges hefyd yw bod gan bawb gyfrifoldebau ac weithiau fod rhaid aberthu er mwyn cyflawni'r rheini. Mae'r llinell apêl hon yn amlwg drwy'r dull cyfarch. Mae'r cyferbynnu deuaidd sy'n helpu i gyfleu'r ystyron hyn a datrys y naratif ffuglennol wedi'u seilio ar:

- Fod â rheolaeth, neu ddiffyg rheolaeth.

- Y gwrthdaro rhwng bywyd personol a bywyd cyhoeddus.

- Y gwahaniaethau rhwng y cyfoethog a'r tlawd.

- Bod yn berson enwog neu'n berson cyffredin, y gwrthdaro rhwng dyletswydd ac emosiwn.

Y credoau [ideolegau] trech sy'n cael eu [hail]sefydlu yw'r rheini'n ymwneud â dyletswydd a chyfrifoldeb ond, hefyd, i'r fenyw sy'n gweithio, fod gyrfa, glamor a rhamant yn bosibl. Ond a yw'r datrysiadau hyn wedi'u seilio mewn realiti?

Cynrychioli

Mae cymeriad Kidman yn symud drwy dri chynrychioliad. Yn gyntaf, y seren / merch enwog hardd sy'n cael ei herlid, a gyflëir drwy ffrog fflownslyd binc stereoteipiol, dros ben llestri, gyda'i gwallt yn ffluwch wrth iddi redeg, sy'n dangos i gymaint graddau y mae ei statws fel yr actores enwocaf y tu hwnt i'w rheolaeth hi. Crëir y stereoteip gan y gwallt melyn a'r ffrog binc, sydd eto'n adleisio *Moulin Rouge*, rhyw olwg Sinderela Disney. Mae'n stereoteip clasurol a byddai'r gynulleidfa'n ei adnabod yn hawdd. Mae'n dal yn ddelwedd bwerus, ond yn un a welwyd dro ar ôl tro mewn testunau cyfryngol. Mae hyn yn creu rhyw amwysedd i'r darllenydd. Yn ail, caiff y seren ei gweddnewid drwy wisgo siwt ddu a gwyn gyffredin a hithau wedyn, fel 'dawnswraig', yn syrthio mewn cariad â'r dyn ifanc yn yr olygfa ar y to. Yn olaf, fe'i gwelir mewn gŵn du tynn, yn gryf a chaboledig gyda'i gwallt wedi ei dynnu'n ôl, a hi sy'n rheoli wrth iddi symud yn bwyllog i fyny'r grisiau coch o flaen y *paparazzi*, yn derbyn ei ffawd yn dawel. Mae'r goleuo'n help i sefydlu'r newidiadau hyn. Gan ddechrau gyda'r goleuadau cywair uchel yn yr olygfa gyda'r *paparazzi*, rydym yn symud i oleuo rhamantaidd, cywair isel, ar y to a'r gofod tywyll pan ddywedir wrthi gan ei chariad [gwryw] a'i hysgrifennydd [gwryw] i ddychwelyd i'r byd 'real'; yna, cawn y golau cylch ar y seren ar y grisiau.

Mae'r cariad ifanc tlawd, Rodrigo Santono, yn darllen ac, yn stereoteipiol, mae'n gwisgo sbectol i gyfleu deallusrwydd, anfydolrwydd a naïfder [nid yw'n ymwybodol o'i henwogrwydd]. Mae'n ddeniadol, yn gyhyrog, ond yn gyffredin. Mae ei ddillad, er enghraifft y fest wen, yn awgrymu hyn. Mae'r impresario / ysgrifennydd sy'n rheoli persona'r seren yn ffigwr gwryw, hŷn, niwlog. Mae'n sefyll yn y cefndir, mewn dillad ffurfiol.

Cynrychioli lle

Dangosir Efrog Newydd fel dinas ramantaidd, aruchel. Mae'r tacsis melyn a'r bensaernïaeth yn cyfleu ymdeimlad o le ar unwaith. Mae'r camerâu'n chwyldroi, ac mae hyn a'r golygu cyflym a'r prysurdeb yn cyfleu'r egni sydd wrth galon byd enwogion. Mae tân gwyllt yn cynrychioli emosiwn a dathlu. Ceir cyfeiriadau at *mise-en-scène* y Paris a welir yn *Moulin Rouge*, yn enwedig yn y golygfeydd ar y to. Cyfeirir yn ychwanegol at y cysylltiad Ffrengig â Moulin Rouge drwy seiniau rhamantaidd y gerddoriaeth anghynefin, *Claire de Lune* Debussy.

Cynulleidfaoedd

Hysbyseb sydd wedi'i thargedu at gynulleidfa ifanc, agos at ben ucha'r farchnad yw hon. Y llinell apêl yw y gwnaiff rhamant oresgyn anawsterau. Mae'r ddelwedd brand yn cyfleu cynulleidfa gyfyngedig, na all pawb fod yn rhan ohoni, ond yr adleoli a geir ar gyfer pobl ifanc yw nad yw hynny'n gorfod golygu nad yw rhamant yn bosibl. Caiff logo'r cwmni o ddwy C wedi'u plethu drwy'i gilydd ei gysylltu â'r neges drwy'r hysbyseb ar ei hyd. Yn y DU, dangoswyd yr hysbyseb mewn sinemâu ac ar Channel 4 gan dargedu gwylwyr ifanc, amgen, y sianel yn ogystal â chynulleidfaoedd sinema ffilmiau fel *Moulin Rouge*. Byddai gwylwyr wedi cael y pleser o adnabod y cyfeiriadau rhyngdestunol at *Moulin Rouge* gan fod llawer o'r golygfeydd yn cyfeirio at hyn yn eu cynllun drwy'r *mise-en-scène* ac yn y sinematograffi. Mae'r hysbyseb yn manteisio'n fwriadol ar y pleser hwn. Efallai y byddai'r *genre* a'r naratif (cariad a gollwyd) wedi apelio at gynulleidfa hŷn hefyd, gyda chysylltiadau posibl â thestunau fel y trosleisio yn *Brief Encounter* gan David Lean. Efallai hefyd y byddai'r elfen fod y dyn yn penderfynu dros y fenyw yn cyfleu cysylltiad ag ideolegau trech rolau'r rhywiau ac wedi apelio at brynwyr gwryw. Mewn ffordd syml, felly, mae'r hysbyseb hon yn dangos sut y gall y ddau ryw ymateb yn wahanol i naratif neilltuol.

Yr hyn y byddai benywod yn uniaethu ag ef fyddai glamor a statws y person enwog yn yr hysbyseb a Kidman ei hun. I ddynion iau, byddent yn uniaethu â'r cariad golygus, cryf, y De Americanwr rhamantaidd sy'n ennill calon y seren hon. Ef yw'r adroddwr ac rydym yn dilyn yr hyn y mae'n dyheu amdano. I gynulleidfaoedd cynradd ac eilaidd, byddai prynu Chanel No. 5 yn cydnabod y freuddwyd ramantaidd neu'r myth hwn.

I gynulleidfaoedd, byddai'r cyfeiriadau rhyngdestunol o ran thema colli cariad, y *mise-en-scène*, gwybodaeth ddiwylliannol am enwogion, Kidman fel seren, a hefyd y ffaith eu bod yn gwybod am sêr eraill fel Marilyn Monroe [yr eicon o seren a gâi ei herlid a'i phlagio gan y *paparazzi*] yn ennyn ymateb cryfach ynddynt i'r hysbyseb. Cyn iddi ddod yn seren, roedd lluniau wedi eu tynnu o Marilyn Monroe yn noethlymun yn erbyn cefnliain coch ar gyfer calendr ac, ym 1954, honnodd mai'r cyfan a wisgai i fynd i'r gwely oedd diferyn neu ddau o Chanel No. 5.

Y diwydiant

Mae'r hysbyseb hon yn rhan o ymgyrchoedd proffil uchel parhaus Chanel yn cysylltu enwogion â'u delwedd brand. Ymddangosodd ar amserlenni teledu a rhoddwyd sylw iddi ar raglenni newyddion hyd yn oed pan ddarlledwyd hi gyntaf. Mae rhaid i ymgyrchoedd fel hyn adeiladu ar negeseuon blaenorol [seiliwyd yr ymgyrch flaenorol ar stori Hugan Fach Goch ac roedd yn ffilm dwy funud o hyd]. Bydd yr asiantaethau hysbysebu sy'n ymwneud â phrosiect fel hwn yn gwneud llawer iawn o ymchwil i sicrhau bod pob ymgyrch newydd yn atgyfnerthu, ond hefyd yn newid neu'n diweddaru, y neges i'r gynulleidfa darged. Gwneir hynny i gadw'r neges yn gyfoes ac yn arbennig os yw'r cynnyrch yn newid neu os yw am adleoli ei hun yn y farchnad, fel yr oedd Chanel am ei wneud yn yr achos hwn.

Nod yr ymgyrch oedd denu pobl iau i brynu Chanel No. 5, gan fod delwedd y persawr wedi mynd braidd yn hen-ffasiwn. Yn y gorffennol, câi'r bobl a'i prynai eu portreadu fel dynion canol oed a'i dewisai i'w meistresi mewn siopau meysydd awyr neu fel anrheg pen-blwydd i'w neiniau. Roedd angen i Chanel anadlu bywyd newydd i'r brand drwy gael dynion ifanc i'w brynu i'w partneriaid a chael menywod ifanc i'w wisgo.

TASG

Trafodwch sut mae cysylltu'r persawr â'r ffilm *Moulin Rouge* yn helpu i ostwng proffil oedran ei gynulleidfa darged.

Roedd yr hysbyseb ei hun yn 'ddigwyddiad' ym myd y cyfryngau. Law yn llaw â hi rhyddhawyd ffilm 25 munud am 'the making of...' a, phan sgriniwyd hi mewn sinemâu, roedd yn cynnwys clodrestr dreigl ar y diwedd i helpu i sefydlu ei hygrededd ffilmig. Yn ddiddorol, er bod logo No. 5 yn ymddangos droeon, nid yw'r botel bersawr i'w gweld o gwbl, a oedd eto yn help i'w lleoli fel ffilm yn hytrach na hysbyseb. Pam fyddai hyn yn cael ei ystyried yn bwysig? Ai oherwydd y byddai dangos y botel – y cynnyrch – wedi torri hud y stori tylwyth teg?

Isod, fe welwch rai o'r hysbysebion arddangos a ymddangosodd gyda'r ymgyrch ffilm. Mae cyfeiriadau gweledol amlwg at y ffilm ond y gwahaniaeth arwyddocaol yw safle'r botel a'r enw brand. Mae hyn yn dangos mai hysbyseb sydd yma, yn anad dim. Mae gan gylchgronau reolau reit gaeth ynglŷn â'r hyn sy'n ymddangos mewn hysbyseb a'r hyn sy'n ymddangos fel deunydd golygyddol. Heb y botel, gallai'r hysbyseb gael ei gweld fel delwedd wedi'i seilio ar stori nodwedd yn ymwneud â Nicole Kidman.

Hysbyseb arddangos Chanel No. 5

TASG

Ystyriwch sut mae Nicole Kidman – actores, seren, gwraig, mam, person 'enwog' – yn adlewyrchu delwedd Chanel.

Er nad ydym yn gyffredinol yn meddwl am hysbysebion fel testunau sy'n perthyn i'w gwahanol *genres* eu hunain, gellir isrannu hysbysebion persawr fel Chanel No. 5 yn is-*genres* ac mae hyn yn dangos i gymaint graddau y mae trafodaethau'n creu ystyron; yn yr achos hwn, trafodaethau am ramant ac enwogrwydd. Mae llawer o hysbysebion cyfoes yn defnyddio enwogion sy'n adlewyrchu'r ffordd y caiff enwogrwydd ei gynrychioli yn y cyfryngau. Gyda hysbysebion persawr, rhywbeth sy'n addo bri a rhamant yw enwogrwydd. Nid yw defnyddio cymeradwyaeth enwogion yn beth newydd. Ymddangosodd sêr ffilmiau fel Barbara Stanwyck, Debbie Reynolds a Marilyn Monroe i gyd mewn hysbysebion siampŵ Lustre-Crème yn y 1950au i gyfleu glamor. Mae Chanel yn rhan o'r *genre* hwn o hysbysebion sy'n dangos enwogion, ond efallai y byddwch wedi sylwi fel y mae is-*genre* yr hysbyseb persawr / enwogion wedi bod yn datblygu'n ddiweddar.

TASG

Edrychwch ar yr hysbyseb isod. Er mai hysbyseb brint yw hon, allwch chi weld elfennau tebyg i'r hysbyseb Chanel o ran y confensiynau y mae'n eu defnyddio?

Mae'r hysbyseb yn cael ei thargedu at fenywod a dynion ac mae'n nodweddiadol o hysbysebion persawr lle mae'r bobl yn yr hysbyseb yn tueddu i bersonoli'r botel persawr. Yr hyn yr ydych yn ei brynu yma yw poteli sy'n gwerthu breuddwydion, chwantau a dyheadau.

Sut caiff hyn ei gyflawni?

Mae'r hysbyseb wedi cael ei rhannu'n ddwy gyda'r borderi tywyll yn fframio adran oleuach yn y canol sy'n denu ein sylw'n gyntaf; mae'r cefndir yn ailbwysleisio cyferbynnu deuaidd golau / tywyll y bobl. Mae'r poteli wedi'u gosod yn y border chwith mewn siâp V sy'n adlewyrchu'r graffigwaith uwchben. Mae'r graffigwaith yn cynnwys llythrennau cyntaf enwau David a Victoria Beckham gydag addurn benywaidd yn disgyn o'r V a'r geiriau 'intimately Beckham' islaw. Mae'r ddau unigolyn yn cofleidio yn adlewyrchu gosodiad y poteli, gan bwysleisio'r cysylltiad rhwng y poteli a'r bobl a chyfleu arwyddocâd. Personolir y botel olau gan y ddelwedd fenywaidd olau sydd â ffrog o liw tebyg i'r botel a'i gwallt yn lliw tebyg i'r caead, ac mae'r ffordd y mae ei ffrog yn disgyn yn adleisio'r V. Adlewyrchir y botel dywyllach gan y ddelwedd wrywaidd dywyllach. Mae'r dyn yn edrych tuag atom - dull cyfarch uniongyrchol a gweithredol tra mae'r fenyw'n gafael yn oddefol yn y dyn.

Mae'r fenyw yn gwisgo gwisg laes sy'n dangos llawer - mae ei chefn a'i choes yn noeth - sy'n awgrymu argaeledd rhywiol. Mae'r dyn fodd bynnag yn ei ddillad; ef yw'r un sy'n rheoli, ac mae rhwymyn ei oriawr yn sefyll allan fel eicon o wrywdod. Mae'n gwisgo modrwy ar ei fys priodas sy'n cyfleu perthynas ac mae'n gafael yn awgrymog yng nghoes y fenyw. Rydym yn derbyn yr agosrwydd hwn. Mae'r lefelau eiconig o ddynodi a chysylltu yn cyfeirio at y delweddau o ddau berson enwog. Ceir rhyngdestuniaeth ar ffurf y personau y mae'r Beckhams wedi'u datblygu. Mae gwybodaeth ddiwylliannol yn caniatáu inni ddarllen y testun a derbyn y neges

Arweiniodd hysbyseb Michael Jordan ym 1988 at wahardd esgidiau du a choch mewn pêl fasged ac at gynnydd enfawr yng ngwerthiant esgidiau Nike. Roedd yr esgidiau du, coch a gwyn yn symboleiddio 'gobaith, enwogrwydd, arian, llwyddiant, goleuedigaeth' i'r gymuned ddu.

waelodol ynglŷn â pherthynas a llwyddiant, sy'n awgrymu bod enwogrwydd ar gael yn y botel. Mae llawer o elfennau'n debyg i'r hysbyseb Chanel.

Fel gyda'r hysbyseb Chanel, mae hyn yn cyfleu neges 'fytholegol' sy'n cael ei gwerthu inni.

Ond beth *sy'n* cael ei werthu yma? Ydych chi'n cael gwybod sut mae cynnwys y poteli'n arogleuo? Faint o bersawr yr ydych yn ei brynu? Faint mae'n ei gostio? Ble i'w brynu? Y 'myth' yw y gall y persawr roi glamor menyw hardd ichi neu rywioldeb gwrywaidd cryf, ond gyda thynerwch; mewn geiriau eraill, perthynas fel un y Beckhams. Cafodd yr hysbyseb ei llunio'n ofalus fel nad yw'n cyfleu'r negeseuon anghywir, yn enwedig i ddynion. Nid androgynedd yn arddull CK a geir yma, ac nid yw wedi cael ei thargedu ychwaith at sylfaen cefnogwyr hoyw David Beckham. Y neges yma yw y byddwch yn denu sylw merched os oes aroglau da arnoch.

TASG

Edrychwch yn ôl ar y fforedd y cafodd yr hysbyseb ei llunio ac atebwch y cwestiynau:

- Ydy'r hysbyseb yn adlewyrchu'r berthynas gyfoes rhwng y ddau ryw?
- Oes gennych chi ddehongliad gwahanol i'r un uchod?
- Ydych chi'n meddwl bod yr hysbyseb hon yn cyfleu rolau cadarnhaol?

Ceisiwch egluro'ch safbwyntiau'n glir.

Y 'Swoosh' a brandio byd-eang – 'To the Next Level'

Er bod David Beckham yn gwisgo Nike fel peldroediwr proffesiynol, nid yw [ar hyn o bryd] yn ei ardystio fel brand. O ystyried enwogrwydd byd-eang Beckham, mae'n bwynt diddorol i'w ystyried – pam nad yw'n gwneud hynny? Efallai fod a wnelo'r ateb â delwedd brand a hunaniaeth brand Nike.

Mae 'swoosh' Nike yn un o'r logos chwaraeon byd-eang mwyaf adnabyddus. Seilir delwedd Nike ar ryw 'erwinder' trefol ac mae'r cwmni'n aml yn defnyddio personoliaethau chwaraeon cyfarwydd sydd â delwedd 'hogyn drwg' – pobl fel Eric

Cantona ac, yn ddiweddar, Wayne Rooney, neu weithgareddau sy'n boblogaidd er nad ydynt yn y brif ffrwd, fel breg-ddawnsio.

Yn America, mae neges Nike yn aml yn apelio at grŵp ethnig neilltuol ac mae ei ymgyrchoedd hysbysebu'n canolbwyntio ar athletwyr du a'r chwaraeon y mae'r gynulleidfa ddu yn uniaethu â nhw, fel pêl fasged.

Yn ddiweddar, er mwyn ehangu ei apêl i gynulleidfaoedd eraill, mae Nike hefyd wedi symud i feysydd fel y farchnad merched drwy ddawnsio stryd. [Gallwch wylio'r hysbysebion hyn ar www.youtube.com.]

Mae astudiaeth o Nike yn codi cwestiynau ynglŷn â globaleiddio ac am imperialaeth ddiwylliannol a byd-eang. Pan fyddwch chi'n mynd i brynu'n lleol [yn y DU, er enghraifft] ai prynu'n fyd-eang yr ydych mewn gwirionedd? Beth arall ydych chi wedi ei brynu ar wahân i bâr o drenyrs neu grys T? Ydych chi, efallai, wedi derbyn tuedd fyd-eang ym maes ffasiwn neu wedi cyfrannu at homogeneiddio byd-eang? Mae Nike, mae'n ymddangos, yn deall y gwrthddywediad byd-eang / lleol hwn. Gydag ymgyrchoedd byd-eang fel yr ymgyrch bêl-droed ddiweddar [Ebrill 2008], 'To the Next Level' [ffilm ddwy funud a gyfarwyddwyd gan Guy Ritchie o *Lock, Stock and Two Smoking Barrels* [1998] ac a ddarlledwyd yn ystod Pencampwriaethau Pêl-droed Ewropeaidd 2008], mae'n cyfeirio hefyd at y lleol. Rhoddir blas rhanbarthol [lleol] i fideo byd-eang Ritchie drwy ganolbwyntio ar bêl-droedwyr penodol, yn dibynnu ar ba gyfandir yr ydych yn ei gwylio ohono. Mae'r hysbyseb yn cyfuno golygfeydd ar y maes pêl-droed gyda bywyd nos llawn glamor oddi ar y maes a hiwmor di-chwaeth [gwrywaidd], fel dangos eu penolau. Goddrych y naratif, y 'chwaraeir' y gêm o'i safbwynt, yw'r gwyliwr sy'n 'chwarae' i glwb yn yr Uwchgynghrair yn erbyn pêl-droedwyr gorau'r byd, fel Ronaldo. Mae'r arddull arw hon yn cysylltu â natur drefol, arw, ymgyrchoedd blaenorol ac mae hefyd yn cynnig cyfeiriad rhyngdestunol at ffilmiau blaenorol Ritchie sy'n gomedïau du am gangsters.

Cafodd yr ymgyrch, fel hysbysebion eraill Nike, ei rhyddhau'n fyd-eang ar y teledu ac ar-lein ar wefan Nike. Roedd hefyd yn rhyngweithiol a gallech ymrwymo i raglen ymarfer corff, gan ganiatáu i'r gwyliwr gysylltu ar lefel ddyfnach â neges Nike. Yn 2008, rhyddhaodd Nike hysbysebion ar gyfer y Gemau Olympaidd yn Beijing hefyd, a wnaed yn benodol ar gyfer cynulleidfaoedd Tsieineaidd. Mae'r rhain yn dangos dinasyddion Tsieineaidd cyffredin yn sydyn yn perfformio campau athletaidd anhygoel [www.altogetherdigital.com/20071002/chinese-olympics-adverts-from-nike/].

Mae hysbysebu lleol o'r fath yn awgrymu bod Nike yn ceisio rhoi neges leol i werthiant byd-eang. Ond pwy sy'n elwa?

Mae chwaraeon yn ddiwydiant byd-eang masnachol a diwylliannol a 'gwaith' hysbysebu yw ei hyrwyddo a chreu nwyddau o'r dyheadau a'r ysbrydoliaeth sy'n cael eu hysgogi gan chwaraeon. Mae Nike yn gobeithio y bydd y byd yn croesawu hyn drwy brynu logo Nike a neges Nike ynglŷn â chwaraeon ar lawr gwlad. Ym maes hysbysebion chwaraeon, mae'n bosibl gweld sut mae grym a chynrychioliadau'n cael eu hadlewyrchu drwy'r hysbysebion a sut mae hyn yn ei dro'n dylanwadu ar droi chwaraeon yn rhywbeth byd-eang. Y ddadl sy'n codi wedyn yw i ba raddau y mae imperialaeth fyd-eang, y rheolaeth drawswladol gan nifer fach o gorfforaethau

Gellir darllen trafodaeth bellach ar globaleiddio yn www.mediaknowall.com/advertising/globlad ac yn Hesmondhalgh, 2006

Gallwch gael rhagor o wybodaeth ar wefan yr Awdurdod Safonau Darlledu, www. asa.org.uk a gwefan OFCOM, www.ofcom.org. uk

enfawr, yn gwthio hunaniaethau ar ddiwylliannau lleol; neu i ba raddau y ceir cyfnewid syniadau oherwydd gallu'r economi fyd-eang i gyrraedd defnyddwyr lleol ac i ymateb i'w hanghenion fel nad yw imperialaeth ddiwylliannol yn broses unffordd yn unig.

Yn UDA y mae prif ganolfan Nike ond cymharol ychydig o weithwyr cyflog sydd ganddo yno; gwneir y gwaith cynhyrchu gan weithwyr mewn ffatrïoedd mewn gwledydd fel Indonesia. Yn ddiddorol, dywedodd cyd-sylfaenydd y cwmni [Phil Knight] mai'r 'stôl deirtroed' sy'n cynnal llwyddiant Nike yw ardystio gan enwogion, dyluniad y cynnyrch a hysbysebu [Hatfield, *The Guardian*, 17 Mehefin 2003]. Nid yw wedi cynnwys cynhyrchu economaidd effeithlon yn rhan o'r stôl drosiadol hon ac mae Nike wedi cael ei feirniadu'n aml am ecsploetio gweithwyr mewn gwledydd sy'n datblygu, yn enwedig yn y Dwyrain Pell. Beth bynnag yw canlyniad y dadlau hwn, mae un ffaith ddiymwad: mae'r mwyafrif o'r elw yn mynd i America a gellid ystyried y rheolaeth economaidd hon fel y math mwyaf amlwg o imperialaeth fyd-eang a diwylliannol.

Rheoleiddio a hysbysebu: trais, rhyw a phobl sy'n agored i niwed

Y rheoleiddiwr hysbysebu ym Mhrydain yw'r Awdurdod Safonau Hysbysebu. Dechreuodd yn y 1960au ac ar y pryd rheoleiddio hysbysebion print yr oedd. Bryd hynny, roedd gan ddarlledu ei awdurdodau rheoleiddio ei hun. Er 2003, fodd bynnag, bu'r Awdurdod Safonau Hysbysebu yn gweithio dan adain Ofcom ac erbyn hyn mae'n gyfrifol am reoleiddio **unrhyw** hysbysebu. Mae'r Awdurdod Safonau Hysbysebu yn defnyddio'r Cod Hysbysebu, Hyrwyddo Gwerthiant a Marchnata Uniongyrchol [CAP – Code of Advertising, Sales Promotion and Direct Marketing] ac mae'n dyfarnu ar gwynion a ddaw i law ynglŷn â hysbysebion yn erbyn y cod hwnnw.

Rhaid i hysbyseb gyfleu ei neges mewn ennyd wrth i ddarllenwr droi tudalennau cylchgrawn neu ei gwylio ar y sgrin. Mae hyn yn annog defnyddio cyfeiriadau diwylliannol llaw fer ac, yn aml, caiff stereoteipiau eu defnyddio. Fodd bynnag, nid yw cynulleidfaoedd yn homogenaidd a hyd yn oed os bydd rhai o'r cynulleidfaoedd targed, cynradd ac eilaidd, yn cymryd y neges fel y'i bwriadwyd, efallai na fydd pob cynulleidfa yn gwneud hynny. Ac, fel y gwyddoch yn barod, mae testunau cyfryngol

yn aml yn amlystyr ac nid yw hysbysebion yn eithriad yn hynny o beth. Felly, mae problem weithiau i gynhyrchwyr gan na allant warantu y bydd cynulleidfaoedd yn darllen hysbysebion yn y ffordd ddewisol. Anaml y mae'r hysbysebwr yn bwriadu achosi tramgwydd neu gamarwain cynulleidfaoedd [er bod rhai hysbysebwyr yn mynd ati'n fwriadol i fod yn ddadleuol]. Os gwnânt hynny a bod yr hysbysebion yn creu tramgwydd, efallai wedyn y bydd y rheoleiddwyr yn camu i mewn.

Edrychwch ar yr hysbyseb isod i dŷ ffasiwn Dolce & Gabbana.

Ym mha ffyrdd y gallai cynulleidfaoedd gwahanol ddarllen yr hysbyseb hon?

Mae'r hysbyseb yn dangos golygfa lle mae'r dillad yn cael eu gwisgo mewn cyfansoddiad arddulliedig yn erbyn cefnlen o fynedfeydd bwaog clasurol a thirwedd sy'n cyfeirio at *genre* paentiadau hanesyddol. Mae natur monocrom yr hysbyseb yn ychwanegu ar yr iaith artistig hon. Mae'r dillad ar y dynion ifanc mewn arlliwiau o lwyd a du, ond mae'r fenyw ifanc ar y chwith yn sefyll allan yn ei noethni lliw cnawd a'i gwallt melyn / gwyn. Gwelir noethlun benyw yn aml mewn paentiadau clasurol, ond mae hon yn gwisgo bŵts ffasiynol. Mae'n ymddangos bod trasiedi ddial ar waith yn y *genre*, sy'n pwysleisio arddull y paentiadau clasurol hanesyddol ymhellach. Mae un dyn sy'n gwisgo cot fawr, eto gan gyfleu'r gorffennol [ffasiynol], yn dal gwn ac mae un arall â chyllell yn ei law.

Roedd y ddelwedd hon yn rhan o ymgyrch ar ran y brand dillad drud hwn a oedd yn targedu marchnad gefnog, un y gellid disgwyl iddi adnabod y cyfeiriadau rhyngdestunol at baentiadau arbennig. Fodd bynnag, cafodd yr Awdurdod Safonau Hysbysebu nifer cymharol fawr o gwynion [166] am yr ymgyrch hon. Un esboniad am hyn efallai yw'r cyd-destun cyfoes gan fod dadl am droseddau yn ymwneud â gynnau a chyllyll yn y cyfryngau pan ymddangosodd yr hysbyseb gyntaf ym mis Ionawr 2007. Teimlai'r achwynwyr fod yr ymgyrch, gyda'i delweddau llawn glamor, yn anghyfrifol ac roedd fel pe bai'n goddef troseddau treisgar. Atebodd Dolce & Gabbana fod yr hysbyseb wedi cael ei hysbrydoli gan baentiadau adnabyddus o'r cyfnod Napoleonaidd ac nad oedd eu natur arddulliedig nhw yn awgrymu ymosodedd nac yn goddef trais. Fodd bynnag:

> 'Anghytunai'r Awdurdod Safonau Darlledu a chadarnhaodd y cwynion. Roedd o'r farn fod yr hysbyseb gyntaf yn dangos y cyllyll yn cael eu chwifio'n ymosodol a'i bod yn rhoi argraff gyffredinol o drais. O ganlyniad, dyfarnodd yr Awdurdod y gellid ystyried bod yr hysbysebion yn goddef neu'n mawrygu trais lle defnyddir cyllyll a'u bod felly yn anghyfrifol ac yn debygol o achosi tramgwydd difrifol neu gyffredinol.' [www.asa.org.uk/asa/adjudications/Public/TF_ADJ_42118.htm, Dolce & Gabbana].

Oni bai am y pryder ar y pryd ynglŷn â dynion ifanc a'r diwylliant cyllyll yn y DU, efallai na fyddai'r hysbyseb wedi denu cynifer o gwynion.

TASG

Edrychwch ar hysbysebion eraill gan Dolce & Gabbana. Ystyriwch y ffyrdd y caiff y cymeriadau eu portreadu. Sut gallai cynulleidfaoedd gwahanol ddehongli'r hysbysebion hynny?

I Gloi

Mae hysbysebu'n gweithio ar gynulleidfaoedd mewn llawer o ffyrdd drwy linellau apêl fel ofn a threchafiaeth, yn seicolegol a chymdeithasol. Mae Judith Williamson [1978] yn dweud mai ein gwerthu ni i ni'n hunain y mae hysbysebion; mewn geiriau eraill, rydym yn cydio yn yr hunanddelwedd ohonom a welwn yn yr hysbyseb.
Mae cynhyrchwyr yn cyflwyno'r negeseuon hyn drwy hysbysebion sy'n cynnwys ystyron, syniadau, gwerthoedd a chredoau. Maent yn defnyddio amrywiaeth eang o blatfformau, byd-eang yn ogystal â lleol, sydd yn gynyddol yn golygu bod eu cynulleidfaoedd targed yn fwy gwasgaredig na thorfol. Mantais y we a'r blogosffer yw eu bod yn ysgogi diddordeb yn rhad ac am ddim. Ystyriwch stori ymgyrch harddwch Dove, lle mae Dove wedi cynhyrchu deialog rhwng ei ddefnyddwyr ynglŷn â'r diffiniad o harddwch. Dangosir 'The Real Truth About Beauty' yn hysbyseb 'Dove Evolution' lle mae wyneb benyw cyffredin wedi cael ei drin a'i wella'n ddigidol wedyn i greu delwedd 'berffaith', gan orffen gyda'r llinell hysbysebu 'No wonder our perception of beauty is distorted'. Mae miliynau o bobl wedi gwylio hyn ar YouTube. [Unilever yw perchennog Dove ac ar lefel economaidd roedd hon yn hysbyseb fentrus.]

Mae'r grym wrth wraidd y negeseuon hyn yn y cyfryngau torfol yn nwylo nifer cymharol fach o gynhyrchwyr, er bod potensial y we yn awgrymu y gallai model arall o hysbysebu 'o'r gwaelod i fyny' fod yn bosibl efallai. Cafodd ymgyrch 'Dove Evolution', er enghraifft, ei pharodïo gan ymateb 'slob evolution', lle caiff dyn golygus ei droi'n sglyfaeth mawr tew. Fel yn achos diwydiannau eraill ym myd newydd y cyfryngau, mae llawer yn ansicr. I ba raddau y gwnaiff y technolegau newydd a'r newidiadau o ran strwythurau economaidd newid byd hysbysebu?

Cyn gynted ag y mae gan bobl a chwmnïau bethau i'w gwerthu, mae hysbysebu yn anochel. Mae i ba raddau y mae hysbysebu yn ein rheoli ni, neu'n cael ei reoli gennym ni, y defnyddwyr, a chan y rhai sy'n cynhyrchu hysbysebion, yn parhau'n gwestiwn o bwys ym maes Astudio'r Cyfryngau.

Llyfryddiaeth

Ar y We

www.screenonline.org.uk – gwefan wych sy'n rhoi gwybodaeth gefndir am hysbysebu ar deledu a ffilm ym Mhrydain. Mae hefyd yn cynnwys clipiau clasurol i'w gwylio, fel hysbyseb carreg fedd yr ymgyrch AIDS.

www.paintedcows.com/international - gwefan yw hon a fydd yn eich arwain i lawer o wefannau eraill o'r DU. Mae'n trafod materion Prydeinig a rhyngwladol ym meysydd hysbysebu a marchnata.

www.ipcmedia.com – pecynnau cyfryngol am gylchgronau, yn cynnwys *Nuts*, *Loaded*, *Uncut*, *NME*.

www.warc.com – Canolfan Ymchwil Hysbysebu'r Byd. Gwefan drwy danysgrifiad yw hon i weithwyr proffesiynol yn y cyfryngau, marchnata a hysbysebu ond mae arni dreial rhad ac am ddim.

www.asa.org.uk – yr Awdurdod Safonau Hysbysebu. Gallwch gael gwybodaeth am y cod CAP a dyfarniadau; mae arni safle rhagorol i golegau ac ysgolion gyda deunydd i'w lwytho i lawr.

www.mediamagazine.org – adnodd rhagorol gydag astudiaethau achos am ymgyrchoedd a ysgrifennwyd gyda myfyrwyr Safon Uwch mewn golwg. Mae modd mynd i'r archifau os ydych yn tanysgrifio i'r cylchgrawn.

Dugdale, H. 'Product Placement and the Fast Forward Generation', www.mediamagazine.org, Medi 2006

Dugdale, H. 'Goodbye Mr Linekar', www.mediamagazine.org Rhif 18, Medi 2007

www.mediaknowall.com – adnodd da lle ceir esboniadau clir o gysyniadau allweddol fel effeithiau cyfryngol a chysylltiadau da.

www.youtube.com – gallwch weld clipiau fideo o hysbysebion teledu a ffilm.

Mae gwefannau cwmnïau penodol hefyd yn darparu digonedd o ddeunydd ar gyfer ymchwilio i ymgyrchoedd.

Llyfrau

Armstrong, K. [1999], 'Nike's Communication with Black Audiences. A Sociological Analysis of Advertising Effectiveness via Symbolic Interactionism', yn *Journal of Sport and Social Capital*, Cyfrol 23, Rhif 3, 266-86

Cook, Guy [1992], *The Discourse of Advertising*: Routledge: Llundain ac Efrog Newydd

Curran, J., Collins, R., Garnham, N., Scannell, P. a Wingate, P. [gol] [1986], *Media, Culture and Society: A Critical Reader*, Llundain: Sage

Davies, Jim [1998], *The Book of Guinness Advertising*, Llundain: Guinness

Dyer, G. [1982], *Advertising as Communication*, Llundain: Routledge

Dyer, R. [1985], 'Taking Popular Television Seriously' yn *TV and Schooling*, David Lusted a Philip Drummond [gol], Llundain: BFI

Fiske, John [1982], *Introduction to Communication Studies*, Llundain ac Efrog Newydd: Routledge

Goffman, E. [1978], *Gender Advertisements*, Caergrawnt, MA: Harvard University Press

Gumbel, A., 'Boom in "brand integration" gives advertising the break it needs' yn *The Independent*, 5 Tachwedd 2005

Habermas, J. [1989/1962], *The Structural Transformation of the Public Sphere* [cyfieithiad T. Burger ac F. Lawrence], Caergrawnt: Polity

Hall, S. [1997], *Representation: Cultural Representations and Signifying Practices*, Sage Publications

Hatfield, S., 17 Mehefin 2003, 'What makes Nike's advertising tick', *The Guardian*

Hesmondhalgh, D. [gol.] [2006], *Media Productions*, DA204 Understanding Media Course, Milton Keynes: y Brifysgol Agored

Helsby, W. [2004], *Teaching TV Advertising*, Auteur: Leighton Buzzard

Jackson, S.J., Andrews, D.L. [gol], *Sport, Culture and Advertising: Identities, Commodities and the Politics of Representation*, Llundain: Routledge

Leiss, W., Kline, S. a Jhally, S. [1990], *Social Communication in Advertising*, Llundain: Routledge

Mahmud, S., 'Nike takes Soccer to "the Next Level"', *Adweek Online*, 1 Mai 2008

Monahan, Jerome, 'TV sponsorship', 3 Chwefror 2003, www.mediamagazine.org

Morley, David [1980], *The 'Nationwide' Audience: Structure and Decoding*, Llundain: BFI

Williamson, J. [1978], *Decoding Advertisements: Ideology and Meaning in Advertising*, Llundain: Marion Boyars

YMCHWILIO, CREU A GWERTHUSO EICH CYNNYRCH EICH EICH HUNAN AR GYFER Y CYFRYNGAU

Ymchwilio, Creu a Gwerthuso Eich Cynnyrch Eich Hunan ar gyfer y Cyfryngau

Mandy Esseen & Pip Jones

Cyflwyniad

Mae'r bennod olaf hon yn delio ag agweddau pwysig o'r elfennau sy'n cael eu hasesu'n fewnol ym maes Astudio'r Cyfryngau ar gyfer Safon Uwch, lle mae'n debygol y bydd gofyn ichi wneud gwaith cynllunio a chynhyrchu. Efallai hefyd y bydd gofyn ichi gynnal ymchwiliad a bwrw ymlaen wedyn, o bosibl, â gweithgaredd cynhyrchu. Beth bynnag y bydd gofyn ichi ei wneud – a bydd eich athro'n rhoi cyngor ichi – mae'n sicr bron y bydd angen ichi ddechrau drwy wneud rhywfaint o ymchwil. Gallai hynny ddatblygu'n weithgaredd cyn-gynhyrchu [cynllunio] - fel llunio stori-fwrdd, ysgrifennu sgript neu gynhyrchu brasfodel - a gallai hynny yn ei dro arwain at gynhyrchiad; er enghraifft, creu rhaghysbyseb ffilm, cyfres o dudalennau gwe cysylltiedig neu'ch gêm gyfrifiadur eich hun. Yn olaf, bydd rhaid ichi werthuso'r gwaith yr ydych wedi'i wneud mewn rhyw ffordd neu'i gilydd.

Yn yr adran hon:

- Bydd syniadau ac awgrymiadau'n cael eu rhoi ichi ar sut i ymdrin â gwaith cyn-gynhyrchu a chynhyrchu mewn ffyrdd creadigol.
- Bydd cyngor yn cael i gynnig ynglŷn â'r ffordd orau o wneud ymchwil ar gyfer eich gwaith a'i gyfeirnodi.
- Dangosir ichi'r cyswllt rhwng gwaith cyn-gynhyrchu a gwaith cynhyrchu, ac fel y mae'r naill yn arwain yn naturiol at y llall.
- Cewch arweiniad ar sut i reoli gwaith grŵp.
- Byddwch yn dysgu sut mae sefydlu grwpiau ffocws ac ysgrifennu holiaduron er mwyn cael adborth gwerthfawr gan gynulleidfaoedd.
- Byddwch yn dysgu sut mae cynhyrchu adroddiadau gwerthuso effeithiol.

Gweithgareddau Cyn-gynhyrchu – Cynllunio

Dyma ddiffiniad ymarferol i'ch helpu i benderfynu pa fathau o ddarnau cyn-gynhyrchu y gallech eu cynhyrchu: *gwaith sydd ar y gweill sy'n adlewyrchu ymchwil a wnaed ac sy'n ystyried y gynulleidfa yr ydych yn ei rhagweld.* Gallai eich gwaith cyn-gynhyrchu fod ar ffurf cynlluniau, dyluniadau, drafftiau, sgriptiau neu stori-fyrddau.

Efallai y bydd eich athro'n rhoi briff ichi neu efallai y cewch ddewis ehangach. Er enghraifft, efallai eich bod wedi bod wrthi'n astudio rhaghysbysebion am wahanol ffilmiau ac y gofynnwyd ichi greu camau cynllunio ffilm ffuglen wyddonol newydd. Ar ôl deall confensiynau allweddol rhaghysbyseb ffilm, efallai y byddwch yn penderfynu creu stori-fwrdd ar gyfer rhaghysbyseb i ffilm ffuglen wyddonol newydd neu, o bosibl, glawr DVD ar gyfer y ffilm newydd.

Briff enghreifftiol

1. CYN-GYNHYRCHIAD UNIGOL

Eich tasg yw cynhyrchu un ai:

1. Stori-fwrdd ar gyfer rhaghysbyseb ffilm ffuglen wyddonol newydd.

NEU

2. Defnyddio'ch syniadau am ffilm ffuglen wyddonol newydd i gynhyrchu clawr DVD ar gyfer y ffilm.

2. ASEINIAD CYNHYRCHU

Eich tasg yw cynhyrchu un ai:

1. Rhaghysbyseb ar gyfer UN O STORI-FYRDDAU EICH GRŴP. Gallwch weithio ar hon gyda'ch gilydd ond cofiwch gynllunio a thrafod eich rolau unigol yn ofalus cyn dechrau.

NEU

2. Cyfres o bosteri [3] ar gyfer eich ffilm newydd. RHAID I'R DASG HON GAEL EI GWNEUD YN UNIGOL.

3. ADRODDIAD

Rhaid i hyn gael ei wneud yn unigol. Dylai fod rhwng 1,200 a 1,600 o eiriau a dylai ganolbwyntio ar:

a. Yr ymchwil a wnaethoch i baratoi ar gyfer eich cyn-gynhyrchiad.

b. Cyfiawnhad o'r gynulleidfa darged ar gyfer eich cynhyrchiad.

c. Gwerthusiad o'r cynhyrchiad, yn amlygu'r cryfderau a'r gwendidau drwy ei gymharu â rhaghysbysebion neu bosteri am ffilmiau ffuglen wyddonol sy'n bodoli eisoes.

Mae'r briff uchod, sy'n nodweddiadol ar lefel UG, yn amlinellu tri darn gwahanol o waith y bydd angen ichi eu cwblhau. Gwnewch yn siŵr eich bod yn deall gofynion pob un o'r rhannau cyn dechrau. Darllenwch beth sy'n ofynnol fel eich bod yn gwybod sut i ddechrau ar eich gwaith.

Gall stori-fyrddau gael eu tynnu â llaw neu eu cynhyrchu gan ddefnyddio camera digidol. Y naill ffordd neu'r llall, bydd angen ichi fod wedi cynllunio'r hyn a fydd yn ymddangos ar y sgrin yn ofalus a sicrhau, os ydych yn nodi bod angen saethiad agos [er enghraifft] o dan y cyfarwyddiadau camera, fod hyn yn cael ei adlewyrchu yn yr elfennau gweledol. Mae nifer o ffyrdd gwahanol o lunio stori-fwrdd ond at ddibenion eich gwaith Astudio'r Cyfryngau ar lefel UG bydd angen, o leiaf, ichi gynnwys y wybodaeth ganlynol:

ELFENNAU GWELEDOL, HYD SAETHIADAU, CYFARWYDDIADAU CAMERA A MANYLION Y TRAC SAIN. Mae llawer o fyfyrwyr yn hoffi cynnwys adran 'sylwadau' hefyd lle gallant roi esboniadau pellach.

Rhaid ichi wneud yn siŵr eich bod yn ymdrin â'r pontio o un ffrâm i'r nesaf – er enghraifft TORRI neu BYLU neu DDISODLI. Gwefan dda lle gallwch ddysgu rhagor am iaith camera yw: http://www.mediaknowall.com/camangles.html.

Sylwadau	Trac Sain	Cyfarwyddiadau Camera	Elfennau Gweledol	Hyd Saethiadau

Mae angen i sgriptiau teledu a ffilm gael eu gosod yn gywir ac mae'n werth cofio bod hyn mor bwysig ag ansawdd y ddrama ei hun – os nad yn bwysicach – oherwydd cynllun a fformat eich sgript YW'r gweithgaredd cyn-gynhyrchu. Edrychwch ar wefan Writers' Room y BBC ar http://www.bbc.co.uk/writersroom/scriptsmart/ i gael help ynglŷn â strwythuro sgript deledu.

Yn aml, mae manylebau - ac athrawon - yn cyfeirio at FRASFODEL wrth sôn am rag-gynyrchiadau print. Ond byddwch yn ofalus yma - nid oes neb yn gofyn ichi gynhyrchu braslun wedi'i dynnu ar frys! Efallai y gofynnir ichi gynhyrchu brasfodel o glawr CD, cyfres o hysbysebion neu glawr blaen cylchgrawn a thudalen gynnwys. Mae angen cynhyrchu'r rhain yn ofalus gan ddefnyddio'r cyfleusterau cyhoeddi bwrdd gwaith sydd ar gael ichi a chan ddefnyddio'ch ffotograffau eich hun. Byddai gweithwyr proffesiynol mewn asiantaeth hysbysebu bob amser yn cyflwyno brasfodel o ymgyrch i gleient sydd cyn agosed i'r cynnyrch gorffenedig ag y gallant ei wneud! Pwrpas y brasfodel yw dangos cynnyrch sydd cystal â bod yn orffenedig i'r cleient, iddo ef gynnig sylwadau arno.

Cynhyrchu: gwneud penderfyniadau

Cyn ichi fynd ati'n frwd i weithio ar gynyrchiadau a phrosiectau ymchwil a ddyfeisiwyd ar frys, cymerwch funud i ystyried pam mae'r math hwn o waith yn bwysig. Mae'n rhan hanfodol o unrhyw gwrs safon uwch ym maes y Cyfryngau am amryw o resymau:

- Mae'n cynnig cyfle ichi ymateb i agweddau mwy damcaniaethol eich cwrs mewn ffyrdd ymarferol.

- Mae'n ffordd i chi ddangos eich dealltwriaeth o'r berthynas rhwng testunau, diwydiannau a chynulleidfaoedd.

- Mae'n gyfle ichi gynhyrchu eich testunau cyfryngol eich hun.

- Mae'n rhoi cyfleoedd ichi fod yn greadigol!

Pa un a oes gennych ryw syniad niwlog, syniad clir neu ddim syniad o gwbl am yr hyn yr ydych am ei greu, mae dewis ar gael ichi o ran yr hyn y *gallech* ei greu, felly mae angen ichi ddechrau drwy wneud rhai penderfyniadau allweddol:

- Ydych chi wedi cael briff? Gwnewch yn siŵr eich bod yn deall pob rhan ohono.

- Pa gyfarpar sydd ar gael ichi?

- Fyddwch chi'n gweithio ar eich pen eich hun ynteu fel rhan o grŵp?

- A oes cysylltiad clir rhwng eich syniadau cynllunio a / neu ymchwil a'ch cynhyrchiad? Gwnewch yn siŵr eich bod wedi trafod hyn gyda'ch athro.

- A fyddwch yn cynhyrchu testun prif ffrwd, testun arbenigol ynteu destun amgen? Mewn geiriau eraill, a ydych yn mynd i ddyblygu ynteu herio'r confensiynau presennol? Nid oes dim i'w ennill, er enghraifft, drwy wyrdroi confensiynau *genre* neu herio hunaniaethau gwrywaidd dim ond er mwyn bod yn wahanol. Os ydych yn mynd i wneud hyn, mae angen ichi ystyried yn ofalus **pam** yn ogystal â **sut** ac a oes marchnad ddichonadwy i'ch cynnyrch. Dylech bob amser allu cyfiawnhau'ch penderfyniadau.

Nodyn am Waith Grŵp

Gallwch benderfynu gweithio ar gynhyrchiad fel grŵp, ond cofiwch – nid yw gwaith grŵp bob amser yn opsiwn hawdd!

Holwch eich athro ynglŷn â chanllawiau penodol eich Corff Dyfarnu chi ar gyfer gwaith grŵp. Maent yn amrywio – dim ond ar gyfer cynyrchiadau fideo y mae rhai'n caniatáu gwaith grŵp. Efallai y dywedir wrthych y cewch greu cynhyrchiad ar lefel UG fel darn grŵp, cyn belled â'ch bod wedi cynhyrchu cyn-gynyrchiadau unigol a'ch bod yn ysgrifennu gwerthusiadau unigol. Ar lefel A2, fodd bynnag, efallai y bydd y cynhyrchiad ynghlwm wrth ymchwiliad unigol i agwedd o *genre*, naratif neu bortreadu. O ganlyniad, os bydd grŵp yn dymuno creu cynhyrchiad gyda'i gilydd ar y lefel hon, byddai gofyn iddynt fod wedi trafod eu hymchwiliadau gyda'i gilydd YN GYNTAF fel y byddai pob aelod yn gallu cyfrannu rhywbeth i'r cynhyrchiad o'i ymchwiliad.

Er enghraifft, efallai y byddai grŵp o dri myfyriwr, a oedd am greu ffilm arswyd ar gyfer cynulleidfa yn ei harddegau, yn penderfynu ymchwilio i dri maes ar wahân sy'n berthnasol i arswyd, er enghraifft: a) datblygiadau diweddar yn y *genre* arswyd, b) y defnydd o danseiliadau naratif mewn ffilmiau arswyd cyfoes ac c) y portread o bobl ifanc yn eu harddegau mewn ffilmiau arswyd penodol.

Gallai cynhyrchiad y grŵp wedyn fod yn rhaghysbyseb i ffilm arswyd newydd a fyddai'n ymgorffori elfennau o'r ymchwil a wnaed gan bob un o aelodau'r grŵp.

Un awgrym defnyddiol yw gwneud yn siŵr nad yw'ch grŵp yn rhy fawr. Mae tri yn ddelfrydol, a phedwar fyddai'r uchafswm. Mae angen ichi sicrhau bod pob aelod o'r grŵp yn cael tasg neu faes cyfrifoldeb ar wahân. Er enghraifft, efallai y penderfynwch gymryd golygfa yr un a bod yn llwyr gyfrifol amdani, neu gallech benderfynu y bydd un ohonoch yn gyfarwyddwr, un arall yn gyfrifol am y sain, y goleuo a'r camera ac y bydd y llall â'r cyfrifoldeb cyffredinol am olygu. Wrth gwrs, byddwch yn helpu eich gilydd ond mae'n dda o beth ichi fod â meysydd cyfrifoldeb clir cyn dechrau.

Bydd angen ichi fynd ati'n fanwl iawn i gofnodi eich cyfraniad a'ch cyfrifoldebau chi drwy gydol y broses fel y gallwch eu hegluro yn eich gwerthusiad. Awgrym arbennig o fuddiol yma yw cadw dyddiadur / log o'ch dewisiadau [yn cynnwys elfennau yr ydych yn eu gwrthod yn ogystal â'r rhai yr ydych yn eu cynnwys] fel y bydd gennych fanylion penodol iawn i'w cynnwys pan fyddwch yn ysgrifennu'ch gwerthusiad.

Yn amlwg, wrth gynllunio ar gyfer unrhyw gynhyrchiad, rhaid ichi ystyried beth yr ydych yn ei wybod yn barod er mwyn ystyried beth y mae angen ichi ei ddysgu eto; ac, yn amlwg, gan fod y cyfryngau yn cydgyfeirio i'r fath raddau a bod cymaint o gydberthynas rhyngddynt, bydd angen hefyd ichi ystyried eich cynulleidfa darged – o ran eu hoed, eu rhyw a'u ffordd o fyw efallai a sut y byddent yn gwylio, yn darllen neu'n defnyddio'r cynhyrchiad.

I'ch helpu i feddwl am eich cynulleidfa, gallech ddechrau drwy holi eich hun pa fathau eraill o destunau y mae hi'n eu defnyddio, efallai. Er enghraifft, pe baech yn cyhoeddi cylchgrawn ffilmiau arbenigol, efallai y byddech yn penderfynu mai gwrywod dyheadol fyddai eich cynulleidfa darged gan mwyaf, rhwng 16 a 35 oed, sy'n mwynhau defnyddio technoleg ddigidol a 'theclynnau'. Mae'n bosibl iawn eu bod yn darllen cylchgronau fel *Empire*, nofelau graffig fel *Sin City* a'u bod yn chwarae gemau fel *Tomb Raider*. Efallai eu bod yn mwynhau ymddangos yn dipyn o arbenigwyr pan fyddant yn trafod ffilmiau a gemau gyda'u ffrindiau. Mae gwybod bod eich cynulleidfa darged yn debygol o fwynhau rhai mathau penodol o gynnyrch cyfryngol yn rhoi'r man cychwyn perffaith i'ch gweithgaredd cynllunio.

Edrychwch yn ofalus ar y siart isod sy'n dangos nodweddion allweddol gwahanol fathau o destun. Efallai y byddwch am ei ddefnyddio i'ch helpu i benderfynu ar eich cyn-gynhyrchiad ac arddull a gorffeniad disgwyliedig eich cynyrchiadau. Sylwch ar yr enghreifftiau a roddir o wahanol fathau o destunau a threuliwch ychydig o amser yn ystyried ymhle y câi eich testun ei weld yn ogystal â chan bwy.

Cymharu Gwahanol Fathau o Gynhyrchiad

	GWERTHOEDD CYNHYRCHU	CYNULLEIDFAOEDD TARGED
PRIF FFRWD Er enghraifft, cylchgrawn diddordeb cyffredinol am enwogion, yn canolbwyntio ar glecs, sgandal, delwedd a datgeliadau proffil uchel.	• Cylchgronau, ffilmiau, rhaglenni teledu â chyllideb sylweddol. • Papur sgleiniog, ansawdd uchel neu olygfeydd sawl camera, sawl cynnig. • Lleoliadau egsotig. • Sêr / enwogion / cyfarwyddwyr / cynhyrchwyr adnabyddus. • Mae'r tanseiliadau, os oes rhai, yn amlwg a thynnir sylw atynt. • Llawer o ofod / amser noddi / hysbysebu i helpu i dalu'r costau.	• Apêl eang, at lawer o sectorau gwahanol o gymdeithas. • Testunau caeedig yn aml, gydag ystyr clir dewisol, wedi'i amgodio mewn ffordd sy'n annog ymateb mwy unedig.
ARBENIGOL Er enghraifft, gêm gyfrifiadur addysgol i helpu plant i wella'u sgiliau mathemateg a rhif.	• Gall fod â chyllideb sylweddol, ond nid bob amser – bydd hynny'n effeithio ar 'orffeniad' y cynhyrchiad. • Pwyslais ar wybodaeth arbenigol a / neu jargon i gyfarch cynulleidfaoedd fel 'arbenigwyr'. • Tueddir i beidio â defnyddio tanseiliadau - mae'r ffocws ar atgyfnerthu tueddiadau neu nodweddion arbenigol.	• Cynulleidfa gulach. • Gall y testunau fod yn gaeedig gydag ystyr clir dewisol, yn deillio o set o ymatebion a bennwyd ymlaen llaw i faterion *penodol*, sy'n cael eu derbyn. • Mae defnyddio jargon y mae'r gynulleidfa'n ei ddeall yn ei helpu i gael ymdeimlad o berthyn.
AMGEN Er enghraifft, gwefan cefnogwyr neu ffansîn i fand 'indie'.	• Cyllideb fach fel arfer – efallai y bydd yn anodd cael cyllid. • Fawr o bwyslais ar werthoedd cynhyrchu – efallai y defnyddir papur o ansawdd wael, neu dechnegau camera llaw. • Pwyslais ar dorri confensiynau a rheolau prif ffrwd. • Defnyddio technegau arbrofol .	• Cynulleidfa gul fel arfer sy'n cael ei ddenu at wreiddioldeb ac o bosibl at yr arbrofi yn y testunau agored. • Ceir mwynhad o danseilio rheolau. • Mae'r cynulleidfaoedd yn soffistigedig a chanddynt brofiad o ddarllen testunau cymhleth, amlhaenog.

Ystyriwch gwmpas ac apêl pob maes a meddyliwch yn ofalus am y briff a roddwyd ichi gan yr athro efallai – neu am eich syniadau eich hun. Ydych chi am greu rhywbeth sy'n efelychu ynteu'n herio fformatau cydnabyddedig? Mae'r naill ffordd o weithredu a'r llall yn dderbyniol – ond rhaid i chi wneud y penderfyniadau.

Unwaith yr ydych wedi penderfynu ar y math o gynnyrch yr ydych yn mynd i'w greu, gallech wedyn edrych ar rai cynhyrchion tebyg. Er enghraifft, efallai eich bod wedi penderfynu creu eich cylchgrawn arbenigol eich hun, felly man cychwyn da fyddai gwneud rhestr o gonfensiynau'r cylchgronau yr ydych wedi'u hastudio a'u darllen. Dylech gynnwys nodiadau ar, er enghraifft, sut mae'r tudalennau wedi cael eu gosod, sut y defnyddir delweddau, y cymarebau delweddau:testun, y defnydd o liw [yn enwedig ar rai adegau o'r flwyddyn] – a'r dull cyfarch drwyddo draw. Neu efallai eich bod yn gweithio ar dasg lle mae gofyn ichi greu clawr DVD ar gyfer ffilm arswyd newydd. Yma, byddai dadansoddi cynhyrchion tebyg a chonfensiynau'r *genre* arswyd yn fannau cychwyn da. Fodd bynnag, os mai'ch tasg gynhyrchu yw creu gwefan neu daeniad dwy dudalen sy'n hyrwyddo'ch ffilm arswyd, efallai y bydd angen ichi holi'ch cynulleidfa darged yn uniongyrchol hefyd am yr hyn y mae hi'n ei ffafrio. I wneud hynny, efallai y bydd angen ichi greu a dosbarthu holiadur er mwyn cyfiawnhau'ch cynulleidfa darged, ymchwilio i'r hyn y mae'n ei hoffi ac yna ddefnyddio'r wybodaeth hon i dargedu'r gynulleidfa'n llwyddiannus. Yma, mae holiaduron yn ddull ymchwil effeithiol.

Mae angen ymchwil annibynnol drwy'r cwrs Astudio'r Cyfryngau ar ei hyd – pa un a ydych yn cynllunio'ch gwaith cwrs UG, yn darllen am faterion damcaniaethol ynteu'n paratoi ar gyfer ymchwiliad A2 manylach.

Mae'ch ymchwil UG yn debygol o fod yn weddol syml ac mae'n siŵr mai ymchwilio i gynhyrchion tebyg fydd eich man cychwyn ond, ar lefel A2, efallai y gofynnir ichi ymgymryd ag ymchwiliad unigol i un maes o *genre*, naratif neu gynrychioli. Efallai y cewch ddewis rhydd a gallech, er enghraifft, benderfynu ymchwilio i destunau ffilm, gemau cyfrifiadur neu gylchgronau. Cymerwch amser i ystyried eich opsiynau ac i fframio cwestiwn neu ragdybiaeth bosibl drosoch eich hun. Bydd angen ichi ystyried y ffordd orau o wneud yr ymchwil a pha ddulliau ymchwil gwahanol fyddai'n gweddu orau efallai i'r ymchwiliad.

Fodd bynnag, mae'n werth cofio bod ymchwil er ei fwyn ei hun yn weithgaredd diddorol, a bydd angen ichi fod yn benodol ac yn ddetholus ynglŷn â'r ymchwil a wnewch. Mae angen ichi fod yn ymwybodol o'r dulliau ymchwil gwahanol y *gallech* ymgymryd â nhw i'ch helpu i gasglu, coladu a dadansoddi'r wybodaeth y mae ei hangen arnoch i wneud eich cyn-gynyrchiadau a'r cynyrchiadau yn effeithiol. Darllenwch yr adran nesaf yn ofalus ond cofiwch nad ydym yn awgrymu eich bod yn defnyddio'r holl ddulliau ymchwil sydd ar gael - dewiswch y rhai sy'n fwyaf priodol ar gyfer eich gwaith chi yn unig.

Dulliau Ymchwil

Caiff y rhain eu rhannu'n ddau fath: ymchwil cynradd ac ymchwil eilaidd. Ymchwil cynradd yw gwybodaeth uniongyrchol a gesglir gan yr ymchwilydd ei hun ac mae'n cynnwys:

- Dadansoddi testunol.

- Dadansoddi cynnwys.

- Holiaduron.

- Grwpiau ffocws a chyfweliadau.

- Astudiaethau arsylwadol.

Mae ymchwil eilaidd yn cyfeirio at wybodaeth y mae rhywun arall wedi'i chasglu ac sydd yn aml wedi cael ei chyhoeddi. Ymysg y ffynonellau defnyddiol mae:

- Llyfrau.

- Y rhyngrwyd.

- Papurau newydd.

- Rhaglenni teledu.

- DVD.

- Cylchgronau / cyfnodolion.

Mae'n debyg y bydd angen cymysgedd o ddulliau cynradd ac eilaidd arnoch er mwyn ichi allu archwilio ac ymchwilio i syniadau - ac, efallai, eu herio.

Penderfynu pa ddulliau yw'r mwyaf addas i chi

Y ffordd orau o **ddysgu sut mae gwneud ymchwil yw mynd ati i'w wneud, ond gellir gwastraffu llawer o amser ac afradloni llawer o ewyllys da drwy baratoi annigonol**. [Bell, *Doing your Research Project*, 2005, t. 1]

Felly, i'ch helpu i osgoi gwastraffu amser ac ymdrech, bydd y pwyntiau canlynol yn arweiniad ichi wrth ichi fynd ati i wneud gwaith ymchwil am y tro cyntaf:

1. **Nodwch pa ymchwil y mae angen ichi ei wneud ar gyfer y testun yr ydych wedi'i ddewis** – er enghraifft, fel tasg rag-gynhyrchu, efallai y bydd gofyn ichi gynllunio drafft o glawr CD ar gyfer band neu artist newydd, ac mai'r dasg gynhyrchu fydd creu gwefan cefnogwyr ar gyfer y band neu daeniad tudalen ddwbl mewn cylchgrawn cerddoriaeth sy'n ei hyrwyddo. Yma, efallai y bydd angen ichi ystyried ymchwil cynradd i gonfensiynau *genre* cloriau CD neu'r cynrychioliadau o'r artistiaid, yn dibynnu ar yr agwedd benodol yr ydych am ymdrin â hi. Efallai y byddwch hefyd am ystyried edrych ar osodiad, codau a chonfensiynau tudalennau cylchgronau.

   Efallai y bydd angen ichi wneud gwaith ymchwil ar gyfer ymchwiliad mwy ffurfiol, ar ffurf traethawd, i faes penodol o gynnyrch y cyfryngau. Yma, efallai y byddai'n syniad da seilio'ch ymchwil ar grŵp ffocws cychwynnol. Er enghraifft, efallai y penderfynwch ddadansoddi'r cynrychioliad o fenywod mewn rhai hysbysebion penodol, ac felly efallai y byddwch am fframio'r ymchwil ar ffurf cwestiwn, er enghraifft: Ai delweddau stereoteipiol o fenywod a geir yn bennaf mewn hysbysebion cyfoes? Gydag ymchwiliad sydd wedi'i seilio ar bum hysbyseb print gyfredol, gallech ddechrau drwy wneud rhywfaint o ymchwil eilaidd - darllen rhai llyfrau perthnasol am gynrychioliadau rhyw ac am ddatgodio hysbysebion ac, yna, gallech ddefnyddio'r wybodaeth hon efallai i ddadansoddi'r hysbysebion yr ydych wedi'u dewis cyn gofyn i sampl o bobl am eu hymatebion iddynt.

2. **Byddwch yn realistig** – mae hyn yn arbennig o bwysig yng nghyswllt prosiect ar raddfa fach, oherwydd nid ydych am gymryd gormod ar eich plât. Mae myfyrwyr yn aml yn rhy uchelgeisiol ac yn gosod tasgau amhosibl iddynt eu hunain, sy'n aml yn arwain at fethiant, gan nad ydynt yn gwybod sut mae gwneud defnydd da o'r holl wybodaeth. Felly, er enghraifft, os ydych yn ymchwilio i gynrychioliadau o'r teulu ar y teledu i baratoi ar gyfer ymchwiliad, efallai y dylech gyfyngu'ch ymchwil i ddwy bennod o ddwy raglen gyferbyniol.

3. **Byddwch yn wrthrychol** – mae hwn yn un o'r pwyntiau anoddaf i fynd i'r afael ag ef, efallai, ond ar yr un pryd mae'n un o'r ystyriaethau pwysicaf mewn unrhyw brosiect ymchwil. Fel ymchwilydd, mae angen ichi gymryd cam yn ôl ac archwilio'r ffeithiau. Ceisiwch osgoi'r demtasiwn i ddyfalu neu dybio pethau. Drwy gadw meddwl agored mae'n bosibl iawn y cewch eich synnu gan yr hyn a ganfyddwch.

Cofiwch:

- Dewiswch bwnc sydd o ddiddordeb ichi, yna dewiswch elfen gulach o fewn y maes hwnnw i ymchwilio iddi. Er enghraifft, efallai eich bod yn ystyried dadansoddi'r ffordd y caiff dynion eu cynrychioli mewn hysbysebion. Gallech wedyn gyfyngu'ch ymchwiliad i gynhyrchion cosmetig neu ymbincio.

- Chwiliwch am amrywiaeth o destunau sy'n berthnasol ac yna dewiswch y rhai yr ydych am ganolbwyntio arnynt, er enghraifft, Gillette a L'Oréal Men Expert.

- Chwiliwch am ragor o enghreifftiau o bob ymgyrch a sylwch sut mae elfennau testunol neilltuol yn gweithio ym mhob un.

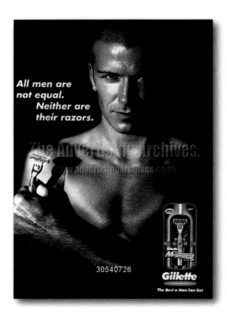

Mynd Ati i Wneud Eich Ymchwil 1: dulliau eilaidd

Y strategaethau ymchwil mwyaf cyffredin a ddefnyddir gan fyfyrwyr yw: darllen llyfrau ac erthyglau ar y rhyngrwyd i gael dealltwriaeth fanylach o faterion *genre*, naratif, cynrychioli a chynulleidfa; dadansoddi cynhyrchion tebyg; a chynnal ymchwil ymysg cynulleidfaoedd drwy holiaduron a grwpiau ffocws. O ganlyniad, mae'n ddigon tebygol y byddwch yn dechrau'ch ymchwil gyda dulliau ymchwilio eilaidd cyn symud ymlaen at ddulliau cynradd mwy ymarferol.

Felly, mae'n syniad da ichi ddod i adnabod eich Canolfan Adnoddau Dysgu / Llyfrgell a dysgu sut i'w defnyddio'n effeithiol. Dyma rai awgrymiadau i sicrhau eich bod yn datblygu'n ymchwilwyr effeithiol.

Llyfrau

Oherwydd System Dosbarthiad Degol Dewey, efallai na fydd llyfrau a fydd yn ddefnyddiol yn eich ymchwil bob amser yn ymddangos o dan 'Cyfryngau' yn eich llyfrgell. Drwy gynnal chwiliadau am lyfrau, gallwch gyrchu at lyfrau nid dim ond o'r adrannau Cyfryngau a Ffilm ond hefyd o feysydd arbenigol eraill. Er enghraifft, mae llawer o lyfrau Seicoleg a Chymdeithaseg yn ymdrin â materion sy'n berthnasol i'r cyfryngau, o'r effaith ar gynulleidfaoedd i astudiaethau achos ynghylch cynrychioli. Os ydych yn ymchwilio i droseddu, yna gallai llyfrau'r gyfraith dynnu sylw at ymwneud y cyfryngau ac, os ydych yn edrych ar hysbysebu, mae llawer o lyfrau Astudiaethau Busnes yn debygol o ildio canlyniadau rhagorol.

Y rhyngrwyd

Mae'r rhyngrwyd yn cynnig swmp enfawr o adnoddau na fyddent ar gael fel arall mewn unrhyw leoliad daearyddol unigol. Dyma, yn llythrennol, y llyfrgell fwyaf yn y byd ac felly mae'n bwysig iawn fod defnyddwyr yn gwybod pa wybodaeth y mae angen iddynt ddod o hyd iddi mewn gwirionedd. Gall canlyniadau hapchwiliadau eich llethu ac nid yw'r wybodaeth sy'n dod i'r wyneb bob amser yn berthnasol, yn fanwl-gywir na hyd yn oed yn wir.

Mae'r we yn ffenomen fyd-eang ac nid oes iddi berchennog. Nid oes sensoriaeth arni chwaith a rhaid ichi gadw hynny mewn cof. Gall unrhyw un arddangos gwybodaeth, felly mae angen ichi fod yn ddefnyddiwr beirniadol sydd bob amser yn chwilio am broblemau gyda'r wybodaeth sy'n cael ei darparu, yn ogystal â'i phwyntiau da. Rhaid ichi geisio asesu pa mor ddibynadwy yw'r wybodaeth yr ydych yn dod o hyd iddi ac, i wneud hynny, mae angen ichi fod yn feirniadol ohoni. Cofiwch wirio'ch ffynonellau bob amser ac ystyriwch y pwyntiau hyn:

- Pwy sydd wedi ysgrifennu'r deunydd?

- Beth yw lefel eu gwybodaeth a'u harbenigedd?

- A oes unrhyw duedd neu fuddiant breintiedig?

- Ydy'r wybodaeth wedi cael ei noddi? Gan bwy? Beth yw'r goblygiadau sydd ynghlwm wrth hynny?

System Dosbarthiad Degol Dewey – mae'r rhifau a'r llythrennau ar feingefn llyfrau yn help i'w catalogio'n wahanol gategorïau. Seiliwyd y system ar 10 dosbarth o bynciau (000-999), a chaiff y rhain wedyn eu hisrannu ymhellach gan ddefnyddio'r system fetrig. Rhan gyntaf y rhif yw'r prif faes pwnc – er enghraifft, y cyfryngau, 302 – ac yna, ar ôl y pwynt degol, mae'r rhifau eraill yn cyfeirio at gynnwys y llyfr dan sylw. Yna ceir tair llythyren, sy'n golygu tair llythyren gyntaf cyfenw'r awdur.

Awgrym arbennig – defnyddiwch y mynegeion yng nghefn y llyfr i chwilio am eiriau allweddol i'ch helpu i ddod o hyd i'r tudalennau y mae eu hangen arnoch.

Mae'r rhan fwyaf o gronfeydd data'n defnyddio 'gweithredyddion Boole' i'ch helpu i reoli eich chwiliad drwy gysylltu'ch geiriau allweddol yn well â'i gilydd. Os cysylltwch chi fenywod, arswyd a ffilm gyda'r term Booleaidd AND [menywod AND arswyd AND ffilm], rhaid i'r tri therm fod yn bresennol ym mhob un o'r dogfennau a ganfyddir gan y chwiliad. Term Booleaidd arall yw OR, sydd hefyd yn gallu eich helpu i gulhau eich chwiliad.

Efallai na fydd eich chwiliadau cychwynnol yn llwyddiannus. Bydd llawer o fyfyrwyr, pan roddir testun eang ei gwmpas iddynt, er enghraifft 'menywod' a 'ffilmiau arswyd', yn rhoi'r geiriau hyn mewn peiriant chwilio ac yn canfod eu bod wedi taro miloedd o safleoedd: bydd pob safle sydd â'r geiriau 'menywod' ac 'arswyd' a 'ffilm' yn dod i'r amlwg. Dyna pam y ceir miliynau o drawiadau.

Dyma rai awgrymiadau buddiol i wneud chwilio ar y rhyngrwyd yn fwy cynhyrchiol ac yn gyflymach:

- Ceisiwch ddefnyddio gweithredyddion Boole.

- Defnyddiwch ragor o dermau chwilio i gael gwell canlyniadau.

- Chwiliwch am ymadroddion drwy ddefnyddio dyfynodau.

- Os mai'r cyfryngau Prydeinig yn unig yr ydych yn mynd i ymdrin â nhw, gallai cyfyngu'r chwiliad i safleoedd Prydeinig helpu.

- Mae peiriannau chwilio sy'n gallu'ch helpu i gaboli canlyniadau eich chwiliad. Mae peiriannau chwilio Hotbot a Google yn caniatáu i'r defnyddiwr gyflawni ymchwiliad uwch, sydd hyd yn oed yn gallu dod o hyd i ddim ond safleoedd sydd wedi cael eu diweddaru yn yr wythnos diwethaf, sy'n arbennig o dda os ydych chi'n syrffio'n rheolaidd.

- Arbrofwch gyda gwahanol beiriannau chwilio os nad ydych yn llwyddo gyda'ch dewis arferol – mae Altavista, Dogpile, MSN, Google, Hotbot a Yahoo yn rhai i'w hystyried.

Unwaith y byddwch chi wedi canfod, darllen a chyfosod eich gwybodaeth ymchwil, mae'n bryd datblygu'ch syniadau a dyma lle mae dulliau ymchwilio cynradd yn dod yn bwysig.

Mynd Ati i Wneud Eich Ymchwil 2: dulliau cynradd

Dadansoddi testunol

Mae llawer wedi cael ei ddweud yn barod yn y llyfr hwn am ddadansoddi testunol a byddai'n syniad da edrych yn ôl ar Adran 1 cyn ichi ddefnyddio dadansoddi testunol fel dull ymchwilio. Yn gyffredinol, efallai y byddai'n werth defnyddio rhai dulliau semiotig sylfaenol. Fel y gwyddoch erbyn hyn, semioteg yw astudiaeth o'r arwyddion gweledol sy'n ein helpu i gael ystyr o destun. Pan fyddwn yn darllen arwydd, y cam cyntaf yw gweithio'r dynodiad allan, sef ystyr llythrennol neu gyffredin arwydd. Er enghraifft, mae rhosyn coch yn flodyn ac afal yn ffrwyth. Yr ail gam yw ystyried y cysylltiadau [yr hyn y gallai ei awgrymu]. Er enghraifft, gallai rhosyn coch olygu cariad; neu fod yn symbol o Lafur Newydd; neu'n symbol o'r rhai sy'n byw yn Swydd Gaerhirfryn. Gallai'r afal gynrychioli Efrog Newydd; byw'n iach; neu'r Beatles. Mae ystyron, fel y gwelwch, yn dibynnu ar gyd-destun. Mae dadansoddi cynhyrchion tebyg, fel eich bod yn gwybod sut mae confensiynau'n cael eu defnyddio, yn gam cyntaf effeithiol er mwyn deall confensiynau *genre* eich gwaith creadigol chi.

Dadansoddi cynnwys

Mae hon yn dechneg ymchwilio hyblyg i ddadansoddi cyrff mawr o destun. Mae'n dilyn cyfres glir o gamau ac mae'n ffordd gyson o gael canlyniadau. Wrth ddadansoddi cynnwys y dasg yw archwilio nifer dethol [wedi'u samplu] o destunau, a dosbarthu'r cynnwys yn ôl nifer o feysydd a bennwyd ymlaen llaw. Er enghraifft, os ydych yn ymchwilio i dueddd rhyw wrth ffilmio testunau chwaraeon, gallech gyfri'r nifer o saethiadau agos o chwaraewyr gwryw a benyw mewn pum munud o chwarae yn Wimbledon.

Holiaduron

Cyn ichi ddechrau cynllunio holiadur, mae angen ichi benderfynu a oes angen holiadur mewn gwirionedd ac a fydd yn rhoi ichi wybodaeth a data defnyddiol. Ystyriwch y pwyntiau hyn cyn dechrau:

- Beth yn union y mae angen ichi ei ddarganfod?

- Pam y mae angen ichi wybod hyn?

- Beth ydych chi'n gobeithio ei archwilio, ei brofi neu ei wrthbrofi?

- Pa gwestiynau'n union y mae angen ichi eu gofyn er mwyn cael y wybodaeth hon?

- Pwy fyddwch chi'n ei holi?

- Beth wnewch chi â'r wybodaeth ar ôl ichi ei chael? Er enghraifft, efallai eich bod yn cynllunio tasg lle mae gofyn ichi baratoi sgript neu stori-fwrdd ar gyfer dilyniant agoriadol drama dditectif Brydeinig newydd. A chithau wedi dechrau drwy ymchwilio i gynhyrchion tebyg, gallech ddefnyddio holiadur yn awr i ymchwilio i sut mae dramâu ditectif yn targedu ac yn apelio at wahanol gynulleidfaoedd. Pa ddramâu ditectif y mae'r bobl sy'n ymateb i'ch holiadur yn eu gwylio? Am faint o'r gloch ac ar ba sianelau? Ai'r brif apêl iddyn nhw yw'r defnydd o enigmâu, manylion fforensig neu drefniadol neu'r berthynas rhwng y cymeriadau?

Llunio cwestiynau

Mae cwestiynau penagored yn gofyn am fwy nag ymateb ie / nage syml ac maent yn caniatáu i'r sawl sy'n ymateb lunio ei ateb ei hun yn hytrach na dewis rhwng nifer o atebion a gynigir. Er enghraifft:

1. Sut yn eich tyb chi mae'r heddlu'n cael ei gynrychioli mewn dramâu ditectif?

2. Ydych chi'n teimlo bod dramâu ditectif yn targedu cynulleidfa hŷn, addysgedig?

Gall cwestiynau fel hyn ddarparu data mwy dilys, gan fod y rhai sy'n ymateb yn gallu dweud beth maen nhw'n ei olygu yn eu geiriau eu hunain. Fodd bynnag, gall y math hwn o ymateb hefyd fod yn anodd ei ddosbarthu a'i fesur, felly ystyriwch yn ofalus sut y byddwch yn delio ag amrywiaeth o atebion gwahanol - a pheidiwch â gwneud y camgymeriad o holi gormod o bobl!

Gyda chwestiynau caeedig neu gwestiynau lle cynigir dewis penodedig, gall y sawl sy'n ymateb ddewis rhwng nifer o atebion a gynigir, drwy dicio blwch efallai neu roi cylch am eu hateb. Er enghraifft:

1. 1. Ydych chi'n meddwl bod menywod mewn dramâu ditectif yn cael eu cynrychioli'n realistig? Ydw / Nac ydw.

2. 2. Am sawl awr yr wythnos yr ydych chi'n gwylio rhaglenni ditectif?

1 awr; 2-3 awr; 4-5 awr; 6-7 awr; 8-9 awr; 10 awr +

Mae'r cwestiynau hyn yn darparu atebion y mae modd eu dosbarthu a'u mesur yn hawdd.

Hefyd, cymharol ychydig o amser ac ymdrech y mae'n ei gymryd i benderfynu ynghylch rhai datganiadau penodol. Fodd bynnag, nid yw cwestiwn caeedig / dewis penodedig yn caniatáu i unigolion ddatblygu eu hatebion eu hunain.

Cynllunio holiadur

Bydd holiadur sydd wedi cael ei gynllunio'n dda, er ei fod yn anodd ei ysgrifennu'n wreiddiol, yn help i roi'r wybodaeth y mae ei hangen arnoch ichi. O ran y gosodiad, dylech ystyried y canlynol:

- Dylai'r gosodiad fod yn glir a hawdd ei ddarllen.

- Dylech osgoi jargon: rydych am i'r rhai sy'n ymateb deimlo'n gyfforddus wrth ei lenwi. Cofiwch eu bod yn rhoi o'u hamser gwerthfawr ichi.

- Mae bod yn ddienw yn bwysig. Nid yw llawer o bobl yn hoffi rhoi eu henwau ar holiaduron. Mae angen gwneud iddynt deimlo eu bod nhw'n eich helpu chi ac na fydd neb yn eu barnu nhw na'u hymatebion.

- Ni ddylai holiaduron fod yn rhy hir gan fod pobl yn tueddu wedyn i beidio â'u llenwi. Ceisiwch eu cyfyngu i bump neu chwe chwestiwn a chynllunio'r rheiny'n ofalus.

- Rhaid i'r sillafu fod yn gywir drwyddo draw.

- Diolchwch i'r rhai sydd wedi ymateb ar ddiwedd yr holiadur.

Peidiwch â chael eich temtio i fynd ar eich union i'r cam dosbarthu. Mae bob amser yn well rhoi cynnig arbrofol ar holiadur. Yn ddelfrydol, profwch ef ar grŵp tebyg i'r un y byddwch yn canolbwyntio'n bennaf arno yn eich astudiaeth. Gofynnwch i'ch grŵp peilot faint o amser a gymerodd iddynt ei lenwi. A oedd y cyfarwyddiadau a'r cwestiynau'n glir a diamwys? A oedd gosodiad yr holiadur yn glir? Bydd hyn yn help ichi adolygu'r holiadur yn barod ar gyfer y prif ddosbarthiad, a bydd mwy o obaith y cewch ddata defnyddiol a dilys.

Y rhai a fydd yn ymateb

Mae angen ichi benderfynu pwy yr ydych am ei holi, a pham. Er enghraifft, ai dim ond bechgyn y byddwch yn eu holi, neu rai grwpiau oedran penodol? A fyddwch yn cyfyngu'r arolwg i'ch coleg / ysgol, eich cymdogaeth, eich tref neu'r tu hwnt? Os ydych yn penderfynu cyfyngu arno, pam rydych chi'n gwneud hyn?

Yn olaf, dylai canlyniadau'ch holiadur gael eu crynhoi a'u defnyddio fel sail i'ch gwaith.

Grwpiau ffocws

Gall grwpiau ffocws roi llawer o wybodaeth ddefnyddiol iawn ichi ac mae hynny'n eu gwneud yn opsiwn ymchwil dilys. Gallant fod yn ddefnyddiol fel rhan o'ch ymchwil rhagarweiniol a/neu fod yn fforwm defnyddiol er mwyn cael adborth a sylwadau gwerthusol *ar ôl* ichi gwblhau'ch cynhyrchiad. Gellir diffinio grŵp ffocws fel grŵp o unigolion sy'n rhyngweithio, sydd â rhyw ddiddordeb cyffredin neu nodweddion cyffredin. Mae'r grŵp yn cynnwys 7 i 10 o bobl fel arfer.

Efallai y penderfynwch chi y byddai grŵp ffocws yn ddull ymchwilio defnyddiol. Os felly, gallech ddod â grŵp o bobl ynghyd sydd wedi datgan mai'r *genre* arswyd yw eu hoff *genre* ffilm. Gallech ddangos pum clip i'r grŵp o wahanol ffilmiau arswyd, o'r 1960au i'r presennol, gan edrych ar y portreadau o fenywod ynddynt, a thrafod pa newidiadau y maent yn sylwi arnynt yn y portreadau hyn. Efallai hefyd y byddech am lywio'r drafodaeth gyda chwestiynau a sgriptiwyd yn ofalus. Fodd bynnag, dylech geisio caniatáu i aelodau'r grŵp siarad â'i gilydd, gofyn cwestiynau a mynegi amheuon a barn. Yn ôl ei natur, mae ymchwil drwy grwpiau ffocws yn benagored ac ni ellir ei bennu'n llwyr ymlaen llaw.

Gallai'r math hwn o ymchwil roi data amhrisiadwy ichi ar gyfer ymchwiliad neu eich helpu i gynllunio sut i lunio stori-fwrdd ar gyfer dilyniant mewn ffilm arswyd newydd.

Cyfweliadau

Mae cyfweliad yn broses ryngweithiol rhwng cyfwelydd ac unigolyn. Gellir recordio'r atebion drwy ddefnyddio chwaraewr MP3 neu ddictaffon, neu gellir gwneud nodiadau. Mae defnyddio chwaraewr MP3 neu ddictaffon yn gallu tynnu sylw pobl a gwneud iddynt deimlo'n anghyfforddus, a bydd angen ichi ofyn am eu caniatâd. Gydag ymarfer, y dull hawsaf fel arfer i'r sawl sy'n ymateb a'r sawl sy'n cyfweld yw gwneud nodiadau anffurfiol.

Efallai y penderfynwch chi eich bod am gyfweld sampl o fenywod rhwng 18 a 45 oed, i'w holi am yr operâu sebon y maent yn eu gwylio ar hyn o bryd. Drwy eich ymchwil, efallai eich bod wedi canfod bod operâu sebon i fod i bortreadu realiti ac y dylai'r gynulleidfa allu uniaethu â'r sefyllfaoedd a'r cymeriadau y maent yn eu gwylio. Efallai y byddwch am ganfod a yw menywod yn gallu uniaethu â'r cymeriadau benyw ffuglennol mewn operâu sebon.

Mewn *cyfweliad strwythuredig ar sail rhestr*, mae'r cwestiynau a'r ffordd y cânt eu geirio wedi cael eu pennu ymlaen llaw ac maent yn union yr un fath i bob unigolyn. Felly, mae unrhyw wahaniaethau yn yr atebion i'w priodoli i'r gwahaniaethau gwirioneddol rhwng y rhai sy'n ymateb ac nid i broses y cyfweliad. Mae hyn yn lleihau'r tebygolrwydd fod y sawl sy'n cyfweld yn dylanwadu ar yr ymatebion.

Defnyddir *cyfweliad strwythuredig a ffocws iddo* neu *gyfweliad nid ar sail rhestr* gydag unigolion sydd wedi cael profiad cyffredin neu neilltuol. Mae'r cyfweliad yn

Datblygwyd techneg y **grŵp ffocws** ar ôl yr Ail Ryfel Byd i werthuso ymatebion cynulleidfaoedd i raglenni radio. Ers hynny, mae ymchwilwyr wedi canfod bod grwpiau ffocws yn ddefnyddiol er mwyn deall sut neu pam y mae gan bobl gredoau penodol am faes neilltuol.

gofyn cwestiynau gan gyfeirio at sefyllfaoedd sydd wedi cael eu dadansoddi cyn y cyfweliad. Felly, mae'r sawl sy'n ymateb yn cael cryn ryddid i fynegi ei farn. Er enghraifft, gallech ddangos dau glip ffilm, a allai gael eu hystyried yn dreisgar neu'n rhai sy'n achosi tramgwydd, a gofyn i'r unigolion gymharu eu hymateb i'r naill glip a'r llall. Gallai hyn arwain at ymchwiliad i ymatebion gwahanol ymysg cynulleidfaoedd i, er enghraifft, ffilmiau rhyfel.

Prif fantais cynnal cyfweliad yw ei fod yn gyfrwng mor ystwyth. Mae angen rhywfaint o grefft ar ran y sawl sy'n cyfweld i wybod sut i fynd ar drywydd syniadau, i holi a stilio ac i ymchwilio i gymhellion a theimladau – pethau na all holiadur fyth eu gwneud. Bydd y sawl sy'n cyfweld hefyd yn edrych ar sut mae'r unigolyn yn ymateb i gwestiynau drwy, er enghraifft, dôn y llais, yr olwg ar ei wyneb, a yw'n betrusgar ac unrhyw newid yn iaith y corff.

Fel rhan o'r dulliau ymchwil hyn, dylech ystyried materion moesegol.

Yr un yw'r ystyriaethau moesegol i'r rhan fwyaf o ddulliau ymchwil. Er enghraifft, pan fyddwch yn dewis unrhyw unigolion i'ch helpu gyda'ch ymchwil, rhaid ichi sicrhau bod gwybodaeth lawn yn cael ei rhoi am bwrpas eu cyfraniadau a'r defnydd a wneir ohonynt. Mae bod yn onest a rhoi gwybodaeth i'r rhai sy'n cymryd rhan am ddisgwyliadau'r grŵp a'r testun a pheidio â rhoi pwysau arnynt i siarad yn ymarfer da. Ystyriaeth foesegol bwysig arall yw ymdrin â deunydd sensitif a chyfrinachedd. Dylech annog cyfranogwyr i gadw'r hyn a glywant yn ystod y cyfarfod yn gyfrinachol ac mae gan ymchwilwyr gyfrifoldeb i sicrhau bod pawb yn aros yn ddienw. Os ydych yn recordio cyfraniadau'r cyfranogwyr, mae angen ichi ofyn am eu caniatâd. Os ydych yn cyfweld neu'n arsylwi ar blant, *rhaid* ichi gael caniatâd eu rheini neu eu gwarcheidwaid.

Pan fyddwch wedi cwblhau'ch holl ymchwil a phan fydd y gweithgareddau yr oeddech wedi'u cynllunio wedi eu gwneud, rydych yn barod i gwblhau'ch cynhyrchiad.

Cynhyrchiad

Dylai cynhyrchiad cyfryngol adlewyrchu'ch gallu technegol gorau posibl. Gyda chynyrchiadau print, sy'n cael eu gwneud yn unigol fel arfer, rhaid ichi ddefnyddio'ch delweddau ffotograffig eich hun. Gyda chynyrchiadau clyweled, rhaid ichi ddefnyddio darnau gwreiddiol o ffilm. Cyn ichi ddechrau ar y gwaith hwn, mae angen felly ichi ddysgu sut mae defnyddio'r cyfarpar sydd ar gael ichi ac yna ymarfer ei ddefnyddio nes byddwch yn hyderus yn gwneud hynny!

Yn olaf, nid yw popeth yn mynd yn hwylus gyda chynyrchiadau bob amser. Dylech fod yn barod i'ch un chi gymryd tipyn o amser ac efallai y bydd angen adolygu a newid wrth fynd ymlaen. Darllenwch yr adrannau isod sy'n cynnwys rhai awgrymiadau ymarferol i fyfyrwyr. Gallwch un ai eu defnyddio neu eu haddasu.

Ysgrifennu llyfryddiaeth

Ar ddiwedd darn o waith, mae angen ichi restru cyfeiriadau at ddogfennau yr ydych wedi dyfynnu ohonynt yn yr aseiniad. Gellir galw'r rhestr hon yn Llyfryddiaeth neu'n Gyfeiriadau. Yn System Harvard, caiff y cyfeiriadau eu rhestru yn nhrefn yr wyddor gan ddefnyddio enwau'r awduron. Dylech fynd i'r arfer o osod cyfeiriadau yn nhrefn yr wyddor ar ddiwedd aseiniad wrth ichi ei ysgrifennu. Er enghraifft:

- Burton, G. (2000), *Talking Television*, Arnold Publishers: Llundain.

- Neale, Steven et al. (1998), *Hollywood Cinema*, Routledge: Llundain.

Sylwch ar y patrwm gyda'r cyfenw'n gyntaf, wedi'i ddilyn gan goma, yna enw cyntaf neu lythrennau cyntaf yr awdur, wedyn y flwyddyn gyhoeddi, y teitl mewn llythrennau italig a'r cyhoeddwr a'r tarddiad.

Ar gyfer cyfeiriadau oddi ar y rhyngrwyd dylech roi:

- Enw'r awdur, wedi'i ddilyn gan goma ac yna enw cyntaf neu lythyren gyntaf a'r flwyddyn, os yw'n hysbys.

- Teitl yr erthygl.

- Y gwe gyfeiriad.

- Y dyddiad y daethoch chi o hyd i'r erthygl ar y rhyngrwyd gyntaf.

Er enghraifft:

Richards, Sarah, Why are soap operas so popular?, http://www.aber.ac.uk/media/sections/tv09.html, [4 Mehefin 2008].

Wrth gyfeirnodi oddi ar y rhyngrwyd, mae'n bwysig eich bod bob amser yn rhoi'r dyddiad pan gawsoch chi afael ar y wybodaeth. Mae'r rhyngrwyd yn newid yn ddi-baid a bydd tudalennau'n diflannu!

MYNEGAI

2000 AD 116–17, 124–9

ABCs (Bwrdd Archwilio
   Cylchrediad). 120, 122, 124, 128

Angori..32, 37–8,
   116–17, 121

Amgen.................. 59, 69–70, 88, 108, 134,
   146,149, 151

Amserlennu 15, 63, 79

Arddangosfa........................... 99, 112, 115

Arddull tŷ...117, 123

Aseiniad ymchwil................................163

Atonement 29, 99, 105–7, 112–14

Avatar.....................................83–5, 89, 97

Awdurdod Safonau Hysbysebu.....140, 142

Barthes, Roland........................26, 28, 132

BBC 20, 23, 62–8, 72–3, 75, 78, 95,
   111, 118, 149

BBC iPlayer... 62

BBFC 95, 111

Beano, The...127

Beckham, David............................... 137–8

Bill, The...................................... 19, 23, 54

Blizzard Entertainment 82, 86–7, 98

Bourne Ultimatum, The 99–105, 112–14

Brand 34, 40, 43, 47, 63, 72, 99, 117–18,
   121–3, 127, 129, 132, 134–6, 138, 141, 143

Brasfodel 146, 149

Bully 81, 93–7

Bwrdd stori 25, 31, 51, 146–7, 157, 159

Byd parhaus.. 82

Casualty 19, 53

Chanel No.5 .... 130–1, 135–6

Channel 4 (C4).......15, 63–4, 68, 72–3, 132,
   134, 165

Cod CAP 140, 142

Codau Enigma....................................... 28

Codau gweithredu............................... 28

Codau gweledol 34, 59

Codau technegol / clywedol ..16, 20, 22–4,
   30–1, 59, 66, 92, 132

Cosmopolitan................................. 117–19

Creu cyffro...............................117, 123

CRPG 82

CSI...................................... 19–20

Cyfeirio 133, 141, 163–4

Cyferbynnu deuaidd 67, 69, 76, 104, 123,
   133, 137

Cyfryngu 32, 35, 37–9

Cylchfaeo..15

Cylchgronau ...10, 14–19, 22, 28, 35, 37, 39,
   49, 54–7, 59, 72–3, 81, 88–9,
   91–3, 97,116–23, 125, 127–30, 136,
   140, 142–3, 149–53, 163

Cymeriadau................. 15–21, 24–6, 28–31,
   35, 37, 43–5, 53, 57–8, 68–72, 75–7, 82–6,
   88–91, 94, 99, 102, 105–10, 119, 121, 124–5,
   127, 132–3, 135, 141, 151, 157–9, 161

Cyn-gynhyrchu 146–7, 149–50, 152–3

Cynhyrchu 11, 20, 63, 72, 88, 99,
   112–13,139, 143, 146–7, 149–53, 158, 160–2

Cynrychioliad 9–10, 16, 18–19, 32–51, 54–6,
   59, 62, 66–7, 69–70, 78–9, 81–5, 89–90,
   92–3, 97, 99, 104–5, 108–11, 116, 121, 125,
   127, 130–1, 133–4, 139, 143, 150, 152–5, 159

Cynrychioliad a ieuenctid 93–4

Cynulleidfa 9–11, 14–23, 25–32,
   35–40, 43–7, 49, 51–3, 55–9, 62–8, 70–4,
   76–9, 81, 84, 86, 88–9, 91–3, 96, 99–111,
   113–14,116–21, 123–8, 130–1, 133–5, 139–44,
   146–7, 149–52, 155, 157, 159, 161–3

Cynulleidfa arbenigol........ 63, 78, 116, 119,
   149–52

Cynulleidfaoedd darniog........................ 78

Cysylltiadau.............34, 37, 40, 66, 85, 117, 137, 156

Dadansoddi testunol 97, 153, 156

Dadansoddiad cynnwys 55, 153, 156

Darlledu gwasanaeth cyhoeddus (PSB).................63, 67, 72, 79

Darlleniadau a drafodir 53

Darlleniadau dewisol 86, 104-5,119, 125

Darlleniadau sy'n gwrthwynebu 53

DC Comics.. 127

Defnyddwyr 9–11, 15, 19, 21, 40, 53, 57–8, 64, 67, 72, 75, 77, 81, 83, 85–9, 94, 131, 155–6

Delwedd brand..... 117, 123, 132, 134–5, 138

Demograffeg..........63, 70, 72, 110, 121, 126

Dethol............................18, 32, 37, 64

Digwyddiadau naratif........... 16, 18, 20, 24, 27–8, 30

Diwylliant lleoledig 54

Dolce & Gabbana.................48, 130, 140–1

Dosbarthu 88, 99, 112–13, 128, 158

Dove 50–1, 142

DS...81

Dull cyfarch......41, 47–8, 54, 56, 59, 65–6, 70, 114, 117–19, 121, 123, 126, 133, 137, 152

Dulliau ymchwil............ 11, 152, 155–6, 159

Dynodi 34, 137, 156

Dystopia 74, 77–8, 125

E4 .... 63, 68, 70, 72–3, 111

EastEnders 15, 20, 22, 68, 78

Effaith nodwydd hypodermig................ 53

Effeithiau sain....................22–3, 66, 125

Eiconograffiaeth 16, 18–20, 24, 29, 44

ELSPA 89, 95, 98

Enwogion 39, 46, 48, 64, 66–7, 73, 90–1,122,130, 132–8, 140, 151

ER... 19, 22, 55

Esquire... 117–18

Future Publishing 120–1

FX 78–9

Ffilm....4, 9–10, 14–16, 19–31, 35, 37–8, 43, 53–4, 59, 81, 88, 91–5,99–117, 120–1, 126–7, 129–30, 132–6,139, 142–3, 146–7, 149–52, 155–7,159, 161, 163, 165

Ffilmiau llawn mynd............20, 101–2, 104

Ffilmiau'r arddegau.............................100

Ffocws.............. 10, 16, 21, 30, 34, 37–8,47, 52, 57, 64, 68, 71–2, 74–5, 83, 89,99, 105–6,112, 116, 119, 122, 127, 137, 139, 146–7, 151–5, 158–9, 161–2

Galtung a Ruge 64

Gauntlett, David 45–6, 55, 58

Gemau cyfrifiadur.................................... 10, 14–15, 21, 25, 27, 31, 40–5, 57, 59, 81–6, 94–5, 97, 124, 127, 146, 151–2

Genre......................... 9–10, 14–25, 42, 44, 62, 64, 74–5, 77, 80–2, 84, 92, 99–102, 104, 111, 114–17, 119, 124–5, 130–2, 134, 136, 141, 149–50, 152–3, 155–6, 159, 163

Glastwreiddio 65–6

Globaleiddio 63, 119, 139

Goleuo 20, 102, 132, 134, 147, 150, 161

Golygfa wedi'i thorri............................. 92

Golygu 20, 22, 30, 32, 102, 105, 112, 133–4, 150, 161

Grand Theft Auto 93, 95, 127

Grazia.................... .116–18, 122–3, 127, 129

Grwpiau ffocws 146, 153, 155, 158–9, 161–2

Gwaith cynhyrchu 146, 161

Gwaith grŵp..................................146, 150

Gweithredyddion Boole 156

Gwerthoedd newyddion 64–5

Gwerthuso 147, 150, 162–3

Gwybodaeth ddiwylliannol 135, 137

Hall, Stuart 10, 32, 52, 67, 86, 143

Hawliau eiddo deallusol 124

HBO 9, 62, 74–5, 78–9

Holiaduron 146, 152–3, 155, 157–9, 161

Hollyoaks 69, 73, 94

Hunaniaeth brand 117–18, 132, 138

Hysbysebu 10, 45–8, 51, 79, 84, 90–1,116, 118, 121–3, 128–35, 139–44, 149, 151,155

Ideoleg 36, 39–40, 104, 121, 125, 144

Ideoleg drech 39–40

Imperialaeth ddiwyliannol 139–40

Is-bennawd 116–17

Is-*genres* 14, 23, 62, 74–5, 116–17, 119, 136

Jolie, Angelina 43, 91, 123

Judge Dredd 125, 127, 129

Kidman, Nicole 131–3, 135–6

L'Oréal 46, 48–9, 154

Lara Croft 27, 42–4, 85, 88–91, 97

Lara Croft: Tomb Raider 44

Life on Mars 19, 23

Lucozade 90

Luhrmann, Baz 131

Lleoliad 16, 20–1, 24, 27, 31, 40, 45, 108, 125

Lleoliad y gwyliwr breintiedig 29

Lleoliadau sy'n ymddangos yn amhosibl 29

Lleoli'r gynulleidfa 28, 52, 74

Llinell hysbysebu 101, 116–17, 122, 142

Llinellau clawr 28, 37, 116–17, 120, 123

Llunio ... 25, 31–2, 35, 37, 40, 55–6, 64, 109

Manhunt 95

Maybelline 47

Men's Health 55, 117–18

Mise-en-scène 20, 22, 28, 102, 104–5

Mizz 117

MMORPG 82–6, 88

Monopoli 78–9

Monroe, Marilyn 135

Montage 108–9, 133

Moulin Rouge 131–5

Naratif 9–10, 14–31, 35, 40–5, 53, 57, 62, 68–70, 74–8, 81, 84–7, 91–2, 97, 99–102, 104–8, 111, 116, 123, 130–4, 139, 150, 152, 155, 161, 165

Naratif a chwarae 85–6, 97

Naratif sgrin hollt 27

News Corp 79, 113

Newyddion tabloid 30, 62, 66

Nike 138–40, 143

Nintendo 81, 90, 93, 120

Nodwedd Werthu Unigryw (USP) ... 47, 101

NPC (*Non Player Characters*) 85–6

Nuts 54, 117–18, 142

OfCom 140

Onglau camera 22, 27, 37, 133

Ôl-fflach 29, 104

Ôl-foderniaeth 42, 46, 52, 90

Panig moesol 128

Penarglwyddiaeth 125

Pippa Funnell 41, 44

Playstation 81, 95, 120

Pleserau iwtopaidd 77–8

Poenydio (*Griefing*) 87

Posteri.............14, 43, 73, 101, 108, 113–14, 117, 147

Prif ffrwd 9, 62, 69, 78, 101, 105, 116,119, 121, 138, 149, 151

Profiad diwylliannol 33, 35, 52–4

Proffil seicometrig........................ 110, 121

Propp, Vladimir........................26, 29–30

PSP...81

Realaeth............................19–20, 22, 70

Reith, John.. 67

Rockstar Games 93, 95–6

Rheoleiddio 96, 111, 130–1, 140

Rhith realiti 45

Rhyngdestunol 118, 126, 131, 134–5, 137, 139, 141

Rhyngweithiol 9, 25, 27, 45, 57, 70, 72, 95, 159

Rhyw (gender)...........33, 36, 40, 44–6, 48, 53–4, 56, 85, 89–90, 97, 121–2, 131, 134, 138, 143, 150, 153, 157

Saethiadau camera 20, 25, 30, 89

Saethiadau paps 117

Safbwynt 21, 29, 38, 40, 57, 68, 133, 139

Sain gynefin/ anghynefin 22

Second Life 83-4, 97

Sega 81

Seiberffeministiaeth 43

Sêr.........15, 67, 101, 114, 117, 121, 135–6, 151

Siarter Brenhinol................................... 67

Sims2 44

Six O'Clock News.............62, 64–6, 68, 79

skins.............................. 9, 62–3, 68–73, 79

South Park.. 87–8

Stereoteip................16, 35, 45, 50, 69–70, 90, 124, 133, 140

Stribedu 15

Synergedd 118–20, 122

System Dosbarthiad Degol Dewey......155

System gyfeirnodi Harvard 164

Teledu......9–10, 14–15, 18, 25, 27–8, 31, 35, 37–9, 51, 53–4, 62–5, 67, 70, 77–8, 80, 84, 91, 94, 99, 115, 130, 135, 139, 142–3, 149, 153–4, 164

Teledu aml-sianel.................63, 65, 78–9

This is England 99, 108–12

Time Warner 9, 79, 113, 118

Todorov, Tzvetan 25–8

Tomb Raider 44, 81, 88–9, 91–2, 150

Total Film 116–17, 120–1, 127, 129

Trafodaeth.........................55–6, 136, 143

Traws-*genres*....14-15, 23–4, 62, 74, 100-1, 103, 122

Trem y gwryw...........................43, 69, 117

Theori Defnyddiau a Boddhad........58, 67, 70, 123

Theorïau effaith............................. 53, 58

Waking the Dead................................... 75

Williamson, Judith................. 132, 141, 144

Wire, The............................... 9, 62–3, 74–9

World of Warcraft............................81–8

X Factor.. 62

Xbox.....................................81, 120, 129

Y Gadair Boeth 57

Y Gymdeithas Meddalwedd Adloniant...81

Ymatebion y gynulleidfa.........9, 25, 27, 31, 44–5, 52, 56, 58, 100, 123, 159

Ymchwil................ 10–11, 29, 52–3, 57, 64, 79, 96–7, 112, 131, 135, 142–3, 146–7,149–50, 152–60, 162–3

Young a Rubicam 121, 123, 129

YouTube 41, 62, 131, 139, 142–3

Zoo 54, 117, 121

Lluniau – cydnabyddiaeth

Cred y cyhoeddwr fod y wybodaeth hawlfraint isod yn gywir pan oedd yn mynd i'r wasg, ond bydd yn barod iawn i gywiro unrhyw gamgymeriadau a dynnir i'w sylw yn argraffiadau'r dyfodol.

tudalen 13 – *EastEnders* [BBC];

tudalen 16 – *Bridget Jones's Diary*, 2001 [Little Bird/Studio Canal/Working Title/Miramax/Universal] - *EastEnders* [BBC];

tudalen 19 – *The Bill* [Thames Television/Talkback Thames/Pearson Television International] – *CSI: Crime Scene Investigation* [Jerry Bruckheimer Television/CBS Paramount];

tudalen 21 – *Tombraider: Underworld* [Eidos Interactive/Crystal Dynamics] – *Return to Castle Wolfenstein* [Activision/Raven Software];

tudalen 29 – *Psycho*, 1960 [Shamley Productions/Paramount] – *The Shining*, 1980 [Hawk Films/Peregrine/Producers Circle/Warner Bros.];

tudalen 34 collage – Agyness Deyn, ↓shah2u.com/blog/wp-content/uploads/2008/03/marcus2.jpg↑, Natasha Kaplinsky, Emily Maitlis www.bbcchannelpartners.com – Cristiano Ronaldo www.cristianofans.com, Tony Blair;

tudalen 38 – Curdridge Primary School www.curdridge.hants.sch.uk;

tudalen 42 – *Tombraider: Underworld* [Eidos Interactive/Crystal Dynamics];

tudalen 46 – www.lorealparis.co.uk;

tudalen 48 – www.dolcegabbana.com;

tudalen 49 – www.lorealparis.co.uk;

tudalennau 50-1 – www.campaignforrealbeauty.com;

tudalen 54 – *Closer* © 2008 Bauer London Lifestyle – *Men's Health* – National Magazine Company www.natmags.co.uk – *GQ Magazine* © Condé Nast Publications www.gqmagazine.co.uk – *Heat Magazine/Heat World* © Emap London Lifestyle www.heatworld.com;

tudalen 65 – *BBC News* [BBC];

tudalen 71 – logos/mathau o gymeriadau *Skins* www.e4.com/select/any.skinslogos/image/latest/watch.e4 Claire Summerlin, Alysha Davis, Chantal Oosman, Simon Helm, Steve Leek, Francesca Chen;

tudalen 73 – *Skins* [Company Films/E4/Stormdog Films];

tudalen 74 – *The Wire* [Blown Deadline Productions/HBO];

tudalennau 82-3, 85 – *World of Warcraft* [Blizzard Entertainment];

tudalen 84 – *Second Life* © Linden Research, Inc.;

tudalen 87 – *South Park* [Comedy Central/Comedy Partners];

tudalen 90 – GlaxoSmithKline/Eidos Interactive;